刘金星　著

作家成长记

河北出版传媒集团

河北教育出版社

图书在版编目（CIP）数据

作家成长记 / 刘金星著 . —— 石家庄 ：河北教育出版社，2023.3（2025.1重印）

ISBN 978-7-5545-7549-9

Ⅰ．①作… Ⅱ．①刘… Ⅲ．①文学家－生平事迹－世界 Ⅳ．① K815.6

中国国家版本馆 CIP 数据核字 (2023) 第 013204 号

书　　名	作家成长记
	ZUOJIA CHENGZHANG JI
作　　者	刘金星

出 版 人	董素山
责任编辑	陈　娟　高树海
装帧设计	郝　旭
出　　版	河北出版传媒集团
	河北教育出版社　http://www.hbep.com
	（石家庄市联盟路705号，050061）
印　　制	廊坊市佳艺印务有限公司
开　　本	787毫米×1024毫米　　1/16
印　　张	15.75
字　　数	180千字
版　　次	2023年3月第1版
印　　次	2025年1月第2次印刷
书　　号	ISBN 978-7-5545-7549-9
定　　价	68.00元

目　录

司马迁：沉重的肉身

司马迁以命世之才、旷代之识，忍辱负重，创作了通古今之变、成一家之言的史学巨著《史记》，完成了作为一个有理想的作家与一个有权势的君主的精神和生命的对决。汉武帝刘彻和史官司马迁共同完成了人类历史的极致。

汉武帝天汉三年，即公元前98年隆冬，莽苍苍八百里秦川，寒风凛冽，冰封雪飘。这样的天气，寻常百姓人家大都关紧柴门，偷闲在家，或围于炉前共享天伦，或邻里间把酒闲话，怡然悠然。不过，在韩城芝川镇一个复姓司马祠堂里却争得面红耳赤。他们的争论跟这个宗族的一个人有关，这个人曾给这个宗族带来过荣耀，是大家的楷模，而眼下这个人欺君罔上，犯了罪，死罪。重要的是，也许会有灭门之灾，甚至连累宗族。族长急召宗亲商议，议题是如何保全宗族血脉。有人提议将复姓司马拆开，司，左边加一竖，单姓"同"；马字左边加两点，改姓"冯"。这一提议立即在司马祠堂里炸了锅。支持和反对者双方各执一词，僵持不下，争论来争论去也没有更好的办法，最后族长长叹一声说道："愿意改姓氏的就请离开祠堂吧。但自己要记着，你们永远是司马姓氏的子孙！"工夫不大，司马姓氏子孙已离去过半，还有一些人东张西望，犹豫不决。族长摆摆手，于是，剩下的宗亲也一个个相继离去。独自面对突然空荡的司马姓氏祠堂，族长紧闭双眼，任凭浊泪不断滚落。他没有擦拭，而是慢慢跪倒在地。不知过了多久，待有人发现时，司马姓氏族长已气绝身亡，仍然保持着跪立的姿势。

与此同时，这个犯下死罪的48岁司马姓氏男人，没有按照汉代法律，或选择大义凛然的死，或选择拿五十万钱赎罪，而是选择了更为残酷、更为屈辱的刑法——他面无愠色，神情淡定地走进蚕室，接受了宫刑。

从此，他断绝了做男人的权利，更重要的是他辱没了妻儿，辱没了先人，辱没了宗族！

他为什么要这样做？一个知识分子，一个历史作家难道真的这样贪生怕死、毫无骨气、甘受其辱？

这究竟是怎样一个男人？忍辱负重，苟且偷生，仅仅是为了著书立说、流芳千古？

这个汉代男人是谁？他忍受着身体和精神的巨大摧残，写下的是怎样一部历史著作？

后来，他在留给朋友的一封信里是这样解释的。他说：死，的确可以结束这一切。但此时选择死，就是向残暴权利认同，就是对自己的人格和存在价值彻底抹杀。"假令仆伏法受诛，若九牛亡一毛，与蝼蚁何异？而世又不与能死节者比，特以为智穷罪极，不能自免，卒就死耳。"

这封信就是后来著名的《报任安书》，他信中对朋友任安几乎是大声呼喊："仆诚以著此书，藏之名山，传之其人，通邑大都，则仆偿前辱之责，虽万被戮，岂有悔哉！"

他诚以著此书，最初书名叫《太史公书》，后称《史记》。后来，有个叫鲁迅的作家称赞《史记》是"史家之绝唱，无韵之离骚"。再之后，还有一个叫刘金星的男人，翻阅了大量史料之后认为：这是一个有权势的男人（君主）和一个有理想的男人（作家）精神和生命的对决，武帝刘彻和史官司马迁共同完成了人类历史的极致。

但，历史没有赢家。司马迁拖着自己的残缺之躯记载了三皇五帝以来，乃至这个有权势男人家族的全部历史，历史却很少记载他。班固的汉书《司马迁传》也是寥寥数语，就把司马迁跌宕起伏的生平履历囊括了，简洁明了，却无法让后人感受一个知性的、立体的、血肉丰满的司马迁。因此，在中国文学的历史画卷中，《史记》名气很大，真正了解司马迁的人却很少。因此，我们现在走近他，感受他——与作家司马迁一起拥抱黑暗……

君子以见喜则迁

龙门古为陕西韩城的代称，这个代称据说跟韩城龙门山有关。当年大禹为治理黄河水患将龙门山凿开，一分为二，横跨黄河，两山隔岸相守。地理环境的突然改变，每年都有许多鲤鱼游集于龙门山下，跃上跃下争跳龙门，很是壮观。鱼跃龙门，过而为龙。李白还专门为此写过一首诗："黄河三尺鲤，本在孟津居，点额不成龙，归来伴凡鱼。"龙门山在韩城人心目中充满了神话和神秘色彩，大家熟知的"鲤鱼跳龙门"的故事，就于此演绎而成。后以"鲤鱼跳龙门"比喻中举、升官等飞黄腾达之事。再后来，因为一个历史人物的出现，一个历史事件的发生，又被人们喻作逆流前进，奋发向上之意。

话说汉景帝中元五年（前145年）二月初八日卯时，距龙门山不远的芝川镇，一个复姓司马家里传来婴儿的啼哭声。哭声嘹亮，响彻龙门山。

只听有人满心欢喜地喊道：生了，生了，是个男孩！

祖父司马喜闻讯竟喜极而泣，热泪交并。父亲司马谈则高兴得像个孩子在院子里手舞足蹈，以致有人唤他都没有听到。唤他的是芝川镇方圆几十里有名的接生婆韩高氏。韩高氏提醒司马谈进屋看看孩子。随后嘟囔说，她接生三十年从来没有见过嗓门这么高，哭起来没完没了的孩子！

是的，这个紧闭双眼，还没看到世人面目的孩子，刚刚落地就开始了长久而响亮的哭泣。他的急促的哭声，给这个喜悦的家庭带来些许不安——但他毕竟来了。司马府久已盼望的首子终于来了。《易经》有云："君子以见善则迁。"因而，给这个孩子取单名一个迁字。

拜师学经

司马迁出生的时候，父亲司马谈还未出仕做官，在芝川镇以耕牧为业。但司马祖先毕竟是书香门第，世代为官。他的远祖在周代为史官，七世祖司马错为秦国蜀郡太守，五世祖司马靳为秦国大将白起的都将，四世祖司马昌是秦皇嬴政时期主管冶铁的大臣，曾祖司马无泽是汉初长安市长，祖父司马喜官至五大夫。到了父亲司马谈，虽说尚未出仕，却学识渊博，立志出任史官，献身于史学事业。这就不同于一般的农耕家庭。司马谈耕牧之余，孜孜以求的治学精神，势必会给司马迁的童年时代产生重大影响。汉书《司马迁传》说他10岁通古文，的确不假。司马迁天资聪颖，6岁入学之前，在父母的精心授教下就具备了相当牢固的古文基础。入学后在课堂上提出的问题，老师常常不能作答。两年后，在全县五所书院考生会考中，司马迁一举夺魁，名列榜首。司马迁不仅过目成诵，能记善背，而且文思敏捷，出口成章，人人交口称绝。随着时间的推移，神童司马迁的名气很快传遍了芝川镇、夏阳县乃至龙门山。但司马谈对儿子寄予的希望还不仅限于此，他希望司马迁学富五车，将来继承祖业，出任史官，为史学事业作贡献。因而在司马迁很小的时候，就有意识地教授学习以历史为主的知识，如《左传》《春秋》《国语》等古代典籍。在汉朝，想步入仕途，不仅要能背诵一些制度条文，能理解、发挥这些条文的意思，而且还要会八体的书写，这样才具备推举做官的基础。父亲的言传身教对司马迁的影响日益加深，尤其司马谈后来所著《论六家要旨》，对阴阳、儒、墨、名、法、道六家学说言简意赅、见解精深的评述，为司马迁日后献身史学研究起到了榜样的作用。

汉武帝建元年间（前140年—前135年），司马谈做了太史令后，很快把儿子接到长安求学。汉朝经历高、惠、文、景四帝七十多年的休养生息，到汉武帝即位时，经济、政治、文化、军事等各方面都达到了空前的强盛。都城长安，是全国的政治、经济、文化中心，城区中部和南部为宫殿、官府和贵族官僚的"北阙甲地"区，占全城三分之二。城西北部为工商业区，有东、西九市。北边的一部分是一般居民区。"北阙甲地"宫殿耸立，鳞次栉比，金碧辉煌。尤其是长乐宫、未央宫、桂宫，还有正在修筑的北宫、明光宫、建章宫、武库以及上林苑、昆明池，都显示出汉朝的强盛发达。最重要的是京都长安，文化名流云集，还有"金匮石室"的国家图书馆，馆藏古往今来大量图书和秘籍，可方便拜师请教和查阅典籍，这一切，无疑为司马迁提供了良好的学习环境。司马谈清楚，要想使儿子在学术上有所造诣，就得敦促他多读书，学会读书。学会读书，就必须有名师指点。因此，带他先后拜访了董仲舒和孔安国，后正式加冠拜师。

董仲舒为一代儒学大师，其"罢黜百家，独尊儒术"的学说，正与坚持黄老思想的司马谈观点相左，却要让儿子拜他为师。由此可见，太史令司马谈的眼界和心胸——学术和政治不能混为一谈。同时，他在整理古籍古史过程中，常感叹自孔子之后，史事零乱，无人著述，因而著述历史逐渐成了司马谈最大的心愿。尽管自己思想上与统治思想相悖离，也并没有使司马谈放弃献身史学的理想。他相信儿子，希望儿子向儒学大师董仲舒学习《春秋》，在史学上有所建树。作为学生的司马迁自然会耳濡目染接受董仲舒的一些思想，但是并没有在他心中占主要位置，乃至在他后来的著作《史记》中，也只把《董仲舒》归入《儒林列传》中；而鲁都曲阜人孔安国，孔子第十二世孙，经学大家，以校读《尚书》《礼记》《论语》《孝经》等闻名，奉诏作《书传》《古文孝经传》《论语训解》等书。司马迁主要向他学习古文经学的故训，以及别择古文资料的古文学，掌握考信历史的方法。

几年以后，勤奋刻苦的司马迁在良师的指导下，古文治学日渐精进，学术功底日渐深厚，并很快远近闻名，成了都城长安年轻博学的才子。少年得意，年轻气盛，也多少有些自负。有一天，两位经学大师当着司马谈的面一番夸奖之后，少年才子司马迁自负的心里有些膨胀："自拜二位鸿儒为师，重新学习了《春秋》与《尚书》之后，犹若井蛙见天，豁然开朗，随之也就野心勃勃起来。于是我想写一部贯通古今的史书，可与《春秋》齐名，可与《尚书》相提，书名姑且叫《史记》如何？"

司马谈立即打断儿子，严肃地说："乳臭未干，好不狂妄！"随后又说："潜心研史是对的，欲写一部有价值的史书，单凭读万卷书，远远不够，有道是能行之者未必能言，能言之者未必能行。还必须考信核实，具体实践！"

董仲舒和孔安国十分赞赏太史令的见解和主张，最后三人商定，让司马迁走出书斋，漫游山河，采集民风，搜求遗史，广开视野，体察民情，考信核实，以求知行合一。

汉武帝元朔三年（前126年）仲春，20岁的司马迁暂时停止了对古文、经传的攻读，告别亲人，走出家门，开始了历时两年多遍访名山名川，考察风土人情，搜集史料的漫游生活。

游历求知遇佳人

汉书《司马迁传》为我们提供了司马迁游历的地点，却没有详尽说明时间长达两年有余，司马迁一路走来都考察了哪些风土人情，搜集到了哪些史料，心灵受到哪些震动与人生醒悟。还有最重要的一点就是正史上几乎都没有记载司马迁这次出游的艳遇。与杨文卿偶然的相遇，成就了人世间一段美好的姻缘，这自是后话。

现在我们跟随司马迁"南游江、淮，上会稽，探禹穴，窥九疑，浮沅、湘。北涉汶、泗，讲业齐鲁之都，观夫子遗风，乡射邹峄；厄困蕃、薛、彭城，过梁、楚"，最后满载而归。武帝刘彻龙心大悦，遂提拔司马迁为郎中——司马家族又一颗史学新星由此开始走向仕途。

25岁时，他奉诏以使者监军的身份出使西南夷，担负起在西南设郡的任务，足迹遍及邛、筰、昆明等地。尽管史书记载文字寥寥，却使我们从历史缝隙中，看到了或感受到了一个怀抱崇高理想的青年才俊，在这万里长途跋涉中的故事和年轻生命的律动。

话说司马迁在十里长亭与父亲司马谈话别后，并没有急着出关，而是逗留几日，游览了三秦名胜，访鸿门，考察阿房宫遗址，凭吊黄帝陵和秦始皇陵墓，而后来到华阴境内的三河口。滚滚渭水自西而来，滔滔洛河从北而至，二水在芮乡相汇，合流而东在风陵渡汇入黄河。三河相汇，泾渭分明。然而，在这里司马迁的感情却无法像渭水和泾水那样分明，心中的潮水夹裹着泥沙如黄河般奔腾咆哮！何故？自然是风流倜傥的青年才俊与风姿绰约的渭水才女邂逅，心与心相撞，情与情相融，迅速汇成了波涛翻滚的爱情江河。

杨文卿是八百里秦川远近闻名的儒学大师杨敬尧的女儿。杨敬尧潜心学问，效法孔孟，以淡泊名利著称于世。其女杨文卿自幼聪慧睿智，过目成诵，被杨敬尧视为掌上明珠。他们的相遇，可以说是天造的一对、地设的一双。杨文卿的出现，不仅为我的叙述带来灵光，也必将会为司马迁的漫漫征途涂抹上炫目的色彩。更重要的是她将会成为这个有志青年的最佳伴侣和日后编撰《史记》的坚定支持者。

司马迁恋恋不舍地告别了杨文卿，踏上了南下的漫漫征程。出武关，经宛、襄阳，至江陵渡江。从南郡渡江后，东去会稽，探禹穴。司马迁在此搜集了许多春秋战国时期的史料和传说，比如曾发生在这里的越王勾践卧薪尝胆的故事。他还找到了秦始皇当年立的石碑，并把碑文完完整整地抄录了下来，成了他日后撰写秦始皇事迹的有力佐证。之后，司马迁西返苍梧之野，窥九嶷。九嶷山在零陵郡营道县（今湖南宁远县）境内，这里埋葬着舜帝。然后，司马迁从苍梧之野北上长沙，到汨罗屈原沉渊处凭吊。滔滔的江水是否还记得这位伟大的诗人？两岸匆忙奔波的人们是否读懂了诗人那旷世之作？《离骚》《天问》那奇特的想象、大胆的夸张、绚烂的文采、完美的韵味，好似江岸传来的那幽怨独箫声，在年轻的学子心中泛起层层的涟漪：对屈原的敬慕、同情，对楚怀王、顷襄王的指责、不满，对靳尚、子兰等人的愤恨，还有对历史的感叹。离开汨罗江，司马迁又凭吊了贾谊的遗迹，然后从长沙溯湘江而上，越湘南辗转到湘西，顺着沅水而下，沿着长江东行，登庐山，观禹疏九江，漫游吴越。

司马迁继续东北上姑苏，望五湖（今之太湖），观春申君宫室。当年吴越争霸的鼓角声似乎还在脑际迂回；项羽和他的叔父项梁，在姑苏山下高举反秦的义旗，还在猎猎飘扬；历经了百年风雨的春申君黄歇故城和宫室，依旧透露出一种豪门贵族的华丽之气。围绕着姑苏台、春宵宫和馆娃宫，司马迁居姑苏数日，四处采撷、搜集传闻逸事、传说故事，将其连缀起来，构成了吴越争霸的历史。

之后，司马迁继续渡江北上，来到了淮阴（今江苏淮安市东南），这里曾是著名军事家韩信的故乡和封侯之地。然韩信功高震主，不知韬光养晦，而又恃才傲物，最后被夷灭三族。司马迁怀着种种复杂的心情离开淮阴，继续北上。渡淮、泗，涉汶、济，直抵齐都临淄。自西周时期，临淄便是齐国的首都，它是当时最繁华的名城。临淄城大城小城相套，大城是官吏、平民及商人居住的郭城，小城是国君料理政务及其居住的宫城。临淄城依然保持了当年的风貌，小城内的宫殿巍峨，鳞次栉比，错落有致，金碧辉煌；大城里街道纵横似棋盘，宽阔整洁，街道两旁店铺林立，店内货物琳琅满目。长街之上，车水马龙，往来行人，比肩继踵。循街而行，处处弦歌，人人昂扬。这些尚武、旷达、重功利的齐文化特点，为司马迁日后《史记》撰写齐人齐事，提供了必要的文化准备。

司马迁南返直奔鲁都曲阜孔子的故乡。公元前479年，孔子去世后，他的弟子为他守孝三年，仍不忍离去，于是干脆搬到孔墓附近住，后来一些儒生也搬了来，渐渐有了几百家，人们把这里就叫做孔里。每年到了一定的时节，孔子墓前就挤满了前来祭祀的人群。各地的儒生也经常到孔子的墓前演习饮酒和射箭等古礼。

由峄山向南，司马迁辗转来到了战国四公子之一孟尝君的封地薛县（今山东滕州市东南）。在这里他感受到了与曲阜一带很不相同的民风。曲阜民众深受孔子遗风的影响，重视礼节，温文尔雅，但薛城的民风比较强悍，有不少暴戾的行为。薛城人原来彼此相敬相亲，友好相处。但孟尝君好客自喜，天下大批人士前来投奔，来者不论是仁义之士，还是偷鸡摸狗之辈，孟尝君一概收下。当时，不法之徒投奔到薛县的竟有六万多户，使当地民风大变，成了现在这样。

下了峄山，略一休整，又来到彭城（今江苏徐州市）。彭城是当年楚霸王项羽的都城，也是秦楚战争和楚汉战争的战场。司马迁在此了解了许多项羽的珍贵资料。项羽年轻的时候，不爱读书习字，家人便送他去学习剑法，项羽也不好好地练，叔父项梁很生气，项羽却说，读书习字，能写自己的名字就可以了；学剑只是为了防身，斗一两个人可以，与万人争斗就派不上用场了，也不值得学。我要学能统驭千军万马的本领！

司马迁不禁为项羽少年时代的远大抱负而感动，也为后来欲以武力平天下，只有莽夫之勇而缺乏谋略的项羽惋惜，更对项羽的悲惨结局产生了深深的同情。项羽只能算作豪杰，而不能坐立天下、治理四方。后来在《史记》里，司马迁对这位英雄豪杰着墨最多。

彭城附近的郡县，也是史迹较多、史料颇丰的地方。比如彭城西北的沛县（今江苏沛县东）和丰县（今江苏丰县），是汉高祖刘邦及其手下许多文臣武将的故乡，也是带领他的哥们萧何、曹参、周勃、樊哙、夏侯婴起义造反的大本营。刘邦年轻时是一个浪荡子，后来当了泗水亭长，仍然不务正业，常和一些贩夫走卒饮酒作乐。在这里司马迁不仅了解了刘邦及其部属们鲜为人知的趣闻轶事，还获得了大量的"金匮石室"（国家图书馆）正史中无法记载的真实故事，如陈涉少为佣耕有鸿鹄之志的慨叹，刘邦青年时的种种无赖行径，樊哙屠狗，曹参为狱掾，萧何为主吏，张良亡下邳，陈平为社宰，周勃织薄曲，韩信少时受胯下之辱等，后来这些都成了《史记》中最精彩的篇章。

汉武帝元朔四年（前125年）岁末，司马迁历时两年漫游考察，满载而归，从大梁返回都城长安。觐见了武帝之后，司马迁便深居简出，闭门谢客，专心致志地整理两年来的考察资料，开始构思《史记》的写作。

迎娶华阴才女杨文卿

公元前124年，即司马迁远游归来第二年，22岁的青年学子高中为郎中，以此为起点，漫漫的仕途生涯开始了。

汉朝郎官系统有议郎、中郎、侍郎、郎中四级。郎中虽处郎官系统最低一级，但也有车、户、骑三将，官俸比千石（实领八十斛）。郎官均为皇帝侍从，虽分四等，但都可积资外迁，得为外朝各部门的长吏，出守地方为令、长。官虽不大，平常可接近皇帝，算得上是皇帝的亲信，被人们视为出仕的正途，是仕进的阶梯。

汉朝的郎中，一般来说有两种来源。元朔五年（前124年）以前，只要是父亲的官俸在二千石以上的，就可以被选做郎中。司马迁的父亲司马谈官为太史令，官俸只有六百石。因此，司马迁是凭着真才实学争取到郎中这个职位的。

为完成一部贯通古今的史书，刚满20岁的青年学子司马迁，独自在外漂泊两年有余，最终满载而归，这件事曾在京城长安轰动一时，有口皆碑。此等非凡经历和勇气，非常人所为。武帝龙心大悦，再加上董仲舒和孔安国两位经学大师时常在武帝面前提及司马迁的非凡才华，以及执拗的秉性和做学问矢志不渝的精神，武帝早把自己所钦定的郎中入选律条抛到了脑后。选定一个风和日丽的下午召见了司马迁，并表达了先提拔他为郎中再伺机擢升的美意。没想到这个狂妄的少年郎一口拒绝。武帝有些恼怒，但听了司马迁的陈词，忽而转怒为喜。

司马迁先大礼拜谢陛下的隆恩盛德，然后说道："孔子曰名不正，则言不顺；言不顺，则事不成。今陛下倘颁旨命仆为郎中，恰如孔夫子之所言。……仆已过加冠之年，却无功于国，无惠于民，忽为郎中，岂不让天下议论，说仆凭仗皇亲国戚方步入仕途？如此，仆固然名声不佳，而对于国家和陛下，危害尤大，万民必说陛下任人唯亲，徇私枉法，陛下怎么能够又法御四海而制六合呢？……然董、孔两位大师既收仆为弟子，仆必能从恩师处学得应有的知识，届时前往应试。考取郎中，如愿以偿，为国效力；倘试不第，仆仍可耕牧之余，修身治学，完成修史之志愿，以报隆恩！"

武帝听了连连点头称是："贤弟，果然有志气，难怪董仲舒、孔安国两位爱卿时常夸赞贤弟！"

行文至此，读者肯定心存疑惑：武帝刘彻因何称司马迁为贤弟，皇帝究竟跟司马家是什么关系？

原来，司马迁有个姐姐，叫司马蓉。年方18岁那年，被选入宫中。司马蓉天生丽质，端庄娴静，再加上家学渊源，气质高雅，雍容高贵，色艺双绝，很快得到皇帝宠幸，不久被加封为蓉妃。后因李贵妃的胞弟李广利畏敌不战，向匈奴求和，在雁门关与胡虏签订和番条约，司马蓉被迫别离京都长安，下嫁单于。武帝自觉愧对司马一家，也感念司马蓉，很想寻机报答。司马一家算正宗的皇亲国戚。但笔者还有一个未解疑团：既是皇亲国戚，武帝又有报答之意，却不知太史令司马谈因何总是提拔不上去，至死仍官为太史令。是老丈人不得这个皇帝女婿欢心，还是自己才学不够、品行不端、人缘不好？在汉室浩繁的史料里，基本看不出来。汉史已经详尽表明，司马祖上世代为官，司马谈出仕前，致力于史学研究，学识渊博，他所著《论六家要旨》闻名遐迩，令世人叫绝。为了实现自小立志出任史官的理想，曾拜名家为师，如著名的天文学家唐都，《易经》专家杨何，黄老学派的黄生等，并最终成为一位道学大师。司马谈可谓家学渊源，史学功底深厚，尤其坦荡磊落的品行和严谨虚心的治学态度，深得众人钦敬。那么，是武帝刘彻昏庸，分不清好歹人？汉史认为不是，司马谈甚至其子司马迁也认为不是。可武帝为什么舍君子重小人，他的另一个妻舅李广利是何等卑琐、何等庸碌，却一再提拔重用，最后官至贰师将军。武帝后来就是因为过于袒护他，才使一代英才司马迁自请宫刑。笔者无法解释这段复杂的历史。这不仅是一段史实，更是一段感情恩怨史，或者感情牢狱——仿佛上天安排，或者命中注定，司马一家欠刘家的！

以上历史人物，比如武帝、李广利等还将在下面的章节出现，暂且不表。因为眼下本书主人公司马迁，还有一项个人重要事情——迎娶华阴才女杨文卿。

有史记载，杨家数代以仁德立本，以忠厚传家，到了杨敬尧辈，则养性修身，潜心学问，效法孔孟以设坛讲学为业。杨敬尧一向淡泊名利，鄙视仕途，极少与官场人等交往，就连视为掌上明珠的膝下小女的婚嫁都约法三章：不嫁贩夫走卒，不嫁胡虏异族，不嫁官宦人家。

国舅爷李广利曾托人来说媒，被杨敬尧严词拒绝。为此李广利耿耿于怀，还让人捎信恐吓杨家。司马府在当地远近闻名，声望也很高。司马迁独行万里遍游山川，搜访史迹的故事，也早已灌满了杨敬尧的耳朵。传说中司马迁有理想抱负，不仅才高八斗，出口成章，而且英俊潇洒，倜傥风流。提亲说媒的挤破了门框，踏破了门槛。因此，当司马谈托人来提亲，杨敬尧最初似有所动。但有约法三章在先，还是摇头拒绝了。

这可急坏了在门外偷听的杨文卿。三河口与司马君一别，已整整三载。三年来，少女的每回梦里都会出现一个英俊的郎君脉脉深情地望着她，与她挥手告别。她想追上他，可是追啊追，总也追不上；她喊啊喊，总也喊不出声音。她眼睁睁看着那个既清晰又模糊的身影渐行渐远——梦醒之后，两眼泪痕，既幸福又感伤。一日日，一夜夜，春去了又来，山青了又黄，梦绕魂牵，辗转反侧，吃尽了相思之苦，仍不见郎君的身影。只是不断有消息传来：郎君满载收获，顺利返回京都；郎君潜心学问，高中郎中，成了皇帝的红人。杨文卿既激动又担心，既快乐又伤悲，既自豪又自卑——郎阿郎，难道三河口一别，要成为永别，难道你忘了山前之盟，河边之约！不会的，绝不会！杨文卿相信自己的眼睛——在看了郎君最初一眼和最后一眼之后，她就断定，这个人永生永世将会与她连在一起，永生永世什么力量也无法将他们分开——喜鹊迟早会在枝头鸣叫，蝴蝶迟早会在窗前飞舞，明媚的春光都需要经过冬雪的酝酿啊！

现在这一切都来了，可是爹爹却要赶走他们。杨文卿能答应吗？不能，决不能！她顾不得少女的矜持了，顾不得杨府的颜面了，她要告诉爹爹，告诉媒人——三河口邂逅，一见钟情，已私订终身了！

多日后，一个阳光明媚的日子，太史令府张灯结彩，大办宴席。从此，这个大胆泼辣、聪明伶俐的少女成了司马府的一员，成了有志完成贯通古今、史学文学之大书的司马迁的贤妻和助手；从此，她将与郎君风雨同舟，荣辱与共，生死不移。因为，后面的路还很长，漫漫征程，茫茫黑夜，风霜雨雪，泥泞坎坷，将会在这个由少女变成妇人的旅程中递次出现——她做好心理准备了吗？

双料国舅爷

洞房花烛夜，金榜题名时。人生两大喜事接踵而至，司马府上下一派欢乐祥和气氛。司马谈老两口喜上眉梢，笑逐颜开；司马迁杨文卿小两口更是如漆似胶，缱绻依依。都说祸不单行，福无双至，依作者看来未必。好事有时挡也挡不住，就像那和煦的春风，谁能阻挡她矫捷的步伐！话说一日，宫中内侍急匆匆前来太史令府报喜。刚得两喜，又来一喜，司马谈有点找不着北了。只顾得叩头谢恩，竟忘了给内侍赏银。如若不是儿媳杨文卿提醒，差点失礼得罪内侍。

那么，司马府这次喜又从何来？这得先从汉匈实行和亲谈起。汉与匈奴实行和亲政策以来，特别是前期匈奴强汉弱之际，多是汉家皇室女子到匈奴去服侍单于，即所谓"和亲"，以缓和匈奴对汉的入侵。随着汉武帝富国强兵政策的落实，汉之军事实力不断强大，匈奴逐渐北撤，当汉朝大军压境之时，他们也效仿汉朝，选一公主或嫔妃来汉和亲，以解燃眉之急。这次敬献给武帝的是匈奴单于的姐姐银花公主。银花公主给司马家带来喜讯：司马蓉一切安好！谁料到司马家第三喜竟是这个异域女子要认司马谈为义父！

后来司马谈才知道，这既是银花公主的意思，也是武帝的意思。显而易见，武帝是因为司马蓉之故，而银花公主却是为何？银花公主虽说生在帐篷里，长在草原，但毕竟生长在宫中，嫔妃争宠，互相倾轧，明争暗斗，早给她的心灵蒙上一层阴影，使她政治上过早地成熟。现在远离故土和亲人，背井离乡来到汉宫，她无可避免地要选择政治上的靠山。司马氏世代忠君爱国，司马谈父子诚实正直，自然是她的不二人选。银花公主后得武帝宠幸，加封贵妃，因跳百叶莲花出众，武帝封称莲贵妃。

此后，莲贵妃以女儿的身份时常出入太史令府。在宫中与司马迁相见，则以姐弟相称。到此为止，司马一家与武帝可谓亲上加亲，司马迁成了双料国舅爷。武帝也不拿他当外人，经常在莲贵妃的寝宫召见。武帝和莲贵妃立下规矩，凡司马迁来后宫，彼此不要拘礼，要像寻常人家一样，随随便便，亲亲热热。此时的司马郎中有武帝和莲贵妃罩着，可谓春风得意，仕途顺利，前途无限。但随着与武帝近距离交谈，他渐渐发现，这是一个纵欲无度、骄奢淫逸的男人。一时性起，居然当着司马迁的面与莲贵妃亲热，令他脸红心跳，无地自容。完事后却张口许与司马迁中大夫，秩二千石，总领郎官系统的一切事宜。

司马迁闻听此言，一时竟忘了君臣之礼，紧忙说："不可，不可！"

如若换作别人，肯定会忙不迭叩头谢恩。而这个小小的郎中却紧忙说不可，这使武帝有了兴趣。武帝问他因何不可，莫非嫌官小职轻？

司马迁施了君臣大礼从容说道："蒙圣上错爱，委以高官，赐以显爵，仆当竭尽忠诚，报效圣上和大汉！仆亦系父母所生，血肉之躯，岂有不贪恋荣华富贵之理！非是仆狂妄不羁，职位再高，任务再重，仆自问也能够胜任！然，摆在微臣面前尚有比荣华富贵更重要、更宝贵的东西，那便是承接父命，写一部贯通古今的史书。因此，将来承袭父职，出任史官，即当叩谢龙恩！"

小舅子原来是只想当作家，不想为官。武帝大悦，连称贤弟有志向，朕当支持！话虽如此，武帝也看出这小舅子既耿介憨直，又恃才傲物，骨子里总透着一股难以驯服的狂放之气，令人担忧。但他不得不承认，司马迁坦率耿直，忠君爱国，博学多识，能写善画，尤工文辞，实属难得之人才，必得好生驾驭才是。

同样，司马迁也隐约感到眼前这个男人身为帝王不该有的随意性，特别是后来几次伴驾出巡，他又看到了一个讲奢侈排场、好大喜功、喜怒无常的帝王。

武帝刘彻一生最喜欢做的有两件事：一是搜选天下美女，声色犬马；一是巡游四海，封禅求仙，广施大汉威德。武帝在位五十四年，巡游三十四次。武帝每次出巡，队伍庞大，气势宏伟，场面壮观，声势浩大，威风凛凛。最前边是马队，马队由三十六匹骏骥组成，共有六行，每行六骑。马队后边是仪仗，先是十八面铜锣开道，走五步敲一下。接着便是旗帜、伞、扇、兵器，以及象征兵器的金瓜、钺斧、朝天镫等。仪仗后边是车驾，俱皆四乘，每乘之四马，四匹马高矮、毛色、佩饰相同。辇驾装饰豪华，或镶金，或嵌玉，车盖全是苏绣，五彩缤纷，耀眼生辉。车驾后边是全副武装的骑兵和步兵，兵将后边是随从和各种工作人员，整个出巡队伍浩浩荡荡十余里。

司马迁作为皇帝侍从，多次跟随皇帝巡游侍驾。有几年，汉武帝非常热衷祭祀封禅。封禅是一种特别隆重的祭告天地的仪式。古代帝王认为，只有举行了这种封禅仪式，才能表明他是真正的天子——可以代天行事。在泰山上筑土为坛以祭天，表示报答上天之功，叫做"封"；在泰山脚下的小山，如云云山、亭亭山、社首山、梁父山等，划土祭地，表示感地之德，叫做"禅"。

司马迁与武帝不同，武帝是以出巡祭祀封禅为名，广施天子之威，而司马迁则是借机考察，收集资料，了解祭祀礼仪和实质。王室的衰败，朝代的更迭，是有规律的。频繁地跟随武帝出巡，使司马迁对汉以前的历史有了理性的认识，《史记》写作思路愈见明晰。同时，他还发现了一个秘密，一个有关武帝身世的秘密。

公元前113年（汉武帝元鼎四年）冬十月，司马迁伴驾武帝去汾阴祭后土祠，武帝皇恩浩荡，途经司马迁家乡夏阳小住几日。夏阳是一块灵秀之地，又是春秋战国秦、晋、魏争夺的主战场，史迹不少，特别是夏阳城少梁镇南面的白衣庵，十分有名。不光是司马迁的姑母司马纯出家在此，更重要的是有一位神秘的住持，法号了空。

传说了空住持曾经是贵妃娘娘，因遭暗算被迫出家。还有人曾问她家在何地，她不答，只写下五个大字：北望云深处。司马迁不相信，而武帝却相信了空住持就是自己苦苦寻找的生母。司马迁后来明白了，武帝此番出巡在夏阳逗留非是对司马家的浩荡皇恩，而是为寻找生母。尽管如此，司马迁还是倍感兴奋。因为一直为修史理想而努力的司马迁，将作为历史亲历者和见证人，在自己的故乡解开武帝身世之谜。

武帝刘彻并非杜皇后所生，这已是公开的秘密。但其生母是谁，身世如何，因何被迫逃出皇宫，却鲜有人提及。作为有志为史献身的司马迁，不能不借机了解寻访。他所掌握的史料是：景帝时，西羌国向汉宫进献了一位美女，名荔尔塔马娃。景帝的母亲姓林，羌女初来时，见其天真可爱，又别具特色，便认其为干闺女，并随林姓。后被景帝册封贵妃，称作林贵妃。林贵妃几经景帝雨露，暗结珠胎，产下麟儿，即后来的武帝刘彻。而此时杜皇后也生了个公主，为皇位与心腹太监密谋，上演一出狸猫换太子——以公主易龙子。之后，林贵妃的命运可想而知。林贵妃自知是异邦女子，在汉宫备受歧视，而杜皇后掌管三宫六院大权，自己如何斗得过人家，只好含悲忍受下来。

没有不透风的墙，雀儿飞过也有影子。不久宫中对这件事便议论纷纷。杜皇后很是惶恐，怕皇上知情问罪，遂动杀机。先把口风不严的太监、宫娥处死，然后命太监将自己所生的公主暗中毒死，反诬林贵妃养育龙子失职，将其打入冷宫，后被景帝放生逃出皇宫，辗转来到夏阳城少梁镇南面的白衣庵，出家当了尼姑。也有传闻说是景帝深知杜皇后心狠手辣，以防林贵妃被害，暗中把她送到白衣庵的。总之，眼下白衣庵住持了空是武帝生母无疑。

那时还顾忌母后（杜皇后）不敢明目张胆地寻找生母，现在一则是杜皇后已仙逝，二则是大汉政权已稳固，武帝寻母的愿望甚至比出巡祭祀还要强烈。现在总算找到了，却不承想生母无论如何也不愿还俗。无奈之下，武帝便命人在东临黄河、渭水，西依梁山，背山临水、风景优美的韩奕坡修建了夏阳行宫，命名为"挟荔宫"。挟荔宫内设"三请殿"，意喻武帝与生母渴盼之情。此事按下不表，因为后面还要提到司马迁遭难之时，为防不测，将《史记》副本藏在了了空住持的白衣庵。下面要说的是，司马迁将再次离妻别子，"奉使西征巴蜀以南，略邛、筰、昆明"等地，踏上茫茫征程。

奉诏出使西南夷

公元前 111 年，司马迁奉诏出使西南夷，代表大汉安抚西南各少数民族。

西南夷包括今云南以及贵州、四川两省西部地区，这一地区以汉王朝的西部边郡巴蜀为中心，以南为南夷，以西以北为西夷，总称西南夷。

西南夷民族复杂，部落众多。为彰显大汉神威，一统天下，汉武帝对西南部族采取了不同的政策：或用武力征服使其归顺大汉，或安抚绥靖以拓展疆域，或结为邻邦世代通好，目的是孤立和驱逐北方强敌匈奴。

早在公元前 135 年（汉武帝建元六年），汉武帝就想控制南越（今广东广西一带），后采纳番阳令唐蒙建议，派精兵从夜郎（今贵州西部）过盘江，突袭并收服南越和夜郎。于是任命唐蒙为中郎将，从巴蜀以南征集民众千人前往夜郎。但因唐蒙措施不力，横征暴敛，激化了巴蜀民众与汉军的矛盾。武帝恐激起民变，遂派司马相如前去安抚。司马相如是蜀籍人，因武帝欣赏他的辞赋文采，封为郎官。他极具辩才，再加上乡情关系，很快说服了民众，为征服南越、收服夜郎奠定了基础。

夜郎在汉朝的时候还只是一个很小的国家，差不多只有汉朝的一个县大，却以道不通，各以为一州主，不知汉广大。所谓夜郎自大，就源出于此。唐蒙这时已由巴郡（治所江州，今重庆市北）的符关（今四川合江县西）进入夜郎，会见了夜郎侯多同，并和多同达成协议，夜郎同意归附汉王朝。于是，武帝就在那里建立了犍为郡（今四川、贵州交界处）。

公元前130年，汉武帝征集巴蜀民众修筑了从犍为郡治所到盘江的通道，这样就直接对南越构成了威胁。这条通道附近有不少少数民族部落建立的国家，他们见西汉王朝如此神威，邛（今四川西昌市）、汉源、冉（马龙）（今四川茂汶县）等地的首领纷纷表示愿意臣服，并请求汉朝派官吏去进行治理。武帝便任命司马相如为中郎将，前往出使西夷，达成协议，正式归顺汉朝。后汉武帝在西夷设立了一个都尉，下辖十余县，隶属于蜀郡。之后整整十年，西南各部族相安无事，听从汉朝的治理。而武帝这些年忙于对付北方的匈奴，无暇顾及西南部族，并减缓了对南越的用兵。十年后，即公元前112年（汉武帝元鼎五年）夏，南越丞相吕嘉起兵反叛，杀南越王、王太后和汉使终军。汉武帝气恼已急，遂遣路博德、杨仆等五路大军征讨南越。第二年即大破南越都城番禺（今广州），并在南越地区设了南海、苍梧等郡。为加强管理和统治，在西南少数民族地区还建立了盘郡、越嶲（xī）郡、沈犁郡、汶山郡、武都郡五郡，任命司马迁为中郎将，以监军的身份出使西南夷，视察和安抚各部族。

司马迁身兼重大使命自不待言，此行他还给广大西南地区带去了汉朝的农耕技艺和文化礼仪。经武帝批准，司马迁此次出使，带去各种作物良种和许多耕艺高手、工匠、名医等，借以传播大汉先进的农业技术和陶瓷、制绢、制玉工艺，以及医药治疗技术。还有佳丽若干，以实现汉夷通婚，共结永世之好。当然，这次出使也为司马迁考察收集西南各地政治文化、风土人情提供了机会。他对西南各少数民族的政治、经济、文化、风俗等，记载得很详细，后来在《史记》中专辟《西南夷列传》。

司马迁统率出使队伍，出长安，南下汉中盆地，西经武都郡（今甘肃南部），然后进巴郡。由巴郡南下，即抵临西南夷之犍为郡（原夜郎国）。由犍为郡继续向南，翻山越岭，涉河穿林，来到了新设置的牂牁郡（今贵州贵阳西部）。这里原为西南夷中的且兰国，汉武帝平定南越叛乱时，曾要求且兰君出兵增援，但且兰君不肯服从命令，反而杀死了汉使者和犍为太守。为此，武帝用兵歼灭且兰国，建立了牂牁郡。完成了对牂牁郡的慰问安抚任务，司马迁依旧由原路北归，经犍为郡而来到了蜀郡首府（今四川省成都市）。这里是司马相如的故里，司马相如以辞赋见称于世，计有《子虚赋》《美人赋》《上林赋》和《封禅文》等多篇辞赋。

司马迁从蜀郡首府到了汶山郡（在今四川茂汶）视察，然后南下经零关道（今四川芦山县西南），过孙水桥（今安宁河上），往南便到了沈黎郡（今四川汉源东），再南下便到了越嶲郡（今四川西昌），这里原系当地大国邛之都城。从越嶲再往南，就到了司马迁这一次奉使的最后一站益都郡，这是历史上有名的昆明国所在地。昆明国在今云南滇池之南，故又名滇国。

公元前110年（汉武帝元封元年）冬十月（汉初沿袭秦之《颛顼历》，以十月为岁首），司马迁完成奉诏出使西南夷的任务返京，途经周南（今洛阳），闻听武帝意欲封禅泰山，而父亲司马谈此时正在周南筹备泰山封禅大典的事宜。于是，命副使率队回京，自己暂留周南协助父亲。

按照古制，封禅先要罢兵。汉武帝率十余万大军，浩浩荡荡出京城长安，经上郡、西河、五原，出长城，再向北登单于台，直至朔方，来到北河，在匈汉边境耀武扬威地举行了罢兵仪式。作为皇帝侍从，司马迁还要伴驾东巡海上，礼拜嵩山，东进泰山，准备正式封禅。因此，司马迁在周南拜别父亲返京小住几日，再次与贤妻杨文卿话别。

短短几年时间，贤妻杨文卿见老了。也难怪，杨文卿自进了司马府，非但常常要经受夫妻别离之苦，独自操持全家事物，悉心照料老人孩子，闲暇之余还捻丝线、制竹简，以备丈夫写作之需。自从与司马迁三河口邂逅，杨文卿就不再属于自己了。她早已暗暗立下誓言，为丈夫早日完成那部贯通古今的旷代之作，甘愿牺牲青春、感情甚至生命。面对妻子的殷殷期望、默默支持，司马迁除了愧疚之外，就剩下发奋著述了。这些年来翻检"石室金匮"藏书，拜董仲舒等大家为师，刻苦研史，漫游吴越，遍访齐鲁，出使西南夷，奉使征巴蜀，读万卷书，行万里路，人生阅历、知识储备到这时已经具备，条件成熟了。可是，他需要时间，他需要静心整理、潜心创作的时间。可是，武帝一生好动不好静，从不给他时间，从不容他安静。据《汉书》记载，从太初元年到天汉三年（前104年—前98年），汉武帝的车辇几乎没有休息过，太初元年秋八月到宁夏，冬十月到泰山；太初二年三月到河东；太初三年春正月东巡海上，夏四月修封泰山，司马迁只能在汉武帝出游的间隙去继续他的著述。现在他又必须离妻别子，走出书斋，前去陕西中部县桥山候驾。因为武帝的出巡队伍不久就要返回桥山祭祀黄帝。

司马迁与妻子杨文卿又一次挥泪洒别！但他没想到，在周南——众儒生筹备封禅的地方，还有更多的泪水正等着他泼洒。

主持修历

武帝之所以派司马谈赴周南筹办泰山封禅事宜，固然因他官为太史令，筹备封禅事宜是他的分内工作；还因他曾制定过祠后土、祭太乙的礼仪。但自上古到周成王，先后有七十二位圣明的天子曾到泰山封禅，因时代久远，关于封禅的礼仪，并无详细的记载留传下来。因此，武帝的泰山封禅便无前例可循。封禅礼仪成了难题。司马谈与众儒生商量研究多日未果，武帝极为不满。后来武帝纳兄之谏，亲定封禅礼仪。司马谈批评武帝所定礼仪"不与古制同"。批评过后，司马谈就后悔了，自己制定不出令人满意的封禅礼仪，还口无遮拦责备皇上，这不是儒生意气吗！尽管武帝没有怪罪，但他那犀利的眼神里分明写着恼怒，比其大声训斥还要令人心惊胆寒——老丈人怎么了，皇帝一样翻脸不认人，更何况是喜怒无常的武帝呢！因此，司马谈自到周南以后，整日心事重重，郁郁寡欢，加以筹备封禅劳心劳神，不久便病倒了。

司马迁扈从武帝从嵩山到达周南时，几乎认不出眼前的父亲来了。往日那个踌躇满志、精气神足、博学多识、循循善诱的慈父不见了。他看到的是一个瘦骨嶙峋、有气无力、精神颓废、生命垂危的老人。司马迁唤了一声父亲，眼泪便止不住扑簌簌流下来。司马谈见到儿子，浑浊的眼里立刻有了些光彩。太史令司马谈以史职、史德要求儿子司马迁，要像孔子修《春秋》那样，自觉地肩负起历史的使命。然后，带着一丝慰藉仙逝了。

公元前108年，司马迁承接父职做了太史令。太史令在西汉时与州刺史、县令级别相等，享受六百石官俸。太史令官职虽小，但因职掌天官，典司图籍，悉史记石室金匮之书，为有志修史的司马迁提供了便利条件。但时间有限，历史浩瀚。为著述做准备，就必须在有限的时间内，从浩瀚的历史中，整理出著述所需资料。此外，身为太史令，他还得向汉武帝禀报书籍整理的进度，抽时间记录朝廷内外发生的大事，掌管阴阳吉凶的占卜，负责天文星象的观测，虽是职责所在，却为此耽误了不少宝贵的时间和精力。

不久，武帝又让他主持修改历法。自高祖刘邦建立西汉以来，一直沿用秦朝《颛顼历》：以十月朔为岁首；衣服、旌旗、旄节皆尚黑色；数以六为纪，如符、法冠皆六寸，舆六尺，步六尺，乘六马。尽管"朔晦月见，弦望满亏多非是"很不准确，却一直没有修改历法。武帝即位后也无暇修改历法，直到北疆平定、中央集权统治巩固、天下太平之后，才有时间考虑改正朔、制新历。

公元前104年，大汉改历工作正式启动，并相应成立了改历工作领导小组。武帝任命当朝著名天文学家、中大夫壶遂为组长，主持改历工作。壶遂谦辞不就，把太史令司马迁推到前台，主管改历诸事宜。壶遂隐入幕后，甘当人梯，大力辅助品级很低的年轻后生，深得武帝赞许。后被提拔重用，官拜丞相职，暂且不提。却说司马迁初担重任，诚惶诚恐，格外慎重。他立即组织人马，投入工作。除武帝钦定的公孙卿、壶遂等外，还邀请了诸多造诣很深的学士专家参加改历，如邓平、司马可、侯宜君等，甚至连隐士高人和"父辈级"的天文学家唐都也邀请到了。司马迁不负众望，带领几十位专家学者，仅用了一年的时间，就顺利制定出新历，即《太初历》。《太初历》将一年的开始定在正月，并一改旧历中以冬至月（今阴历十一月）为正月的传统，将正月定在建寅之月（今阴历元月），称之为"夏正"（今夏历）。这种夏正制，贯通了二十四节气，并以没有中气的月份为闰月。

武帝对《太初历》十分满意。他下诏将元封七年（前104年）改为太初元年，并下令改制：颜色以黄为贵，数字以五为吉，定官名，协音律。

公元前104年（汉武帝太初元年）仲冬，京城长安明堂雄壮巍峨，挂绿披红，彩旗招展，鼓乐喧天，文武百官分站两旁。已时三刻，盛大的颁历典礼开始了。大汉天子刘彻器宇轩昂，满面春风，神采奕奕，款步来到明堂之上。待群臣行完大礼、齐呼万岁万万岁之后，武帝朗声说道："按新历法，节气复归于正，羽声复归于清，二十四节之名称与实际相符，十一月甲子朔旦时刻为冬至点。据此，朕郑重宣布：改元封七年为太初元年；以十三月（孟春建寅之月）为正，以平旦为朔；废旧历，用新历，新历名为《太初历》；色上黄，数用五，变更百官名称及秩禄，协音律，以黄钟为宫声，林钟为徵声，太簇为商声，南吕为羽声，姑洗为角声。"

武帝盛设国宴三天，与群臣共庆《太初历》出台，大汉改元。美酒佳肴，奉承颂扬，帝王尽兴，群臣兴奋，然而，在美酒飘香、杯来盏往、觥筹交错的国宴上，却少了一个主角——司马迁此刻正躺在家中病榻上。多日的劳累，使制历功臣司马迁病倒了。奇怪的是，司马迁在病痛中反复做着一个相同的梦，梦到的却是鸿门宴的场景和人物。

之后，说与朋友任安听。任安说，你的写作计划该实施了。是的，司马迁的写作工程——贯通古今的修史著述，就在新历颁布实施的这一年，即汉武帝太初元年仲冬开始了。

书简被盗

汉武帝太初元年，司马迁 42 岁，正值人到中年，精力旺盛，阅历丰富，何况从 20 岁起，就开始足迹遍及东南西北，对各地的风土人情、历史遗闻、历史传说，经过了实地调查与考证。因此，创作起来很顺利。司马迁首篇之作不是酝酿许久的三皇五帝，却是病榻上梦到的鸿门宴。

此时武帝也开始关心和关注司马迁的写作，工作上尽量减少打扰他，甚至外出巡幸，也很少让他扈从。这样，司马迁在写出首篇《项羽本纪》之后，很快又创作了伏羲、燧人、神农三皇和黄帝、颛顼、帝喾、唐尧、虞舜五帝八篇传记。准备装订成册，呈君御览。可是，就在禀明武帝完成写作情况的当天夜里，太史令府突遭窃贼，书稿被盗窃一空。

别说武帝、大臣们不相信，就连司马迁自己都觉蹊跷。虽说司马氏历代为官廉洁，可一家人勤俭持家，积攒多年，多少也有些钱币或者珠宝首饰什么的，却一点未动，唯独盗走了书稿。

无书稿面呈圣上，司马迁急得抓耳挠腮。不单是怕武帝怪罪，失信于君，更主要的是心疼。这可是司马迁多日的心血啊！可恨的盗贼，你偷它干吗，难道偷书稿是为了卖钱，还是剽窃他人著作为自己出名？显然都不是，自高祖刘邦建汉以来，从未发生过这等不齿行为。况且，汉朝也不兴这个。那么，窃书却是为何？难道是为了——是的，只有陷害了。司马迁忽然想到一个人，此人与自己同朝为官，同为武帝小舅子，却素有嫌怨。当年姐姐司马蓉就是因为此人，才被迫远离祖国，下嫁匈奴。后来此人丧父，竟恬不知耻央求司马迁为其父撰写碑文，被拒绝。唯其如此，还听说此等劣君曾经向杨府提亲，被杨文卿拒绝。一桩桩、一件件连起来看，李广利嫌疑最大——简直就是他！此时司马迁已显露了文人的气质、文人的秉性、文人的天真——他要去报官，或者面君。武帝如此看重他的写作，肯定会给他撑腰，还有可能成立专案组，侦破此案。案破时，李广利的险恶用心就会昭示天下，说不定还会拔出萝卜带出泥——李贵妃姐弟都不是什么好东西。

想到这，司马迁整好衣冠，正欲出书房进宫，却被杨文卿拦下了。杨文卿说："子长夫君，请随我来！"司马迁随夫人来到西厢房，不禁被眼前的一幕惊呆了——一捆捆崭新的竹简整齐码放在西厢房里。他顺手拿起一捆掸开，只见一列列娟秀小楷字体映入眼帘，所写内容正是自己多日的心血之作。

你道是如何？却是杨文卿捧读丈夫的书稿之后，爱不释手，故而誊抄了副本，以备自己闲时欣赏，没想到关键时候派上了用场。

司马迁对妻子杨文卿的感激之情自不待言。誊抄副本，并藏在别处，倒是提醒了司马迁。这才有了日后遭难而"藏之名山"，流传后世的佳话。

证罔获罪

话说武帝天汉三年（前98年），《太初历》颁布后的第七年，48岁的司马迁正进入著述修史高潮，却因为飞将军李广的孙子李陵案做辩护，惹恼了武帝，被判死罪。

李陵一案既复杂又简单，复杂到一部厚厚的史书都无法说清，简单到几句话就能叙述完。西汉时期的匈奴很像近代的倭寇，善变而可耻，且靠偷盗和掠夺邻居生活。西汉强硬他就装孙子，西汉忍让他就钻空子。甚至还把西汉使者苏武扣留，并赶到北海（今西伯利亚贝加尔湖）去牧羊。你说可恨不可恨？可恨！恨得咬牙切齿的汉武帝，派兵诛之。可武帝犯了个错误，第一次用兵不该用裙带关系，任人唯亲，派李广利带兵清剿。你刘彻难道不知道这个小舅子，吃喝嫖赌很在行，带兵打仗却非统帅之才，非要给他个立功的机会。结果可想而知，李广利损兵折将，灰溜溜跑回京城不说，还空长了匈奴气焰。李广利三万兵马都未打胜，第二次却要李陵带五千精兵深入匈奴腹地，后虽又派出援兵却因增援不力，导致名将之后李陵身陷绝境、弹尽粮绝而战败被俘，最后投降了匈奴。

作为一代名将李广之嫡孙，应是被俘而不降敌，宁死而不屈服。李陵应该知道投降敌人、苟且偷生的利害关系：不仅愧对李氏之祖先，辱没李广之英名，有损大汉之国威，更重要的是要牵连很多人，甚至灭九族。可是，他却降敌了。司马迁不愿意接受这一事实，也不相信别人的传说。虽然跟李陵交往不多，两人的志趣也不相投，但凭着平日的观察，司马迁觉得李陵是一个"事亲孝，与士信，临财廉，取予义，分别有让，恭俭下人，常思奋不顾身，以徇国家之急"的奇士。何况又是名将之后，怎么可能如此贪生怕死、甘愿受降呢！一定是另有原委。那是什么原因呢，司马迁百思不透。直到李陵全家被斩，自己也因李陵案而获罪服刑以后，才觉得另一个民间传闻更能立得住脚：李陵被俘后，单于百般劝降不从，又以双善公主嫁其为妻，加封其为右校王相诱，仍不从。遂用离间之计，对汉谎称李陵受降。武帝果然上当，灭李陵全家。李陵闻讯，嚎哭三天之后，降敌。娶双善公主为妻，享右校王尊宠。司马迁慨叹历史无情，君臣无义。作为史官，他将如何记录这段历史！司马迁也和大家一样认为，不管什么原因，叛国投敌都是可耻的。而不追究后援部队将领的责任，不敢问罪逃兵李广利，而一味看皇帝脸色行事，阿谀逢迎，甚至落井下石的王公大臣不也很可耻吗？同是败军之将，李陵罪在不赦，李广利却毫无过错，公道、正义、良心何在？朝臣们却不以为耻，反而大言不惭，信口雌黄。煌煌大汉竟养了一群人渣——可恨，可恶。史官司马迁怒了，他不顾皇帝的脸色，不闻群臣窃窃私语，侃侃而谈，滔滔而论："李陵对父母讲孝道，对士兵讲诚信，谦良恭俭让，且公正廉洁，舍生取义，常思奋不顾身，以徇国家之急，颇有国士之风范。如今不幸败北，却不查降敌消息是否确切，有无其他原委，一味指责，甚或落井下石，此其令人痛心之一；李陵率兵不足五千，入敌腹地，御数倍敌军，转战千里，箭矢用尽，求援无救，无路可走，此为令人痛心之二；将士们手持空弩，仍拼死力战。虽然兵败，但对匈奴的打击，足以名扬天下，却遭小人诽谤、污蔑，此为令人痛心之三；李陵之所以没有死节，当是欲寻机报效国家……"

司马迁只顾凛然大义、一泻胸中块垒，实乃性情中人，而非政治成熟的官员。他的一席话刺痛了在场的众臣子，激怒了大汉天子。平素最善于捉摸汉武帝心理的廷尉杜周，此刻已准确感觉到武帝强压怒火，心中大骂小舅子，不念皇恩，居然恃才傲上，犯颜直谏，什么东西！廷尉杜周感觉火候已到，该自己出面了。于是上前拜毕，说道："以太史令之意，李陵兵败，皆因贰师将军未能派兵增援。这分明在诋毁贰师将军，亵渎圣上，诬罔万岁。况且李陵之罪，不在兵败，而在降胡，他为何不像苏武渴饮雪，饥吞毡，北地牧羊也要保大汉臣子节操，却贪生怕死，贪恋荣华……"

群臣众口一词，愤而声讨："诬罔，大胆司马迁，诋毁朝臣，诬罔圣上，按律当斩！"

司马迁辩解道："仆绝非为李陵辩护，更非心存诬罔圣上之意，仆只是尽太史之责呀！"

贰师将军李广利轻声啐了一口："狗屁太史，你完了！"

司马迁的确完了。按汉朝律令，诬罔君主是死罪。武帝不容其再行辩解，以诬罔罪将司马迁关进诏狱。所谓诏狱，就是奉诏关押罪犯的地方，俗称天牢。从此，一代文史英才走向了黑暗的深渊！

文卿拼死救夫

西汉律赦免死罪方法有两种：一是限期一个月交清五十万钱赎金；二是接受宫刑，也叫腐刑。宫刑（腐刑）即是被阉掉生殖器，太监一样活着。据说这样的男人其生理上、心理上、精神上都会发生变化，最明显的是胡须脱落，声音变细，心理变态，喜怒无常。

进太史府多年，杨文卿是熟知当朝律令的。因此，当她获知丈夫被关进诏狱，第一件事就是赶紧筹钱。可是，把家中存款、金银首饰加在一起，甚至变卖了老宅也不足十万钱，离可免死罪的五十万钱差距还很大。杨文卿活了四十几岁，从未低头向别人作揖借钱。如今为救丈夫，只好豁出老脸求人了。第一步自然是先从亲友们借起。没承想，亲友们的托辞几乎惊人的一致：真不巧，家中存款被张三借去办喜事用了，或者被李四借去为父（母）发丧用了，再或者被王五借去盖新房用了！最后都会非常真诚地说一句抱歉之类的话。杨文卿走出亲友家门，突然心一酸，泪水止不住流下来：真是人情薄如纸啊！但现在不是赌气的时候，尽管没有了亲友托底，杨文卿还是抱着碰运气的心理，走巷串户求救于丈夫的同事。过去他们常挂在嘴边的一句话是：司马夫人，有困难说话啊！现在司马夫人真有了困难，理所当然要求救于他们。但是，他们的托辞也是出奇地相似：请理解，别的事都可借钱给你，唯独这件事。我们都是朝中为官，蒙受皇恩，怎么敢违圣上旨意呢！意思再明显不过了，不是不借钱给你，是皇上不让，否则，丢了乌纱帽谁负责！言辞坦率，无懈可击，使你无法责怪，谁叫你丈夫哗众取宠、出风头得罪皇上呢！杨文卿无话可说，只好强忍泪水返回家里，一阵嚎啕大哭。怎么办？怎么办啊！难道就一直这样哭下去吗？难道这样哭下去就能救丈夫吗？子长这会儿在监牢里，指不定要遭受何等煎熬呢！哭是没用的，再想想，仔细想想，还有谁可张嘴借钱！凡是熟悉的人，一一在脑海掠过。她突然想起来了，司马迁还有个姑姑司马纯，在夏阳城少梁镇白衣庵出家为尼。可是姑姑出家多年，早已了断尘缘，能有办法凑够这么多钱吗？杨文卿尽管心中忐忑，但眼下想不起别的人可试，只好风风火火赶往夏阳。姑侄相见自是一顿相拥而泣，之后，杨文卿便把司马迁如何替别人说话，惹怒皇上，被关进诏狱的事诉说了一遍。司马纯说：阿弥陀佛，跟我大哥一样，迂腐啊！姑侄半晌无语，司马纯从衣箱底下取出全部存款，约一万钱。这一万钱多半还是因司马纯侍奉太后（武帝生母，了空大师）有功，皇上赏赐的。这点儿钱，虽说远不能解燃眉之急，但杨文卿跑了一遭又一遭，现在毕竟见到钱了。这是希望，她相信能借到第一次，就能借到第二次、第三次……关键时刻，决不能气馁！杨文卿顾不得与姑母再多叙话，便起身拜别，刚出屋子险些绊倒。低头一看，脚下四四方方一个包裹，上面还有一行小楷：修庵之钱，贰拾万，暂且挪作救急之用！

杨文卿不明所以。司马纯说："阿弥陀佛！吾儿，给了空大师磕个头吧！"

一路之上，杨文卿搂着沉甸甸的包裹，大脑突然被激活了。她又想起一个人。此人与司马迁虽非同胞姐弟，却情同手足。更重要的是她对司马迁素有好感，心怀爱慕之意，只是碍于伦理和贵妃身份，始终控制自己的感情罢了。女人观察女人总是那么心细，杨文卿多年以前就看出莲贵妃常来司马府省亲，明着是尽女儿孝道，实则是与司马迁相见。说实在话，杨文卿对莲贵妃也有好感：大方坦率且分寸拿捏得当。如果不是已婚、尊为贵妃，杨文卿都想替司马迁收房纳妾。回到家，杨文卿一夜未眠，第二天早早来到宫门前，递上帖子和小费，央求公公引见。公公迅速又将帖子和小费还给杨文卿，连连作揖，并不答话。此刻，杨文卿明白了。杨文卿愤怒了。她真想痛痛快快地站在未央宫正中间，叉腰大骂一顿刘彻：俺丈夫一生忠君爱国，勤勤恳恳，兢兢业业，你刘彻一时性起，说去哪儿，俺丈夫就得忍痛放下手中挚爱的写作事业，陪伴你出巡游玩，当你看到俺丈夫写的三皇五帝之传记，不也是赞赏有加，激动得一夜睡不着觉吗？就因为俺丈夫为一个没有任何亲情关系的人说了几句公道话，触到了你宠妃的弟弟，你就如此绝情，如此寡义，你还是个男人吗？你配做皇帝吗？

但是，文卿不敢！非是身为太史令夫人惧怕惹火烧身，当务之急是尽快凑足五十万钱，营救丈夫。杨文卿望着冰冷的未央宫，心中骂完武帝刘彻，欲要离开，突然看到一辆车辇向宫门驶来。杨文卿根据车辇的随从们，几乎可以断定，车辇上坐的是莲贵妃。文卿一阵欣喜，竟忘了礼数，连喊三声。莲贵妃既不搭腔，也不停辇，径直驶出宫门，在京城大街上转了一圈，然后往西直奔司马府。原来莲贵妃此次出宫，瞒过武帝，正是要到司马府送钱。刚才在宫门见到杨文卿，心里便明白了她所来何事。之所以没有理她，是怕被李贵妃姐弟的耳目发觉。杨文卿不知内情，还以为莲贵妃也像那些大臣一样，生怕被牵连，尽量疏远司马一家。所以她又气又急，跟在车辇后面，几乎在京城大街转了个遍。直到看不到影子，才有气无力地返回家里。家人告诉她，莲贵妃来过了，没有进屋，只留下一个红木箱。文卿打开一看，红木箱里尽是金银玉器、首饰和钱币。这可是莲贵妃进宫多年的全部家当啊！杨文卿心头一热，不禁潸然泪下：贵妃娘娘，您可是菩萨转世啊！我夫子长有救了！

杨文卿不敢耽误，即刻赶到典当行，当了那些金银玉器、首饰等，马不停蹄赶往廷尉府。从司马府到廷尉府并不太远，文卿却感到比回娘家华阴县的路还长，时间还久。丈夫啊，亲爱的丈夫！妻子文卿救你来了，这么多日夜，该是多难熬哇，你想念妻儿吗？等你出狱以后，一定要好好感谢姑姑，感谢了空大师，感谢莲贵妃，她们都是好人，是她们一颗善良之心，我们夫妻才得以团聚！我知道，你一个史官，俸禄不高，权势不大，无以为报，那么就用你修史著述的成绩，去报答她们吧！

到了，终于到了！来到廷尉府门前，杨文卿几乎是跑着来见廷尉杜周的。她气喘吁吁地告诉廷尉杜周，五十万钱她给送来了！

杜周却面有难色，长吁短叹：晚啦，一切都晚啦！

杨文卿以为听错了，着急地追问道：晚了，什么叫晚了！

杜周显出悲悯地告诉文卿，三日前，子长自请宫刑，现正在蚕室静养！

天啊！杨文卿顿觉天旋地转，天昏地暗。她凄厉地喊了一声苍天，便昏厥在地，不省人事。周围人等赶紧掐人中救治，许久文卿才缓过气来，两眼直勾勾地盯着杜周反复问着一句话：为什么！为什么！为什么！

为什么？是啊，为什么呀！

善于修史的人们，习惯这样表述司马迁自请宫刑的原因：他没有选择决然赴死，而选择最卑贱、最污辱的宫刑，是因为觉得，这样不明不白地死了不值得。人固有一死，或重如泰山，或轻于鸿毛。自己这样去死，如同九牛一毛，与蝼蚁蚂蚁无异！在生与死的关键时刻，司马迁想到了历史：周文王被拘在羑里而推演《周易》；孔子被困陈、蔡而编《春秋》；屈原被放逐江南而作《离骚》；左丘明双目失明而修《国语》；孙膑膝盖骨被截而编著《孙膑兵法》；韩非子被囚秦国而书《说难》《孤愤》。为完成父亲遗愿，为实现自己的至高理想——修史著书，哪怕忍辱偷生也要坚持下去。于是，司马迁面无愠色，走进蚕室，接受了宫刑。

这是司马迁主动选择极刑的理由吗？他真的能够面无愠色、从容受辱吗？难道他不相信亲人、朋友会想办法凑足五十万钱，为他赎去死罪、免遭宫刑吗？这是绝望，也是勇气；是对抗，也是妥协；是对权势的宣言，也是对肉身的惩罚；是为灵魂的解脱，也是为理想所要付出的代价！

走向人生极致

莲贵妃见到被阉过的司马迁，便像寻常人家的妇人那样放声大哭。

司马迁面无表情，冷冷地望着莲贵妃，好像什么事未发生一样！

杨文卿边陪着落泪边说：“多亏了贵妃姐姐，可子长他居然——姐姐呀，说什么也晚啦！"

司马子长麻木地望着两个交替哭诉的女人，好像女人的眼泪与他无关！

因此作者说，宫刑带给男人的是肉身的惨痛，更是精神的裂变。

曾子曰："身之发肤，受之父母，不敢毁伤，孝之始也。"古之剃发都视为耻刑，何况被生生割掉尘根呢！作为男人，作为有理想、有抱负的一代知识分子，这种摧残精神、践踏人格的刑罚使司马迁走向了灵魂的决绝和生命的顶点——他的生命不再是生命，而是一簇火焰，专为燃烧满腹的文采、满腹的经纶、满篇的泣血文字而存在。完成贯通古今的皇皇巨著成了他生命的唯一、精神的支柱。只有沉浸在几千年的历史叙述之中，他才能洗刷耻辱，找到尊严，才能找到与一个强权男人精神对峙的愉悦。

经过忧愤烈火烧铸而成的文字，必定是坚硬的、锐利的。他要以此为剑，彻底撕开历史的幕布、摧毁皇朝的道貌岸然——不巧饰、无夸张，还世人一个真相！

他当然知道这样写的后果，此作若想传之于后世，就必须藏到能够藏的地方，托付给值得托付的人。司马迁除了写作，想得最多的就是给这部书寻找一个妥善的藏身之处。后来妻子杨文卿的话提醒了司马迁。杨文卿说，看似危险的地方，反而安全。于是，书稿完成之后，夫妻二人借回乡祭祖之名，携书稿回到夏阳，直奔白衣庵。白衣庵乃皇封之地，应当是最安全的。何况有姑姑司马纯在此看守，司马迁完全可以放心。

司马迁把书简"藏之名山"这一年，应该是汉武帝征和二年，即公元前91年。他在信中告诉朋友任安说："仆近自托于无能之辞，网罗天下放失旧闻，考之行事，稽其成败兴坏之理，凡百三十篇……仆诚已著此书，藏之名山，传之其人。"

在此之前，汉武帝太始元年（前 96 年），司马迁出狱不久，即被武帝委任为中书令。中书令是皇帝的机要秘书长官，属于内廷宦官机构，直接向皇帝密奏"封事"。此时的司马迁应该是最佳人选：非宦官而受过宫刑，夜宿宫中，不会引出秽闻。何况司马迁修史著书重任在身，委任此职，方便查阅档案，获取资料，写作进程可以加快。武帝有点着急了，近年来身体每况愈下，常感到气喘不匀，还伴有咳嗽吐痰。一生求仙不成，看来就要升天了！因此，完整的阅读这部历史大书，成了武帝此后最大的愿望。但是，直到生命最后一息也没有读全。汉武帝后元二年（前87 年）二月十四日，71 岁的汉武帝刘彻，带着永久的遗憾告别了天下。

在举国悲痛的日子里，司马迁跟王公大臣们一样，怀着沉痛的心情前往武帝灵前悼念。司马迁手捧《史记》的最后一卷竹简——《报任安书》，在武帝灵前默默说了很长时间，但无人听明白一句话。

就在武帝驾崩不久的一个天朗气清的午后，司马迁也永远离开了他奋笔疾书十几年的书斋。司马迁神态安详，无疾而终。

曹雪芹：备记繁华奢靡的梦幻红楼

坎坷命运，满腹才华，傲骨风流，旷世奇缘——曹雪芹用奢靡与繁华雕砌起一座亦真亦幻的红楼，为后世留下了不朽的笔墨传奇。

船头上站着两个少年，一男一女，一个在前，一个在后。少年神情茫然地望着浊浪滔滔的江面，似乎往日的浮华在悠长的桨声中化作一缕烟云。至此，他将告别锦衣玉食的生活，离开这个生长于斯、叫作南京的地方。而北京是个什么样子呢？有似南京那里的大宅院吗？还有那些与自己朝夕相处、风情万种的美丽女伴吗？往昔的欢乐啊，如滚滚长江东逝水一般，远了，远了。

少年姓曹，名霑，字芹圃，号雪芹。这一年，史称雍正六年，即公元 1728 年。雪芹的父亲曹頫因亏空大量公款，被撤职抄家并递解回京都。曾经给曹雪芹留下深刻记忆的南京大宅院，即江宁织造署院，位于南京的会城之内名利济巷大街。织造署院为东、中、西三路布局。东路是衙署正院，中路是内宅，西路东为戏台，西为射圃，后面为花园。此园，被老祖宗称为西园，因为园中有池，又叫西池。雪芹从懂事开始，这个曾三次接驾、表面看起来繁华无比的署院，就没有消停过。先是曹頫的舅爷李煦被害下狱，然后是父亲曹頫屡被斥责，斥责的理由是他负责南京织造的缎匹衣物质量粗糙、落色等，因之被罚俸一年。到雍正五年，江宁织造曹頫罢职待罪，并且家产被查抄、查封。史载，此次共查处曹家房产 12 处，483 间；土地 8 处，共 19 顷零 67 亩；家具、旧衣、零星物件数份；当票 100 张；别人欠债白银 32000余两。全家男女老幼 114 人（包括仆人、丫鬟等）。

昨日还歌舞升平，今夜却无处栖身。曹家一夜之间败落了，败落得一塌糊涂。被遣送出织造署院的曹家家仆、丫鬟们的叹息声、哭声弥漫了南京城。有一个无家可归、无处栖身的老奴刚出织造署院，竟因悲伤过度，突然离世。接二连三地家遭变故，13岁的雪芹突然感到一股黑暗弥漫了视线，很长时间看不清任何东西。他在黑暗的世界里擎起一个火把，试图把家人照亮——事实上，他高高擎起的根本不是火把，而是祖母送给他的一块宝玉。他却认为那就是火把。他甚至喊道：黑夜降临了，我有火把；寒冬降临了，我有火把。奶奶您不用怕！他高举着火把，疯疯癫癫地跑出织造署院。

蕙兰看到雪芹疯癫的模样，泪水禁不住扑簌簌流下来，她满含热泪喊了一声——也许是少爷、公子之类的称呼吧，雪芹却分明听到蕙兰喊的是"宝玉"！蕙兰姓柳名蕙兰，自幼被曹府买来为婢。11 岁开始做雪芹的伴读丫鬟。此时，在船舷上她凝望着雪芹略显消瘦的肩背，许多心事便在这个少年微微颤抖的身影上凝结了。她不知道将来等待自己的是什么，也不知曹家以后还会遭受多少灾难，但是，自从进了曹府、侍奉这个比自己小两岁的公子以来，她就断定今生今世不可能再离开他了——这是宿命，还是怜爱？她说不清，她也不需要说清，她就是跟定了这个时常忧郁而又狂放不羁的少年。

这一年，曹雪芹13岁，背井离乡随父北上；柳蕙兰15岁，随曹公子雪芹一家遣往京城。

北京近了，已经近了，命运多舛的京城啊，已经进入了两个孤独灵魂的视野！

忐忑的京城过客

曹家别离江宁，举家北上。曹雪芹的京外生活也随着家道的衰败而结束了。皇恩浩荡，雍正没有把曹家逼至绝路，抄家后雍正曾明令"少留房屋，以资赡养"。在北京不仅为曹家留下了一处住宅，还准许曹家留下奴仆六人，这自然包括雪芹的伴读丫鬟柳蕙兰。经过数日的旅途劳顿，蕙兰初进曹家的北京新居，竟有些热泪盈眶。她满含热泪地道了一声：总算到家了！

雪芹受其感染，也慨叹道：是啊，又有家了！家，多么美妙的字眼！雪芹又有家了！

曹家从五世祖入关后一直定居在北京，至曹雪芹时已有百年有余的居住史。清军入关后，八旗人占了那些老宅子，曹家是正白旗，地区划分东边，就分到了一所房院。

如今，曹家再次举家迁居北京却已成了犯官，不过毕竟是内务府的旗人，与汉人还是有区别的，只是取消了曹家在北京内城居住的权利。曹家的新家，坐落在京外城的偏东方向，崇文门外南面的蒜市口一所四合院里。内有正房五间，东西厢房各三间，南房三间，加上厨房、厕所或放置杂物的房间等，有十七间半房屋。若再加上在通州的 600 亩地和张家湾本银 7000 两的当铺，曹家的生活基本还算小康。况且，曹家在京城还有几家阔亲戚——曹𫖯的大哥，雪芹的伯父曹顺时为骁骑参领兼佐领，还兼任内务府郎中，官三品；曹𫖯的堂叔为正白旗包衣鸟枪护军参领，即雍正皇帝的卫戍部队，官三品；曹𫖯的堂兄则任茶坊总领，二等侍卫兼佐领。曹氏家族基本都是皇帝近臣，深受信任和重用。再看旁系亲戚，曹𫖯的姐夫纳尔苏为平郡王，外甥福彭世袭为小平郡王，与后来继任皇位的宝亲王弘历是从小一起玩大的朋友，深得宠信；曹𫖯的姑父傅鼐是满洲镶白旗人，雍正在位期间，先授镶黄旗汉军副都统、兵部侍郎，后为户部侍郎，再授予都统衔。

俗话说，有三门阔亲戚不算穷，何况曹家在寻常百姓眼里还是小康之家呢，依然是家有仆人伺候，出行有马车坐，虽看不出威风凛凛，却也很滋润。因此，雪芹的少年时代应该还算是一个衣来伸手饭来张口、无忧无虑的公子哥。

随后不久，清王朝发生了一件足以使曹家起死回生的重大事件。时为雍正十三年，公元 1735 年，阴历八月廿三日子时，雍正驾崩。当年九月初三，宝亲王弘历继位，下诏第二年"改元"，朝号为乾隆。从九月到十二月，弘历颁旨大赦天下，曹家早先的亏空罪，一概免除。曹家在京城的房产也陆续返还。

都说祸不单行，福无双至，曹家却喜事不断：雪芹的姑舅大表兄小平郡王福彭被任命为协办总理事务的大臣，即副宰相。第二年三月，福彭又做了正白旗满洲都统。接着，又因为福彭实心任事，在王爵上"纪录三级"；雪芹的祖姑丈傅鼐，凭着跟弘历的关系，由都统一跃而成为兵部、刑部两部尚书，是权倾朝野的军政大臣。

曹雪芹在乾隆初年又开始了"锦衣纨绔，饫甘餍肥"的生活。然而，这种优裕生活只维持了短短的五年左右时间，随着一场变故，便迅速宣告结束。这场变故更突然，更巨大，使曹家破败得更彻底，彻底一贫如洗。

然而，这场变故引发了一场爱情故事，也加快了一部伟大小说——《红楼梦》的诞生。

被挟裹的彼岸之花

曹家第二次经历的这场重大变故，史家有两种说法。

一是乾隆四年（1739 年）以理亲王弘晳为首的"逆谋"案，牵扯到了曹氏家族。

理亲王弘晳乃康熙废太子允礽之子。乾隆四年十月，弘晳与庄亲王允禄（雍正弟弟，乾隆叔叔）、弘升、弘昌、弘晈等结党营私，都被革去王爵，永远圈禁。曹雪芹后来所作《红楼梦》谈到了"弘晳逆案"。其核心自然是皇帝宝座之争：弘晳以"嫡王孙"自居，在雍正暴毙、乾隆继位后，图谋政变。他在郑家庄另立内务府，一些被雍正厚待过的王爷、与弘晳平辈的皇族以及王公大臣，集结在弘晳周围。这自然也包括曾被雍正厚待过的曹家叔伯兄弟。按说曹頫这一支儿，应该不会牵扯"太子党"起事。是人家乾隆爷继位后一系列的优惠政策，才使曹家起死回生，家道兴旺。如何也不会恩将仇报、参与图谋不轨的。问题是他曹家有人参与了，曹頫这一支儿就得受到牵连，这叫株连九族：跟着族人沾光，也会跟着被治罪。

二是史家认为曹氏家族的不肖子孙，从兄弟不和，到招纳匪人，彼此攻讦，互相揭发，惹怒了乾隆，遭到家族覆灭性的打击，一勺烩了。我们不去过多考证哪种历史原因更符合事实，总之，曹家在乾隆四年之后彻底败落了。正值青春时期的曹雪芹也彻底结束了"锦衣纨绔之时，饫甘餍肥之日"，陷入了贫困交加的境地。他也将彻底离开几乎度过了整个青年时代的蒜市口十七间半房，另谋栖身之地。

这次家道败落，使他失去了所有亲人：祖母、父母一一含悲而去，家中仆人也树倒猢狲散，只有柳蕙兰说什么也不忍离开曹雪芹。而且坚定地表示，誓死不嫁，一辈子伺候少爷雪芹。

曹雪芹深知自己哪还是什么少爷，哪还受用得起丫鬟的伺候，现在他连个住处都没有，只好暂且栖身卧佛寺，而且一日三餐都没有着落。尽管如此，柳蕙兰还是不离不弃，仍然跟着雪芹栖居破庙里，有一碗粥，先济给雪芹喝；有一块干粮也要硬塞进雪芹嘴里。她知道少爷喜欢饮酒，就把在曹家当丫鬟时，老爷太太们赏给她的细软当了，给雪芹换酒喝。当完细软就当衣服，雪芹急了，对蕙兰发了脾气。发完脾气，就号啕大哭。雪芹哭着慨叹道："为什么！为什么呀！"

什么为什么！雪芹是指家道中落、命运无常，还是柳蕙兰如此无怨无悔，忠贞不渝？应该二者都有，但更多的慨叹还是来自柳蕙兰。她的忠贞、她的执拗，令雪芹唏嘘流泪；她的母性的怜爱，她的少女深情，让雪芹心如倒海！雪芹懂得蕙兰这份爱的分量，但是他与堂姑的女儿梅表妹有婚约在先，所以他与蕙兰仅限于主仆的友情——甚至超出了一般的友情：从祖母把蕙兰赏给年少的雪芹做伴读丫鬟开始，他就须臾离不开她了，他们同吃同睡，欢乐与忧伤像一条金线，紧紧把少男少女连在了一起。特别是从江宁来到北京，共同经历曹家变故的这对青春男女，更是至亲至爱，或者说亲密无间。这一点，曹家上下都清楚，如果不是门户——或者说阶级界限，他们二人倒是合适的一对。柳蕙兰自己也清楚，自己尽管深深爱着少爷，也曾做过被少爷收做偏房的梦想，但是绝对不可能的。因为，少爷把她仅仅当作最可信赖的朋友——或者当作疼他、爱他、关心理解他的大姐姐。少爷只是需要这种母性的关爱，而非爱情。少爷的爱情是他的表妹梅小姐——他与梅小姐青梅竹马，两小无猜，早已私订终身。当曹家来京又一次发达后，曹梅两家便定下了婚约。如果曹家不是这么快又一次败落，说不定已经娶进门了。

柳蕙兰既已知道曹公子雪芹有婚约在先，又赶上曹家彻底败落，难有翻身之日，却坚持留在雪芹身边照顾他，恐怕连自己都说不清原因。但有一点她是清楚的，那就是少爷曾经跟她说，他要写一本大书。把康熙爷、乾隆爷、曹氏家族甚至把梅小姐、柳蕙兰都写到大书里去。柳蕙兰相信，少爷不是说着玩的，既然少爷写书，就会用得着她柳蕙兰的伺候与帮助——蕙兰自信，自己对曹氏家族的认识、理解可以作为少爷的补充。更重要的是，蕙兰写得一手好字，还粗通诗词，完全可以帮助少爷誊抄。

在以后的叙述里，我们会看到曹雪芹在创作《红楼梦》的过程中，柳蕙兰所起的作用。一些红学专家甚至认为，柳蕙兰就是袭人的原型，梅小姐就是林黛玉的原型。我却认为，小说不是生活。生活中的柳蕙兰远远没有袭人幸运，却大大超出了袭人的忠贞与坚定——她一生未嫁，伴随曹雪芹走过了最后的时光。但不知曹公因何没有把小说中的袭人续写完整——没有让我们看到一位潦倒落魄的作家与一个大美大爱的红颜知己一生的绝恋故事——《红楼梦》可惜了，蕙兰可惜了。好在我们还能从故纸堆里，找到这位非凡女性的身影，记录一些片言只语，算作对故人、对今人的一点补偿。

却说那一日，正在卧佛寺偷吃贡品的曹雪芹，被一阵急促的脚步声惊了个正着。你道是谁，却是柳蕙兰。蕙兰身后还跟着两个仆人模样的人。蕙兰上气不接下气，但喜悦洋溢在脸上，使灰头灰脸的曹雪芹甚是疑惑。正待问个明白，只见两个仆人扑通跪倒在雪芹面前，诺诺道："少爷，您让我们找得好苦啊！"

原来他们二人是平郡王府的家奴，受老王妃——雪芹的姑姑派遣，四处寻找因家败而失散了的曹家少爷雪芹。家奴做梦也想不到，早年经常来平郡王府的翩翩少年如今竟会沦落到栖居破庙、偷吃贡品的境地。因此，平郡王府两位家奴一见到曹雪芹，禁不住泪流满面，扑通跪地，表示真诚的怜惜！

雪芹扶起二人说："我不想连累平郡王一家。我跟你们走，得有个条件！"家奴说："老王妃、小王爷再三嘱咐我们，一旦找到少爷，务必请回王府！只要您跟我们回王府，什么条件都行！"

雪芹说："很简单，给我买斤酒，半斤也行。很长时间没喝到酒了！"

两位家奴乐了，连连答应。蕙兰在一旁暗自饮泣，继而泪水滂沱，潸潸而下。雪芹来到小酒馆饱吃饱喝之后，拉起蕙兰欲要跟随他们去王府。两位家奴却迟疑了，他们瞅了一眼蕙兰，然后面有难色地说："老王妃只命我们请少爷……"

雪芹明白了，略一沉吟，说："请二位转告老王妃，谢谢她老人家的厚爱！不过，我已经住惯了卧佛寺！"

雪芹说罢拉着蕙兰匆匆离开了小酒馆。两位家奴愣了片刻，忽然醒过神来，边追赶，边喊少爷留步。雪芹止步，然后瓮声瓮气地说："今儿的酒钱，我会想法还给你们！"

蕙兰极力挣脱开雪芹，哭着说："跟他们走吧，我求你了，去王府吧！我会常去看你的！"

雪芹没吭声，拉起蕙兰继续走。蕙兰没有雪芹力气大，挣脱不开，只好跪在地上不起来。这时平郡王府两位家奴也赶过来跪在雪芹面前再三恳求，并依了雪芹把柳蕙兰一同请回王府，雪芹才作罢。雪芹说："此事与二位无关，我会向老王妃解释！"

这样，主仆四人欢天喜地进了王府，但等待雪芹的并非此前料想的那样顺利。这座王府既成了雪芹得以托身寄命的最后一个栖息地，也是他彻底走向落魄的出发之地！

梦里不知身是客

老王妃见到娘家侄儿，自是怜爱有加。不顾王妃的身份，紧紧搂住雪芹，声泪俱下："儿啊，可怜的儿啊！"

姑侄哭诉完毕，便差人带着雪芹拜见老王爷。见到老王爷，从面目上看不出是喜是忧，说话却不冷不热。特别是最后一句话，深深刺伤了雪芹的自尊心。老王爷说："这次来王府打算住几日？现在不比从前了，虽然万岁爷还眷顾着老臣，可曹家出得这事，恐怕老臣也难脱干系！一荣不能俱荣，却是一损俱损啊！贤侄多理解啊！"

满怀希望的曹雪芹，被姑父一席话浇了个透心凉。姑父这是赶他出门啊！

雪芹稳稳神，然后回答："我只是来拜望一下老王爷、老王妃，一会儿拜见了小王爷就回去！"

老王爷说："我儿福彭去宫里了，一时半会儿回不来，还是我转告他吧！"

雪芹说："那好，我即刻起身！"

老王爷说："你住哪儿？回头我差人给你送些银两！"

雪芹说："多谢老王爷美意，我生活还过得去！"

雪芹强忍着不让泪水流下来，转身离开。雪芹打算不惊动老王妃——他的亲姑姑，悄悄离开王府，可总也找不到蕙兰。幸好遇到此前寻找他的其中一个家奴，家奴以为雪芹去他的房屋，便高兴地为他引路。途中雪芹望着家奴的背影在想，看来还他的酒钱，还得往后拖一拖了。想到这里，雪芹隐隐有些不安。活了二十多岁，雪芹还从未欠过债，这次都是酒瘾惹的祸！

说话就到了姑姑给安排的住处。还未进房门，远远听到了欢快的笑声。不用看，雪芹也知道是谁。好久未听到蕙兰欢快的笑声了，那么悦耳动听，那么令人泰然怡然。可是，他要拉着这个刚刚有了快乐的姑娘，离开王府重返卧佛寺。在那里她还会如此快乐地大笑吗？雪芹突然感到心里一阵剧痛，险些跌倒在地。

姑姑心疼家败落魄的侄儿，除了仍然把蕙兰留在雪芹身边，还安排了一个老妈子、一个小丫鬟和两个家奴伺候少爷。刚才的欢快笑声正是蕙兰和老妈子、小丫鬟边收拾房间，边说笑发出来的。蕙兰的确高兴，不仅仅是看到雪芹又恢复了少爷的待遇，更重要的是少爷又有了安稳的归宿，就像从江宁一路颠簸来到北京蒜市口四合院一样，少爷又有家了。正说笑间，少爷挑帘进来了。老妈子、小丫鬟赶紧止住笑声给雪芹请安。敏感的蕙兰从雪芹进门的第一眼就看出了不祥之兆。她脸上的笑容尚未散尽，被雪芹的眼神木木地定格在了鼻翼两侧，甚是扎眼！雪芹遣退了老妈子和小丫鬟，拉起蕙兰就走，蕙兰想问，雪芹摆摆手，小声说："回到寺庙再告诉你！"

王府的确是深宅大院，尽管雪芹不愿惊扰别人，一路上还是遇到许多男女仆人。仆人们见这两位患难主仆手拉手，甚是羡慕。待他们过去之后，还指指点点，议论纷纷。蕙兰感觉到了，几次挣脱，无奈雪芹的大手如钢钳死死拽着她，挣脱不得。总算到了大门，只要迈出这个大门，他们又要恢复往日衣食无着的生活。蕙兰不禁回身望了一眼，王府大宅院深不可测！

两个守门的家奴正想跟他们打招呼，却改成大声禀报："小王爷回府！"

雪芹闻听此报，拉起蕙兰便往回走。蕙兰大感不解说："又不走啦？少爷！"不是不走，而是遇到小王爷福彭就走不了了。蕙兰哪知道小王爷福彭与表弟雪芹的感情，不是亲兄弟胜似兄弟。但他们躲闪不及，还是被坐在轿子里的福彭看到了。福彭喊道："那可是表少爷芹圃贤弟？"

未等雪芹回身，福彭从轿子里钻出来了。福彭喊道："真是你吗，表弟？你可让我们找得好苦啊！"

雪芹没有理由再躲避了，只好转身勉强一笑，算是问候。福彭快步走到他们身边，先是紧紧拥抱了一下雪芹，然后拉着他说："今儿我正好空闲，咱哥俩一醉方休！"随后告诉身边随从，赶紧通知厨子，小王爷要与表少爷喝酒。雪芹赶紧拦住，说有急事要出门，容后再告知表兄。福彭哪里肯依，哥俩在王府大门内争执起来：一个执意要走，一个坚决喝酒，惹得下人议论。正在这时，有人禀报老王妃驾到。福彭说："你看到了，都惊动了老王妃，你就乖乖跟我喝酒去吧，什么事明天再说！"

兄弟二人请完安，抬眼看到老王妃泪流满面。福彭慌了，赶紧询问。老王妃不理儿子，被人搀着来到雪芹近前，眼含热泪说："姑姑知道你打小就是个刚强的孩子，如果你今天出了这个门，姑姑怕是也活不成了！"

雪芹说："姑姑，您不能这样，一切都是命！"

老王妃说："那好，姑姑也姓曹，姑姑今天就陪你一起离开王府，住在寺庙！"雪芹："姑姑……"雪芹说着就跪下了，"姑姑，您怎么可以，您是万人崇敬的王妃呀！"

福彭如坠入云里雾里，摸不着边际。他焦急地再三询问着："这到底怎么啦？"

福彭突然一拍脑门，醒悟过来说："我去找他去，我看他是吓破胆子啦！"

雪芹一把拉住福彭说："是我，是我不想连累王府，跟任何人没关系！"

福彭说："既然如此，就跟我喝酒去！表兄不怕连累，额娘您怕吗？别人要怕就让他怕去，我管不着，我只知道与表弟饮酒作诗是人生一大幸事！"

老王妃说："快去跟你表哥喝酒去，还想要姑姑的命呀！"老王妃转身又对下人说："告诉李大总管，谁要是慢待了表少爷，我和小王爷都饶不了他！"

曹雪芹栖身王府又享受了一阵锦衣玉食的好时光。这期间，雪芹堂姑的女儿梅小姐也短不了来王府。说是拜望老王爷、老王妃，其实连小丫鬟都看出来了，梅小姐的心思却在表少爷曹雪芹身上。每逢见到雪芹，尚未出口却已粉腮玉琢，双目迷离。梅小姐那叫一个美，无法用任何语言描述。每当梅小姐出现在王府，全府上下、男女老幼眼睛发直，思维停滞。什么尊卑，什么贵贱，似乎完全不存在了，存在的只是那璀璨无比的美丽身影——他们觉得三天不吃不喝也不会饥渴。柳蕙兰自然也不例外，她在曹家多年，见过各亲戚家的漂亮小姐无数，只有这一次她才知道了世间居然还有这等女子——这个美丽小姐把同样也很美丽的丫鬟柳蕙兰的美梦打破了。过去她只是在身份上自卑，只有梦想而不敢奢望，现如今见到梅小姐才知道，梅小姐的容貌更是她必须彻底粉碎自己梦想的根源——上天太眷顾她了，一切都是无可挑剔的。柳蕙兰偷偷哭过几次之后，她决定尽快成全公子小姐这段美好姻缘。因为她不知道雪芹浮华的生活能维持多久，在曹家多年所经历的一次次变故，使蕙兰心有余悸。于是，她先催促雪芹说，既然两家有婚约，还是尽早把喜事办了吧！雪芹笑而不答，但从他的眉宇间，蕙兰清楚少爷是有顾虑的，毕竟客居王府，自己的婚姻大事哪能由自己提出。蕙兰领悟，没与雪芹商量便擅自找到老王妃，老王妃听了小丫鬟的话，猛然醒悟的样子说，我真是老了，居然把这等大事给忘了！老王妃立即差人把雪芹叫来商议婚事。老王妃说："要不是蕙兰提醒，我真个把大事忘了。选个黄道吉日，赶快办了，姑姑也算对得起九泉之下的娘亲——疼你、宠你的老祖宗了！"

雪芹说："霑儿只是不愿让老王妃操心！"

老王妃说："老祖宗要是在，哪有我操心的道理！算是代替老祖宗——我的娘亲呀，你怎么就走了呢！"

老王妃忽然想起她曹家的惨景，不由得落起泪来。雪芹也受其感染，触动了留在心灵深处的伤痕，千头万绪，百结愁肠，凝成一腔怒火。蕙兰明白少爷，赶紧圆场："今儿是大喜的日子，快别提那些个不愉快的事了。少爷应该谢谢老王妃的厚爱才是！"雪芹立刻醒过神来说："都是霑儿不好，惹老王妃伤心了。感谢老王妃玉成霑儿的婚事！"

"叫姑姑！"

"是，感谢姑姑！"

老王妃破涕为笑，然后望着蕙兰说："蕙兰到近处说话！"

柳蕙兰走近了些，老王妃还嫌不够，就叫她到身边来。蕙兰怯生生地走到近前，老王妃一把拉住她的手慨叹道："我记得你从十来岁，老祖宗就把你给了霑儿当伴读丫鬟，这么多年你还是忠心耿耿，曹家落魄还是不离不弃，照顾着霑儿，真难为你了！"

蕙兰感觉老王妃的手温暖、有力，让人踏实。蕙兰说："多谢老王妃夸奖，可这是兰儿应该做的呀！"

"好一个应该做的！"老王妃激动了，她居然从椅子上颤颤巍巍站起来，既是对蕙兰，又是对全体下人们说，"像蕙兰这样对主人忠贞不贰的下人，就该赏，重重地赏！"

老王妃说到做到，而且即刻赏。下人们看到那一堆赏银、珠宝和绫罗绸缎，眼睛都直了，就像初次看到梅小姐似的——不过那是精神的，眼下却是实实在在的"干货"。

他们似乎在想，做一个忠实的奴仆还需要多久！

但是，之后不久发生的变故令人猝不及防。估计他们中的许多人来不及做忠实奴仆，就要被遣散了。

王府大厦将倾，一个树倒猢狲散的场景又将来到所有仆人与客居此地的表少爷雪芹近前！

大美大爱柳蕙兰

正当王府上下筹备表少爷婚礼的喜庆日子里，一个不幸的消息传来——时任正白旗满洲都统的小王爷福彭突发疾病，暴毙在工作岗位上。这一年，史称乾隆十三年，公历 1748 年，表少爷雪芹年满 25 岁。

噩耗传来，举府悲痛。最悲痛的自然属老王爷、老王妃了。老王妃经受不住丧子之痛，一病不起，不久医治无效便仙逝了。老王爷也大病一场，虽说未命丧黄泉，但也无力管理王府诸事宜了。小王妃作为权利继任者，一时也压不住阵脚，况且又长久沉浸在失去爱夫的巨大悲痛里，没有心思顾及其他事务性工作。于是王府权利出现了真空，混乱在所难免。

表哥、姑姑相继去世，对于客居王府的表少爷雪芹，无疑是一个巨大的冲击。全府上下的态度似乎一夜之间全变了。先是撤走了伺候雪芹的老妈子、小丫鬟与两个家奴，然后是减少了副食数量与花样，最后是无人理睬雪芹了。一切变得空空荡荡，一切变得冷漠异常，雪芹与蕙兰主仆二人，面对着这热闹而冷清的深宅大院，感受着世态炎凉却相对无言。他们感到是该离开王府的时候了，可是，雪芹的佳期已近，能到哪里寻找他们的婚房，安放一对新人？

雪芹决定即刻离开这遭人白眼的王府，推迟婚期。蕙兰也觉得在刚刚办完丧事的王府举办婚礼不妥，但必须先租好房子，再离开不迟。雪芹去意已决，一天也待不下去了，但又不知去哪里寻找住处，况且也无钱租房举办婚礼，总不能把新娘迎娶到卧佛寺吧。此时，雪芹真有点恨自己了，自己沦落到了这等地步，偏偏爱上了梅表妹，一个非她不娶，一个非他不嫁。难道就因为一点点粪土不如的银两，就要辜负了表妹的深情厚谊吗？

冷冷的月光下，雪芹仰天长叹！苍天无语，大地没有回声，只有自己的一颗孤独跳动的心在指责他，在向他哭诉。无可奈何，无可奈何啊！亲爱的表妹，表哥无能，看来要辜负你了！

蕙兰抱着少爷的长衫，默默地站在背后，望着这个越发魁梧而又柔弱无比的身躯。江宁渡船上的那一幕迅速闪现在眼前——那个微微颤抖的少年的肩背永远定格在少女蕙兰的灵魂深处了。往事如昨，短短几年，这个令她爱怜的少年经历了多少事啊！而今，长成了青年小伙子的他却又为婚事而愁肠百结，蕙兰的心怎能不为此而颤抖而痛楚呢！蕙兰几次想告诉他，她已经有了办法，已经通过雪芹的好朋友鄂比在西山黄叶村租好了房子，不日就可以迎娶新娘了。但她深知少爷的脾气，既不愿意求人，又不忍心动用她柳蕙兰的钱财，只好瞒着他了。

蕙兰替雪芹披上长衫，然后说："睡吧，明天一早咱就悄没声地离开王府！"雪芹说："我想好了，咱还回卧佛寺住——我是说暂时的，我会画画儿，书法也行，咱可以拿到天桥去卖。我估计用不了半年，就能凑够租房子的钱！"蕙兰说："这个我相信，可婚期不等人呀！"

雪芹说："大不了推迟，我去梅家解释。怎么说也是我亲堂姑，会通融的！"蕙兰说："绝对不能推迟婚期，将来不吉利！咱可以到西山黄叶村租房子，那儿便宜！"

雪芹说："我暂时还没有租房子的钱——你出去一整天，难道……"

蕙兰说："是，鄂比帮着租的，我看了还不错，你跟梅小姐住东屋，西屋做书房。我住在耳房，洗衣做饭方便！"

雪芹说："老王妃赏给你的怎能动用，绝对不行！"

蕙兰说："就这么定了！都大小伙子了，还婆婆妈妈的！"

蕙兰话一出口就后悔了。从11岁伺候少爷，到现在还第一次使用这种口气说话，这可是以下犯上、奴欺主啊！蕙兰怯怯地等待少爷发落。雪芹猛然转过身，热辣辣的眼睛吓了蕙兰一跳。雪芹说："你上辈子准是欠曹家的，不然……我何德何能啊，我如何消受得起啊，我……你就是曹家的大恩人呀！"

蕙兰被雪芹说得有些蒙，还未反应过来就被一双大手攥住了。雪芹紧紧攥住蕙兰的双手动情地说："蕙兰姐姐，今儿晚上咱俩睡在一起好吗？就像小时候一样，好吗？姐姐！"雪芹孩子似的摇晃着蕙兰，央求着蕙兰。蕙兰流泪了，那是一种感天动地、幸福的泪水。二十七年来，蕙兰第一次感受到友情、亲情、爱情交织在一起的巨大幸福。一个27岁的姑娘，今夜要与一个怜爱一生的男人同床共枕，怎能不喜泪交并、幸福无比呢！

今夜无眠！过了今夜她就要把他完完整整地交给另外一个女人。但是，足够了，蕙兰至死也满足了——拥有了今夜，蕙兰便拥有了一个浪漫而真切的爱情童话，无须肌肤之亲，只需重温多年以前那个稚嫩的、甜润的呼吸……就足够了！

雪芹又有了新家——远离京城闹市的西山脚下黄叶村。房屋不大，却很雅静，还能够朝看日出暮看霞。清人吴长元著的《宸垣识略》载："西山在府西三十里，为太行之首。流泉满道，或注荒池，或伏草迳（径），或散漫尘沙间。春夏之交，晴云碧树，花香鸟声，秋则乱叶飘丹，冬则积雪凝素。"

后来曹雪芹的朋友敦诚、敦敏与张宜泉在诗中曾为我们描述了此地的美景：

"遥山千叠白云径，消磬一声黄叶村。"

"爱将笔墨逞风流，庐结西郊别样幽。门外山川供绘画，堂前花鸟入吟讴。"

"碧水青山曲径遐，薜萝门巷足烟霞。"

敦诚还赠送诗篇鼓励雪芹："劝君莫弹食客铗，劝君莫扣富儿门。残杯冷炙有德色，不如著书黄叶村。"这都是后话了，眼下要紧的是尽快到堂姑——岳父母家商议婚姻诸事宜。然而他在岳父家的经历并不很愉快，就像雪芹后来所作《红楼梦》中，封肃对待女婿甄士隐那样："今见女婿这等狼狈而来，心中便有些不乐……"

雪芹风尘仆仆来到京城岳父家，提及婚期岳父冷着脸说："我已请阴阳先生算过了，你与小女八字不合，男妨女，女克男，如结婚，不出仨月就有血光之灾！"早不算，晚不算，偏偏这时候请阴阳先生批八字，分明是借故推托。阴阳不和，雪芹不好说什么，怏怏离开岳父，准备找梅表妹商量。可小丫鬟传出话来，小姐不想见少爷，请少爷离开梅家。自然这都是事先安排好了的，而实际上，梅小姐已经被父母锁在深宅大院，对此一无所知，还一心准备着雪芹娶她呢。

雪芹碰了一鼻子灰，见无人再理睬，只好怀着一腔怒火返回西山。蕙兰一听就明白了，蕙兰说："少爷呀，你真是个少爷！梅小姐怎么可能不想见你呢？分明是父母瞒着她，打发你出门呀！"蕙兰再三叮嘱雪芹，千万不能动退婚的念头，到时候她一定会想出办法来。

雪芹不相信她能有什么办法。他已经心灰意冷，无力也无心迎娶梅小姐了。雪芹借酒浇愁，可是酒非但无法排遣胸中块垒，反而勾起了往日的愁怨。想当年，曹家煌煌一个大家族，何等热闹，何等威武，如今只剩下一个孤家寡人，白茫茫一片真干净啊！

雪芹本来酒量很大，那天不知喝了多少酒，居然睡了一天一夜。这一天一夜雪芹反复做着一个同样的梦：梦到一僧一道远远而来。只见僧道骨骼不凡，丰神迥异，来到山前席地而谈。雪芹半天才听清，原来僧道谈论的却是一块石头。说一户人家生了一个公子，一落胞胎嘴里便衔着一块五彩晶莹的玉来，还有些许文字，雪芹未看清文字，却识得此玉乃通灵宝玉。

醒来时，雪芹还念念不忘，想说与蕙兰听。无奈，蕙兰不在。蕙兰干吗去了？自从移居黄叶村，蕙兰很少出门。蕙兰究竟干吗去了？不收拾家务，不做饭，甚至也不言语一声，独自出去干吗去了！蕙兰回来，脸上分明带着喜色，雪芹看出来了，路上捡了银子，还是中了六合彩？若在平时，雪芹一定会问，但是他还沉浸在梦中的景象，他迫切需要告诉蕙兰。于是，他说——梦肯定是有缘由的，我想了半天才觉得，我这部书该动笔了，就从这块宝玉写起吧！

蕙兰听后，灿烂的面容愈加灿烂了。蕙兰说："太好了，真是太好了，喜事要来临了！"

蕙兰又说："什么事也不用操心，你就安心写书吧，就像汉代的太史公那样，也写一部流传千古的大书！"

主仆二人欢天喜地、笑逐颜开不提，单说一日雪芹的好友鄂比差人送来婚宴请柬。请柬上居然写着是鄂比与梅小姐的婚宴，雪芹有点丈二和尚摸不着头脑，经询问差人，才确认鄂比少爷迎娶的正是自己心爱的梅表妹。雪芹愤怒至极，三下五除二把请柬撕了个粉碎。

差人说，我家少爷叮嘱，请先生一定看看这封信。说着递上信去，雪芹拆开一看，上写一行字："另有隐情，请一定赴宴，否则后悔终生！"

鄂比结婚那天，雪芹是带着愤怒与好奇前去参加婚宴的。他倒要看看这出戏如何唱，看看表妹如何面对他，好友如何面对他。雪芹做了一个彻底了断的决定，然而冥冥中他又想到了那个梦——那是一个足以使他壮烈地活下去的梦！

雪芹换好新衣准备出发，却见蕙兰也穿了一身过年才肯从箱底拿出来的新衣服，早早等在了院外。雪芹不解地说："鄂比是请我，你去了不好，好像咱蹭饭吃似的，叫人家瞧不起！"

蕙兰笑了笑说："鄂比少爷也请我了呀！你看——"蕙兰果然手里也拿着一封请柬！

雪芹愣了愣，随口骂道："混账鄂比，光出我洋相还嫌不够啊！"

主仆二人各怀心事，来到鄂比府上。工夫不大，迎娶新娘的花轿到了。眼见春风得意的鄂比随着花轿进了府邸，雪芹一颗脆弱的心都提到嗓子眼了。他真想过去啐一口鄂比，然后打道回府，但是饱读诗书、深知礼义廉耻的雪芹，还是硬咽下了这口气。鄂比见到雪芹，疾走几步来到近前，拉住他就往里屋硬拽。雪芹生气地推开他说："你想干吗，让我原谅你吗？"鄂比也不答言，把雪芹生拉硬拽到屋里，然后把新郎衣服脱下来，给雪芹换上之后说："快出去拜天地吧！"

雪芹有些发蒙，呆呆愣在一旁。此时蕙兰挑帘进来道喜："恭喜少爷，新婚大喜！吉时已到，快拜天地呀！"

雪芹说："你们——你们——"

鄂比笑着说："芹圃兄，你不光是娶到了如花似玉的心上人，还有一个聪明机灵又忠心耿耿的好丫鬟！为弟甚是羡慕！"

鄂比与雪芹双双走出来，一改刚才新郎官的面目，而成了名副其实的司仪。面对惊愕的宾客，鄂比解释说："各位亲朋都知道，梅小姐与芹圃兄青梅竹马，自小就有婚约，无奈梅小姐的父母借故悔婚，想拆散这美好姻缘。当我知道这个消息，只是愤怒和惋惜而无计可施。是一个聪明、对主人忠心的丫鬟提醒了我，才有了今天的下策。我是欺骗了大家，也欺骗了梅小姐的父母，可我必须成全这美好姻缘。不图成为人间佳话，只求有情人终成眷属！"

鄂比话音刚落，大家的掌声此起彼伏，称赞鄂比。鄂比摆了摆手说："掌声、夸奖不应该送给我，而是——"鄂比逡巡半天没找到蕙兰，于是直接道出姓名："掌声和夸奖应该送给芹圃兄的丫鬟柳蕙兰！"

大家四处逡巡：谁是柳蕙兰？太不简单了！曹公子太有福气了！真难得，快叫出柳蕙兰让我们见见吧！

雪芹的眼睛也在寻找柳蕙兰，红盖头下的梅小姐心里也在默念柳蕙兰。她似乎想起来了，她在平郡王府见过这个丫鬟，记得自己还跟表哥雪芹夸过她，夸她知书达礼，忠贞不贰，果然如此啊！将来自己一定要善待她！谢谢你蕙兰姐，你可知道，你成全的不仅仅是姻缘，而是生命啊！如果不是这个结果，恐怕我连今天都活不过去呀！蕙兰姐，你在哪呢？为什么大家都找不到你呢？

蕙兰并未走远，她只是悄然来到胡同僻静的地方，好让隐忍不住的泪水恣意流淌。蕙兰为什么流泪？蕙兰为谁流泪？为自己，为少爷，还是为命运？

命运啊，命运！未来的命运还会有许多流泪的地方，蕙兰省着点吧！既然跟定了少爷，就不怕流泪了，是吗？

著书西山黄叶村

后来，雪芹的岳父知道了事情的原委，大骂鄂比无德。婚后三天回门，见到这等狼狈女婿，岳父依然冷着脸，心中极其不快。但木已成舟，也无可奈何，只是不与女婿来往。岳母见到女儿，自是母女相拥而泣。待娘俩哭够了，便叮嘱雪芹要好好善待女儿：她的女儿可是千金小姐，从小没受过委屈，而今被骗到西山受罪，可真是前世造孽！雪芹嘴里诺诺答应，心中却如打开的五味瓶，酸甜苦辣咸一起涌向心头。梅小姐见丈夫脸色难看，知道母亲的话触动了雪芹，于是说："母亲大人不必担心，当年表哥是何等富贵，有几人能比，现今不依然承受得住！"

话虽如此，西山的家境却让梅小姐隐隐担忧。辞别父母，他们的婚姻生活真正开始了。她与雪芹隐居西山，倒也恩爱，只是日子有些拘谨。虽说雪芹写些字画，偶尔也能换回一些银两，但毕竟不是长久之计。再加上少爷出身的雪芹，生性放浪形骸，只喜饮酒赋诗，不善理财，日子紧紧巴巴。天长日久，梅小姐也会无端生出些怨气。梅小姐体会到了，爱情不是童话，需要人间烟火的滋养，需要物质做基础。梅小姐不敢在雪芹面前表露，便私下与蕙兰说些牢骚话。蕙兰却不这么看，她觉得少爷若像寻常男人一样，就不是曹雪芹了。蕙兰相信，少爷是大才，早晚会出人头地，恢复锦衣玉食的生活。于是，梅小姐不在屋时便鼓励雪芹，生活不用操心，安心写书。雪芹就拿出刚刚写出的书稿读与蕙兰听："士隐乃读书之人，不惯生理稼穑等事……封肃每见面时，便说些现成话；且人前人后，又怨他们不善过活，只一味好吃懒做等语。士隐知投人不着，心中未免悔恨……"

雪芹说："《石头记》乃白日梦所托，甄士隐乃我芹圃是也！"

为生活计，雪芹开始时常走出西山书斋到京城找工作。雪芹最早出现在文艺圈里不是小说家，而是诗人。雪芹的诗才，被喜欢附庸风雅的明相国明亮看重，于是被请去做"西宾"。西宾是做什么的，西宾就是家庭教师或幕僚。主人闲来与之吟诗赋对，主人忙时帮着抄抄写写。但雪芹生性不是做西宾的料，平日放诞不拘，言行不谨，自然不会讨主人喜欢。不久就被辞退了，辞退的理由是"有文无行"。

真是百无一用是书生，被明相府辞退的雪芹，不免有些心灰意懒，连写作也提不起精神了。一日，有两位公子来访。公子说，他们看到先生前两回《石头记》便忍不住想看下回，希望先生快些接写下去。

原来是两位催书的人，雪芹心中大喜。雪芹诙谐地说："你给我买些烧酒、烧鹅，待我吃饱喝足，就给你续写下一回！"

虽是一句玩笑话，梅小姐心里承受不住了。待客人走后，梅小姐对蕙兰哭诉道："何以至此呀，表哥竟沦落到这等下贱地步！明日你陪我回娘家，我央告父母大人要些银两，让他吃饱喝足作《石头记》！"

蕙兰说："大小姐应该知道少爷的脾性，言语放诞不拘，一句玩笑话嘛！我看也不是坏事，毕竟大家喜欢，肯花钱看少爷写的书！"

梅小姐说："我看是为五斗米折腰！"

蕙兰若有所思。事后对雪芹说："少爷所写乃旷世之作，岂是为哪个人所写，更别说是酒肉所能撼动的！"

雪芹说："物质刺激，有时候也能激发灵感。这不，我又很快写了下一回，你给提提意见！"

蕙兰看了之后感觉与上回有些异样，语言粗糙，定是心浮气躁所致。这次蕙兰不再留情面，也不再顾及主仆身份，狠狠批评了雪芹一顿。最后竟有些哭腔："少爷，你是在作践自己的艺术啊！"

雪芹被蕙兰对艺术的真诚所打动，把刚刚写完的这一回《石头记》填到灶火里烧了。此后，再写时格外用心，仿佛有一双眼睛，在热切地看着他的行文。

此一回写作正是雪芹缺衣少食、求助无门之际，自然融进了更多的个人情感。他在小说中写下了一个村妪到荣国府去攀亲求助的经历，这位贫苦老妇人竟得到了她所不敢想象的厚待。在这回书的前后，各有诗句：

"朝叩富儿门，富儿犹未足。虽无千金酬，嗟彼胜骨肉！"

"得意浓时易接济，受恩深处胜亲朋。"

闲言少叙，却说雪芹终于找到了一份养家糊口的差事，到西单石虎胡同——后迁至宣武门里绒线胡同东口为皇室子弟开设的官学——右翼宗学管理日常事务工作。史料记载这一年是为乾隆十年，公历 1745 年。在这里，雪芹结识了敦敏、敦诚两兄弟。爱新觉罗·敦敏、敦诚兄弟，是太祖努尔哈赤十二子英王阿济格五世孙，正儿八经的清宗室子弟。阿济格与其弟多尔衮同为大妃乌拉纳喇氏所生。顺治初年，多尔衮称摄政王，专朝政，阿济格亦乘机扩展权势。顺治七年（1650 年）十二月，多尔衮于狩猎途中，暴卒于喀喇城。世祖亲政，阿济格立遭囚禁，次年十月赐死，子孙降为庶人。

如此说来，雪芹与敦敏、敦诚两兄弟有着相似的人生遭际，再加上他们早就慕名雪芹的诗才，很快发展成为朋友，并成了此后坎坷一生中彼此了解的知己。敦敏、敦诚与雪芹结识之初，首先引起他们注意的是他的诗才。雪芹诗格意新奇，器局大，尤其诗胆如铁一般刚硬，如刀一样锋利。雪芹作诗多师承祖父，却独具一格。祖父晚年所作《楝亭遗集》，雪芹下功夫研读过，也受其熏陶浸染，诗格受其影响更大。由于环境条件和生活经历与祖父不尽相同，其性格养成和诗路也与祖父不尽相似，诗作自然独具一格，别具特色。敦敏、敦诚两兄弟还有一个喜欢雪芹诗作的原因，那就是与自己的性格和诗路相近，惺惺惜惺惺。雪芹性格放达不拘，胸襟开阔，而且才思敏捷，谈吐幽默风趣，尤其善讲故事。于信口而谈、嬉笑怒骂中，意气风生。每设一喻，说一理，讲一事，无不使人为之叫绝称快。特别是他那傲骨狂形、嫉俗愤世，而别有识见、不同流俗的坦荡谈吐，深深吸引了敦敏、敦诚，也加快了他们之间友情的逐步深入。特别是厌倦官场、无心科举的敦诚，经常找雪芹谈作诗，谈人生，他几乎把雪芹视为人生楷模和文学导师。

随着交往的深入，敦敏、敦诚兄弟二人还发现雪芹不仅有着惊人的诗才，而且书画也了得，其书无论是楷、隶、篆均达炉火纯青的地步，尤其行书与狂草更见其艺术个性：放达不拘、峭拔崎岖，极具线条美；其画无论山水、人物、花鸟均独具画家性情，尤其人物画，神态毕肖、栩栩如生，添一笔或去一笔都会使所画人物黯然，无论多么精湛的高仿家，都模仿不得。不仅如此，雪芹还对医学、金石、泥塑、印染、雕刻、织补、烹调等颇有研究，并结集刊印，书名为《废艺斋集稿》。《废艺斋集稿》分为八册。第一册讲的是如何治印刻章；第二册讲的是我国南北方风筝的制作工艺；第三册讲的是编织工艺；第四册讲的是泥塑脱胎手艺；第五册讲的是丝缎织补；第六册讲的是竹器雕刻及扇骨制作；第七册讲的是园林建筑艺术；第八册讲的是菜肴烹调。

在敦氏兄弟心目中，曹雪芹无疑是一个学识渊博、性格旷达、为人真诚，集诗书画艺于一身的旷世奇才。这样的大才子，堂堂我清朝却容不下，沦落到给清朝宗室学堂管理事务，在西山草屋里栖身。敦诚放言为雪芹叫屈，敦敏劝弟弟谨口慎言，说其实他们何尝不与雪芹一样，要学会卧薪尝胆，等有朝一日中举，重整家业，才可有出头之日。敦诚说："罢罢罢，那是你。我们堂堂正宗清室子弟又能如何？我还是效仿雪芹吟诗作乐、逍遥一生吧！"敦敏说："弟弟你难道忘了阿玛教诲、额娘期望，岂能率性而为！"敦诚说："难道叫我从头再来，飞黄腾达之日再藉为庶民吗！哥哥既有此理想，爱新觉罗敦氏一支儿的再度兴旺就拜托哥哥了！"

敦敏见弟弟如此颓废、玩世不恭很生气，想替父母狠狠教训教训他，适逢雪芹进来才作罢。雪芹饮了些酒，略有醉意，进得门来随口吟了一句诗："满纸荒唐言，"敦敏接："一把辛酸泪。"雪芹接："都云作者痴，"敦诚接："谁解其中味。"

敦诚拿出昨夜写就的一首诗，送给雪芹。说是请教，实则劝勉。诗曰："劝君莫弹食客铗，劝君莫叩富儿门。残杯冷炙有德色，不如著书黄叶村。"

雪芹看罢若有所思。敦敏问写得怎样，敦诚说："且不管诗写得怎样，芹圃兄还是趁早离开这弹铗之地，回清净之所著书立说，把《石头记》续完！"

敦敏说："原来你是劝雪芹离开，我们岂不是要远离雪芹，如何求教啊？"

敦诚说："心有灵犀，何必在乎距离远近！我说得对吗，芹圃兄？"

雪芹说："妙极。我想是该离开了，我不能为生计再辜负自己了！"

不久，雪芹果然离开了宗室子弟学堂，回到西山黄叶村，开始了《石头记》的著述。后把《石头记》更名为《红楼梦》，黄叶村里梦红楼，红楼梦醒黄叶村。雪芹过上了"满径蓬蒿老不华，举家食粥酒常赊""寒冬噎酸虀，雪夜围破毡"的生活，也引出了清朝诗坛一段千古佳话！

爱将笔墨逞风流

时至乾隆二十三年，公历 1758 年冬天，雪芹应敦敏和敦诚之邀，来到宣武门内太平湖敦氏家里参加宴会。毕竟皇室家族，参加宴会的都是名流贤达。尽管雪芹出门前梅小姐和蕙兰帮着捯饬了一番，站在这些衣饰华丽的达官贵人中间，还是有些不协调。敦诚不管这些，亲热地拉着雪芹的手芹圃兄长芹圃兄短地说个不停。敦敏老成持重些，与雪芹亲热交谈两句，则一一介绍给来宾。吏部侍郎兼皇家画院院长董邦达早就知道雪芹的文名，特别对他有关书画的独到见解十分赞赏，于是劝说他到皇家画院任职，曹雪芹婉言谢绝了。后来雪芹刊刻《废艺斋集稿》，董邦达主动提出为其中一册《南鹞北鸢考工志》写序。

对雪芹不去皇家画院任职敦敏感到遗憾，特别是后来与弟弟一同来西山拜访雪芹，看到全家衣食无着的惨景，更是不胜唏嘘。他们曾在雪芹成婚的时日见过梅小姐，那时天生丽质，面若红玉，才几年的工夫，而今面容憔悴，一副病恹恹的模样。再看丫鬟蕙兰，刚刚三十出头，却已青春韶华不再，靓丽容颜无存，手上青筋毕现，眼大而无神。倒是头大体胖的雪芹，只是肤色微微有点黑，其他变化不大，依然健朗善谈。后来敦诚为此还写了一首诗作为见证："满径蓬蒿老不华，举家食粥酒常赊。衡门僻巷愁今雨，废馆颓楼梦旧家。司业青钱留客醉，步兵白眼向人斜。阿谁买与猪肝食，日望西山餐暮霞。"

却说正待敦氏兄弟为雪芹一家唏嘘感叹之际，有一小儿挑帘进来了。不用问，敦敏、敦诚很快就猜出来了。小儿四五岁，正是童言无忌的年龄，进来就问敦敏敦诚是否带好吃的了。还未容他们答言，蕙兰慌张进来抱起孩子就走。敦诚随后跟了出来，问蕙兰村里可否有酒馆，蕙兰说，小孩子嘛，见到客人即使不饿也总会张嘴要吃的，二爷千万别当真！敦诚也不答言，独自出去了。过了一会儿，敦诚急匆匆回来，进门就喊，你们猜我带谁来了！

敦诚在酒馆买酒买菜巧遇好友张宜泉。张宜泉也辞去公职来到西山黄叶村，开办了个私塾教馆。早在京城时，张宜泉曾赋诗称道雪芹穷死不当差、饿死不进画院的骨气和品格："爱将笔墨逞风流，庐结西郊别样幽。门外山川供绘画，堂前花鸟入吟讴。羹调未羡青莲宠，苑召难忘立本羞。借问古来谁得似？野心应被白云留。"很是钦羡雪芹闲云野鹤般的生活，于是效仿雪芹隐居山林。来后但见雪芹家徒四壁、缺衣少粮的境况，又颇为心痛。于是劝说雪芹创作之余，走出书斋登讲台，执三尺教鞭，授业解惑。同时再三强调，他的教馆非官差，来去自由。雪芹有些心动，敦敏敦诚帮腔劝说，终于定下来。于是，西山相逢的四位诗友，乘兴游览了古刹名胜之后把盏对饮，诗酒唱和。

雪芹先唱："白傅诗灵应喜甚，定教蛮素鬼排场！"

敦诚拍案叫绝，盛赞雪芹："知君诗胆昔如铁。"

张宜泉立即唱和："君诗曾未等闲吟。"

敦敏赞雪芹："碧水青山曲径遐，薜萝门巷足烟霞。寻诗人去留僧舍，卖画钱来付酒家。"

对饮至迟暮方恋恋不舍散去。此后，雪芹度过了一段比较安定的生活。一面在村里教书，一面续写《红楼梦》。辛苦一点，可衣食有了着落。雪芹每写一回，蕙兰便帮着誊抄，梅小姐则对小说细心研读，然后提出修改意见，一家人倒也其乐融融。可是好景不长，大约乾隆二十五年，公历1760年初春，梅小姐突染病，撒手人寰。虽然雪芹对医术颇有研究，来此居住期间，曾为许多乡民治好经年沉疴，现今却无力治愈心爱的妻子，直落得生死两茫茫。妻子梅表妹的去世，给雪芹几乎致命的打击。好长时间，沉浸在丧妻之痛里，不能自拔，《红楼梦》的创作也停顿下来。后来友人想撮合蕙兰与雪芹结为秦晋之好，无奈雪芹视蕙兰为至亲姐姐，无法将她娶为填房。蕙兰也不同意，尽管一直爱着少爷，也多次在梦里渴望成为少奶奶，现今人老珠黄，朱颜已改，怎还配得上才华横溢的少爷！能辅佐少爷完成这部旷世之作，已经心满意足了。再加上这一年雪芹终因才学过人、文名过大，被拔举为优贡生。蕙兰暗自高兴的同时，也自觉距离梦中姻缘又远了一步。这一年雪芹35岁，蕙兰37岁。人到中年的蕙兰，随着雪芹北归的那个女人走进西山，与少爷的姻缘之梦彻底破灭了。

惊梦之地遇佳人

雪芹应两江总督尹继善的邀请，重返江宁。

尹继善并不认识雪芹，他刚来南京做官的时候，雪芹恰好举家北上。他的总督衙门与曹家老宅相邻，日子久了，他才日益体会到，曹家祖孙数辈在江南一带历时六七十年之久，深得人心，远非一般俗常仕宦可比。尹继善爱才好士，扬风书雅，对曹寅的为人与文采早有倾慕之心，再加上宦地相同，官职联属，尹继善自然留意于访寻曹家的现况和子孙的下落。乾隆南巡，尹继善负责接驾，想到了曾三次接驾的曹家，只是不知曹家后人曹雪芹的下落。后差人到京城打听，才得知虽已落魄的雪芹，在京城诗词、小说名气很大。素知乾隆爷喜好吟诗作赋、结交文人墨客，此次接驾不可少了大才子曹雪芹，于是邀请雪芹前来江南帮助筹备接驾事宜。

曹雪芹13岁离开南京，弹指间已过二十几年，由少年而成中年了。多少事，从头忆，重游伤心地，别有一番滋味在心里。却说雪芹来到南京，深得尹继善赏识，宾主相得，感情甚笃。闲暇之余，尹继善为雪芹介绍了几位南京文坛泰斗相见，甚是欢欣。但后来因引见当朝大诗人袁枚，竟闹得宾主不快。雪芹觉得袁枚多叙写身边琐事，多吟风花雪月，风格不高，拒而不见。此举不仅令尹继善甚感不快，也得罪了南京诗坛文苑。后有人常在耳旁说三道四，尹继善更觉雪芹心高气傲，狂妄不拘。甚至感觉安排此等不懂礼数的穷酸文人接驾，会贻误大事。终因宾主日益冷淡，雪芹不辞而别。正是因为不辞而别，雪芹才得以在桨声灯影、香艳浮华的秦淮河巧遇李兰芳，才有了此后一段凄艳的爱情故事和文坛绝唱。这是后话，现在我们先介绍李兰芳与雪芹的关系。

雪芹的祖母有个娘家哥哥叫李煦，祖父曹寅曾奏请皇上安排李煦做了苏州织造。不幸的是，雍正二年（1724年）他与雪芹的父亲所犯一个罪名，即因亏空公款而获罪抄家。不同的是，李煦家属及其家仆等男女童幼共二百余口，在苏州变卖。由于李家为旗人，无人敢买，只好遣散家仆，把李煦一家应留审讯之人押解回京。到京后，亲友帮助斡旋，除李煦外，其余妇孺十口，均交崇文门监督五十一（满族人名）处置，总算逃脱了被官府作价变卖的险境。

李煦是李兰芳的祖父。李煦没有曹家幸运，还能在京东山再起，过一段短暂的贵族生活。雍正五年（1727年），因过去李煦曾为雍正皇帝的死敌阿其那买送婢女的旧案被揭，被刑部定为"奸党"，呈报"秋后斩决"，后虽"着宽免处斩"，仍被流放到黑龙江打牲乌拉充当苦役致死。家遭变故，年幼的兰芳沦为奴婢，被人贩子拐卖送进了烟花柳巷。后遇到一个中意公子，为她赎身来到南京，本想过一生安定生活，可这位公子家人死不接纳，无奈之下，公子离开了兰芳。为生活计，兰芳重操旧业，自甘为娼。只卖唱，不卖身。冥冥之中，也许是在等待一位郎君的出现。但做梦也不会想到，等待的竟是表哥雪芹。相认之后，兰芳当即决定离开秦淮烟花地，与表哥雪芹北上私奔。

雪芹离京已一载有余，却使好友时常想念。雪芹离京后，敦敏在诗中记录了思念友人雪芹的心境："短檠独对酒频倾，积闷连宵百感生。近砌吟蛩侵夜语，隔邻崩雨堕垣声。故交一别经年阔，往事重提如梦惊！忆昨西风秋力健，看人鹏翮快云程。"

非但敦氏兄弟思念好友，蕙兰更是思念异常。她在幽僻的西山照料着雪芹的儿子方儿和一堆书稿，唯有不停地抄录和研读少爷的著作，才可排遣心头寂寞，淡化思念之情。

忽一日，雪芹进得家门，那份狂喜无以言表。雪芹独自离京，今日却是两人归家。但见那女子，生得明眸皓齿，粉妆玉琢，好似天仙降临此地。好似在梦中见过，又仿佛是前世之缘。蕙兰仿佛明白了，那是少爷的姻缘临近了。

是的，雪芹的二次婚姻开始了。这次婚姻，使雪芹的文学创作走向质的飞跃，《石头记》被李兰芳改名为《红楼梦》，也有了脂砚斋的阅评本。《红楼梦》第四十八回评香菱梦中说梦话，脂砚斋曾有阅批："一部大书起是梦，宝玉情是梦，贾瑞淫又是梦，秦之家计长策又是梦，今作诗也是梦，一并风月鉴亦从梦中所有，故曰《红楼梦》也。余今批评亦在梦中，特为梦中之人特作此一大梦也。"

于是后来，才有了红学家们的吵吵嚷嚷：脂砚斋是谁？

是李兰芳吗？在下未经细致考证不敢肯定，即使综合各位红学专家研究成果，也难以断定脂砚斋就是李兰芳，或别的什么人。但有一点可以肯定，李兰芳此后一生都献给了《红楼梦》，包括阅评、抄录和传播。

眼下，这位青春渐逝、红颜犹存的美丽女子正沉浸在爱情的幸福之中。她似乎还没有意识到，狂放不羁、嗜酒如命、贫困潦倒的表哥，生命已进入了最后的时日：书未成，芹为泪尽而逝。

书未成，芹为泪尽而逝

雪芹江南一行，大有收获。不仅巧遇表妹李兰芳，成就了一段美好姻缘，而且在京城名气大噪，诗书画与小说渐传于众口，连专门掌管宫内书画之事的机构皇家的如意馆也动了心思，四处搜访他的踪迹，终于在西山黄叶村把雪芹请进了皇宫，在内务府充当笔贴式、堂主事。后来，被封为忠勇公的傅恒请雪芹为宫里画像，画成之后，圣上必赏给官职，从此可以脱贫致富，改变潦倒不堪的家境。不料，雪芹执意不从，只为傅恒写下一幅字："捐躯报国恩，未报身犹在。眼底物多情，君恩或可待。"那字写得笔墨酣畅，潇洒俊逸，连傅恒都不得不承认，此书在当朝除了万岁爷，没有第二人可比。但此生如此不识抬举，竟敢抗命不从，狂悖至极，须让他去尝尝刑狱的滋味。后念及他的诗才，傅恒才作罢。

敦氏兄弟闻知此事，不禁拍案称奇，敦敏在雪芹画的一幅巨石旁，题一七言绝句："傲骨如君世已奇，嶙峋更见此支离。醉余奋扫如椽笔，写出胸中鬼垒（块垒）时！"

到此为止，雪芹彻底断了叩富贵之门的机会。而此时，乾隆皇帝临幸永璇府发现了一部叫作《石头记》的闲书，便一一细看了其中的一册，顿觉文笔悠扬，喜爱有加，传旨搜寻全部作品，圣上御览。幸而搜寻到的是删节本，才未惹出祸端，但由此世上出现了一个不完整的《石头记》抄本。

此删节本是李兰芳与蕙兰共同策划的。曹李两家屡遭不幸，又自知表哥狂放不羁秉性的李兰芳多了个心眼，有人索看《石头记》，只给他另外誊抄的删节本，而将自己阅评过的命名为《红楼梦》的"足本"，锁进了一个木箱子，并在此木箱上题刻一诗："并蒂花呈瑞，同心友谊真。一拳顽石下，时得露华新。"

过去是柳蕙兰自己帮着雪芹或抄录或品评，现今便与李兰芳做了分工。蕙兰自知无论才学，还是对四大家族的理解远远不如兰芳，于是便专管抄录，由兰芳作评，每评阅一回，由雪芹审订后，蕙兰再重新抄录，最后由兰芳锁进木箱保存。

蕙兰如今韶华尽逝，显出了老态。时常腰酸背痛，浑身乏力，还伴随着气喘不均、咳嗽不止。显然，这是长期的生活困顿、营养缺乏、积劳成疾所致。兰芳发现，蕙兰时常抄着抄着就睡着了，而且说话言左而顾右，于是告诉了雪芹。忙于增删和批阅《石头记》的雪芹，直到此时才发觉，忠心耿耿跟随自己多年的柳蕙兰，身体已经完全被拖垮了，疾病缠身，思维紊乱。现在最要紧的不是写完《石头记》，而是治愈蕙兰的病。雪芹离开书斋，为蕙兰诊治，但为时已晚。这天黄昏，雪芹采药归来的时候，蕙兰永远听不到雪芹的声音了。蕙兰死时，手里还紧紧握着毛笔，伏在案头，若睡熟一般。

兰芳早已哭干眼泪，木雕似的守在蕙兰身边。倒是儿子方儿，见爹回来木木地说了一句："姑姑睡着了！"

雪芹止不住眼泪扑簌簌流下来，长久呼唤着心中这位可亲、可敬、可怜的大姐姐——她是曹家的功臣，她是曹家的忠臣，她是雪芹的至爱，她是雪芹永久的忏悔！他原本懂得她的心思，不知为什么，自己却一直回避这个心思。直到这一刻，雪芹才幡然悔悟：是他的所谓少爷秉性，是他的所谓伦理纲常，是他的所谓尊卑观念，才耽误了一个美丽姑娘的一生，才埋葬了一个美丽姑娘的爱情梦想！

哭吧，雪芹！眼泪虽不能替自己赎罪，却可以使内心找到平衡！雪芹懂医术，却无法挽留蕙兰和梅表妹的性命。

于是，西山又出现了一座新坟。

第二年清明，还有一个人来过新坟山上香。此人叫鄂比，雪芹的朋友。鄂比面对山中两座芳草萋萋的坟茔，只说了一句话："芹圃兄，写完你那部大书吧，别辜负了身边那些忠贞的女子！"

这年清明过后，北京闹起了天花。天花即痘疹，俗称长疹子。痘疹本来年年有，但到本年——乾隆二十七年（1762 年），却酿成一场空前的惨剧。

这一年从三四月起，直到十月止，北京城内外，儿童死于痘祸的数以万计。遭此痘灾的，单是敦家一门就五口，敦诚因此撰文记录："即以目睫未干之泪，续之以哭……私谓自兹以往，可净睫痕，不意索小泪者相继于后……泪有几何？宁溆溆无已耶！"

张宜泉家兄弟两支中小孩也是四口剩一。雪芹的爱子方儿也未幸免，染上了痘疹。雪芹无力救孩子，眼睁睁看着病儿日近垂危，而无可奈何。到了秋天，竟然不救，方儿离父而去。

连遭不幸的雪芹，心情抑郁，难以排遣，便去京城探访敦氏兄弟。一路之上满目细雨蒙蒙，衰草萋萋，黄叶飘零，更增添了作家内心的惆怅。雪芹衣裳单薄，肚里无食，浑身瑟缩，只想喝酒暖身，无奈时间尚早，敦氏一家也许还在梦中。正踟蹰犹豫之际，敦府大门突然打开，走出一人。此人披蓑戴笠，匆匆在雪芹眼前走过。

雪芹很快认出此人，忙喊了一声。敦诚见到雪芹又惊又喜，说："你我兄弟真是心有灵犀，我本打算去西山找你，你却提早了！"

兄弟相见自然免不了一场唏嘘，说到动情处，敦诚竟不能自已，号啕大哭。后听说雪芹的爱子也因天花而去，更是抱住雪芹痛哭不止。敦诚哭诉道："司痘者何物，三试其毒手耶！一门内如汝姑、汝叔、汝姊、汝兄，相继而殇，吾心且痛且恶，竟无计以避，汝亦终遭此荼毒耶！"

彼此倾诉完人间悲苦之后，敦诚拉着雪芹走进近处的小酒馆，对饮解愁。结账时，兄弟二人却囊中空空如也。酒馆不肯赊账，敦诚便解下佩刀抵押。雪芹说："这可是贤弟的随身心爱之物，难道真的弃而不要，换作酒饮？"

敦诚一笑说："这刀虽明似秋霜，可是把它变卖了，还买不了一头牛种田；拿它去临阵杀敌，又没有咱们的份儿，还不如将它做抵押，润润我们的嗓子。"

于是，兄弟二人招呼店家上酒菜，继续诗酒唱和。雪芹击石作歌，敦诚则当场作了一首《佩刀质酒歌》。喝酒唱和至午后，一对文学好友才恋恋道别。他们恐怕谁也不会想到，此次一别，竟成为永别。

乾隆二十七年除夕，公元1764年2月1日，一代英才曹雪芹在新年的烟花爆竹中，离开了人世，享年45岁。敦氏兄弟大年初一就接到了雪芹亡故的丧帖。

大年初一是家家互拜，恭祝新年的日子。他们原以为是芹圃兄差人来敦家拜年来了，还夸奖雪芹礼数周到，没承想接到的居然是雪芹的噩耗。

送信儿的是一位老者。老者一身蓝布新衣裳、新鞋帽，进门先行大礼，礼毕便从怀中掏出一个素白的信封。敦诚吓了一跳，忙问老者这是何故。老者未出声，泪却先行流下："曹二爷没了。"

蒙了，敦氏兄弟蒙了。半晌无语，之后随老者一同泪眼婆娑，继而哽哽咽咽难以自抑。

路上敦诚问老者，曹二爷临走前是否有话。老者说曹二爷来不及说什么就不行了。病重时他好像说过，书未成，死也闭不上眼。

敦氏兄弟见到的雪芹遗体，却是面容安详，双目微合，如睡熟一般，毫无痛苦之态。也许这正是雪芹一生愁苦，半生潦倒的最后遗言——泰然自若地完成了人间的大悲大苦！

有诗为证：

敦敏："逝水不留诗客杳，登楼空忆酒徒非。"

敦诚："四十年华太瘦生，晓风昨日拂铭旌。"

张宜泉："多情再问藏修地，翠叠空山晚照凉。"

敦诚："孤儿渺漠魂应逐，新妇飘零目岂瞑。"

独自飘零的新妇李兰芳，情意深重，痛失爱夫自会留下诗文。我们来看脂砚斋在雪芹死后十二年，即乾隆三十九年（1774年）的八月，《脂砚斋重评石头记》抄本上，针对书中正文"满纸荒唐言，一把辛酸泪。都云作者痴，谁解其中味？"这首诗所作阅批："能解者方有辛酸之泪哭成此书。壬午除夕，书未成，芹为泪尽而逝。余常哭芹，泪亦待尽。每意觅青埂峰再问石兄，奈不遇癞头和尚何？怅怅！今而后，唯愿造化主再出一芹一脂，是书何幸！"

不管红学考证家如何争论，我愿相信，新妇李兰芳就是脂砚，脂砚即李兰芳！愿天下情义永存："愤世写群芳，字字皆血泪，十年不寻常！……今世看，真真切切，虚虚幻幻，悲悲啼啼的千古文章。"

鲁迅：何处安放漂泊的灵魂

　　身处半是清朝、半是民国风云激荡的时代，以深邃的洞察力和犀利的文字雕砌了一座现代文学史上的喜马拉雅。他总是身处两极，爱憎分明。他固执、偏激，甚至一个都不宽恕；但他又热忱、体恤，甚至把心掏出来给人看。他的骨头是最硬的，在敌人面前没有丝毫奴颜和媚骨；但他的心又是最软的，在朋友面前没有半点傲气和轻蔑，是最可信赖的良师益友。

　　1903 年初春，日本东京弘文学院中国留学生江南班公寓里，一个 23 岁的中国青年正在创作一首诗。旁边放着一张照片：典型的学生服和东京流行的发式，在其他外国学生眼里很普通，东京满大街都是，毫无特别之处。而在中国留学生眼里却是冒天下之大不韪的壮举——因为盘在头顶的发辫被剪掉了，在国内这可是要连头一块被砍掉的。显然，这是一张"断丝照"。

　　这个日本东京弘文学院中国江南班留学生，毅然决然第一个斩断了几百年来清朝特殊的发饰标志。他似乎以此方式与曾经留给他精神极度苦闷的清王朝决裂，但又很快陷入了更深的痛苦之中。这一点我们从这幅"断丝照"的眼神上就能够察觉到青年留学生深深的忧郁与彷徨。我们都知道，这个留学生生性活泼、机灵、可爱，童年时代还有些顽皮。此时，好不容易搞到官费留学指标，出国深造、报效祖国的莘莘学子，一个自诩为救国救民的启蒙者，眉宇间应该洋溢着勃勃英气，至少应该无忧无虑地快乐学习，何以忧心忡忡？不仅是外族的歧视与鄙视刺痛了青年，而且风雨故园的黑暗和同胞的麻木和冷漠，使他疼痛难忍、苦楚难咽！于是，在悲愤与痛苦中写下了这首诗，以此寄托理想和抱负："灵台无计逃神矢，风雨如磐暗故园。寄意寒星荃不察，我以我血荐轩辕。"

他把这首诗抄在"断丝照"背后，一同赠给了同乡好友许寿裳。后来许寿裳在他所写的《怀旧》一文中，加上标题《自题小像》，首次披露出来，成为一代文豪最初的发轫之作。

这个青年留学生叫周樟寿，后改名叫周树人，字豫才。直到37岁发表小说《狂人日记》时，才以鲁迅为笔名。

一生的剧痛

怀着救国理想、漂洋过海孜孜求学的鲁迅，在外域已经四载有余。期间，先入东京弘文学院学习日语，两年后进入仙台医学专门学校学习现代医学。仙台位于东京东北，是一个小镇。鲁迅是第一个到此学习的中国留学生，学校对他很优待，不仅免收学费，还高看他一眼。况且骨科老师藤野严九郎极看重这个中国学生，对他要求也很严，希望他能学成学业当一名好医生，把现代医学带回落后的中国，拯救虚弱的国民。但是，在仙台医校学习一年以后，鲁迅却执意要求退学。其原因，我们可以从后来鲁迅所写的散文《藤野先生》中找到端倪。他在《藤野先生》一文中称自己是因为受到一部日俄战争的纪录电影的刺激，而断了学医念想的。当初立志学医是为了回国拯救虚弱的国民，强健国民的体魄，改变外域眼中"东亚病夫"的形象，重塑中国人的自信和自强。可是看到这部纪录电影后，鲁迅决定改变初衷。这部纪录电影记录的是日俄战争期间，一个给俄国人做侦探的中国人被日军逮捕并枪毙的情景，而四周围观的看客却正是自己的同胞。面对同胞被处死的惨状，中国看客麻木不仁，愤怒、屈辱、悲痛烧疼了立志"血荐轩辕"、呼唤国人应当有斯巴达勇武不屈精神的鲁迅。他意识到，一个民族失掉了自豪感和自尊心，才是最大的悲哀！没有什么病痛比精神麻木更加可怕的了。对于麻木的国民，紧要的不是用现代医学强健体魄，而是要医治同胞的灵魂。"救国救民需先救思想"，于是鲁迅决定弃医从文，试图用文学改造"国民劣根性"。

1906年的夏天，就这么悄悄地来了。这个夏天注定要发生一些事情，这些事情对这个东瀛求学的莘莘学子的一生势必会产生重大影响。退学回到东京准备学习文学的鲁迅，突然接到了一封家书：母病重，速归。鲁迅是长子，又是孝子，闻讯母亲病重，自然分秒不敢耽搁，匆忙回国。可一跨进家门，却看见母亲好好的。母亲诳他回来，是要他完婚。女子姓朱名安，家住绍兴城内，是鲁迅叔祖母玉田夫人的同族。

朱安比鲁迅大3岁，28岁，缠足，不识字。朱安长得不漂亮，高额头，扁鼻子，厚嘴唇，单眼皮很厚，眼睛很低，穿一件深色元宝领的旧式棉袄，头躲在衣领后面，显得有些卑怯与恭顺。朱安无论从哪一方面与留洋的儿子都不相称，老太太却选中了她，而且振振有词：女大三，抱金砖！这"金砖"成了鲁迅一生的诟病，几乎改变了原有的性情。鲁迅后来称，这是母亲送给他的礼物！这也许是周老太太一生犯下的一个严重错误，她轻而易举埋葬了儿子的爱情，也使朱安成为旧式婚姻的牺牲品！

婚后，他不与朱安圆房，只保持着形式上的夫妻关系。没有爱，也没有恨，没有欢乐，也没有争吵，麻木地维系着形式上的婚姻。甚至，为了克制自己的情欲，不是借故离家出走，就是长久地睡在硬板床上，冬天不穿棉裤。表面上看，他是尽孝，实际是，他与母亲合谋埋葬了周家长子的爱情，也毁掉了一个旧式妇女的青春。他供养着的不只是母亲送给他的礼物，而是一生的剧痛！

他以文学的方式或许可以改变麻木的国民，却无法改变自己。这次没有爱情的婚姻代价是，改变了一个未来伟大作家的性格：乖戾、挑剔、尖刻，一个都不宽恕！同时，何尝不也成就了一个伟大作家：敢于直面自己、直面人生、直面麻木的灵魂，保持着一个战斗者最优美的站立姿态！

新的生命里程

1909 年 8 月，鲁迅结束了七年的留洋求学生涯，离开东京回国，开始了漫漫的求索之路。

回国最初几年，鲁迅先是在杭州的浙江两级师范学堂当教员，后由许寿裳推荐，南京临时政府教育总长蔡元培邀请他当了一名部员。1912年5月教育部北迁，他来到北平担任教育部佥事。这个职位，鲁迅整整做了十三年。这期间，鲁迅也经历了一生中最动荡、最混乱的时期，挨过了几千个日夜的寂寞时光。军阀混战，走马灯似的更换着政权自不待言，就连他这个教育部佥事兼社会教育司第一科科长（1915年9月，又兼任通俗教育研究会小说股主任；1916年10月，改任小说股审核干事），尽管主管文化、科学、美术，然而照样是没有什么工作可做，也没有人想做好什么工作。一批渗透到北洋政府教育部中来的前清旧学部人员也更是无事可做。或品茶抽烟，或对着堆积如山的案卷发呆，教育部都在百无聊赖中消磨一天的时光。怀有拳拳报国之志的鲁迅，心情沉郁地在日记中写道："晨九时至下午四时半至教育部视事，枯坐终日，极无聊赖。"

除去在教育部办公，便是独对孤灯。造像、画像、拓本、墓志、壁画、金石、瓦当文字无不阅读研究，既能避祸，又能消磨难熬的漫漫长夜。

不仅毫无希望的政局和混乱驳杂的官场令鲁迅备感空虚和寂寞，与朱安的婚姻更令他苦楚不堪。

首先是逃避。鲁迅先是住在杭州，后来回绍兴，也多半住在师范学堂的宿舍里，很少回家过夜。他在托许寿裳给他介绍工作的信中，特别写上"虽远无害"。再就是不修边幅，作践自己，试图以此对抗深深的悔。其实鲁迅是个非常注重仪表的人，这在归国前夕的照片上可以得到印证：西装革履，风度翩翩，英姿勃勃。可是，婚后短短的一两年时间，他竟变得如此邋遢，精神茫然，面容消瘦，少理发，不修须，一件黑色棉布袍从秋天穿到冬天。时常沉默寡言，脸上也没有笑容。

鲁迅曾为自己刻过一方石章，曰"堂"；又给自己选了一个号，叫做"俟堂"，谐音"死堂"。然而，等着抱孙子的母亲鲁瑞总不见儿媳有动静，便开始四处求医问药。朱安实在不忍，虽难于启齿，还是告诉了母亲，她说大先生自结婚以来，根本未与她同过房。这还了得，周老太太急了，儿媳朱安不小了，比鲁迅还年长三岁，算起来也三十大几了，再不要孩子，就来不及了。于是，最后一封信几乎以半是哀求、半是命令的口吻要求儿子把她娘俩接到北京。周老太太用意很明显，夫妻需要厮守，朝夕相处才能产生感情，有了感情夫妻间那点事就顺理成章了。

不想面对、不敢面对的来到了面前。鲁迅必须面对，于是，他买下了北京西直门内八道湾 11 号一处院子，为这个大家庭安顿住所。这是那种老式的三进院，外院是鲁迅自己住以及门房和堆放书籍杂物的仓房，中院是母亲和朱安住，里院一排正房，分给弟弟周作人、周建人两家分住。随后不久，与周作人因为误会而兄弟反目，成为鲁迅的伤心之地。

鲁迅心中再次燃起希望，是因为那个参加"二次革命"被迫流亡日本的安徽人创办的青年杂志《新青年》。他叫陈独秀，年龄与鲁迅相仿，性情却远比他开朗，革命目标明确。

《新青年》1915 年 9 月 15 日创刊时叫《青年》，1916 年 9 月 1 日改名为《新青年》，杂志社也由上海移至北京。1918 年 5 月 15 日，首次以"鲁迅"为笔名，在《新青年》上发表了文学史上第一篇白话小说《狂人日记》。鲁迅大胆揭露吃人的封建礼教，发出了"救救孩子"的有力呐喊，开启了一个作家新的创作里程。

兄弟失和

鲁迅以一种非常独特的方式，加入了新文化运动启蒙者的行列。他在"五四"前后四年时间创作了十几篇小说。如《狂人日记》《孔乙己》《药》《风波》《白光》《阿Q正传》等。

鲁迅名声大噪，引起了全国特别是北京、上海等地文学界和读者的广泛关注。《狂人日记》甚至被选进小学的国文课本。从1920年开始，北京大学、北京高等师范学校等六七所学校相继聘他为讲师和教授，沈雁冰、郑振铎等人组织文学研究会，就尊他为重要的指导者；后来的"浅草社""春光社""沉钟社"，更将他看成前辈和导师。他还与几位朋友创办《语丝》周刊，发起"未名社""莽原社"，以至被人视为文坛上的一派领袖。

鲁迅成功了，成名了，他俨然以名教授的头衔出现在大学讲台上，以名作家的身份活跃在青年作家中间，被他们包围着、簇拥着，享受着钦慕和恭敬。每天晚上在北京西直门八道湾的周宅里都会传来由衷的赞叹与笑声，给这个多年来沉默的家庭注入了一线生机。按理说，这个大家庭所有成员会像鲁迅一样满怀希望、满怀欣喜地迎接这到来的荣誉、地位、利益。然而，在即将到来的1923年这个炎炎夏日，周宅将要发生一场重大变故。这场变故，给名扬天下的作家鲁迅留下了彻骨的痛。

鲁迅先生：

我昨天才知道——但过去的事不必再说了。我不是基督徒，却幸而尚能担受得起，也不想责谁——大家都是可怜的人间。我以前的蔷薇的梦原来都是虚幻，现在所见的或者才是真的人生。我想订正我的思想，重新入新的生活。以后请不要再到后边院子里来，没有别的话。愿你安心，自重。

如果不看信尾的署名，绝对不相信这是出自一奶同胞兄弟之间的通信。且不说信中内容，单看开头称谓，就会令人背起寒气，弟弟周作人称哥哥周树人为鲁迅先生。况且，这个院子是鲁迅1919年8月花了一年的工资和稿费为全家买下的。四年之后，1923年7月18日，比他小四岁的弟弟周作人却在信中极其冷漠地对哥哥说"以后请不要再到后边院子里来"。

到底为了什么，一奶同胞的兄弟形同陌路？前几天，兄弟二人还有说有笑地同去东安市场购物，但几天之后的7月14日，鲁迅在日记中就写下了这样的话："是夜始改在自室吃饭，自具一肴，此可记也。"

一直以来，一大家子都是聚在一起吃大锅饭，从这天起，却突然分灶另餐。又过了几天，弟弟周作人又交给哥哥一封断交信。而鲁迅见到信保持缄默不语，不辩说又给这件事蒙上了神秘的面纱。1923年7月18日那天周宅到底发生了什么事情？

在与周氏兄弟熟悉的所有人的记述中都没有明确答案。比如他们的好友张凤举和章川岛（章廷谦）对此事略知大概，但均语焉不详。许多年后，许寿裳在《亡友鲁迅印象记》中，谈及兄弟两人的冲突，也只对周作人的妻子羽太信子采取片面指责态度，说她"歇斯底里性格"，对鲁迅"外貌恭顺，内怀忮忌"，亦指责周作人"心地糊涂，轻听妇人之言，不加体察"。但对决裂的真实原因，许寿裳亦讳莫如深。郁达夫和川岛谈及此事，涉及了周作人、信子与鲁迅决裂的理由。郁达夫在《回忆鲁迅》一文中说："周作人氏的那位日本夫人，甚至说鲁迅对她有失敬之处。"而许广平坚持认为兄弟失和是因为经济纠纷引起的。许广平的判断是鲁迅曾告诉过她："我的钱是用黄包车拉进来的，但是人家是用汽车送出去的。"周作人的日本妻子羽太信子喜欢奢侈铺张、乱花钱，想必兄长鲁迅多有斥责，引起弟媳嫉恨。如果此言成立的话，兄弟二人分家另过就是了，何至于断交呢！后来也有研究家认为，羽太信子为了独吞八道湾的房产，挑拨离间而引发的这场兄弟之战。

一桩兄弟失和案，文坛吵吵嚷嚷半个多世纪，甚至还大有持续不断的趋势。但至今也没有探明究竟，一切都是推断猜测。行文至此，在下也跟着凑起热闹来了。那么，就先说说羽太信子与周氏兄弟的关系。

1908 年 4 月，许寿裳找到了本乡区西片町十番地吕字七号的房子，原是日本著名作家夏目漱石居住之地，便拉鲁迅和周作人一起去居住，还有另外两个留学生，共五人，称为"伍舍"。当时羽太信子是房东雇用的一个女佣，主要负责住客们的伙食等生活起居事宜。出身卑微的羽太信子长相不漂亮，只能算中等偏下，脸盘圆圆、身体较胖，但做事干脆利索。她先结识的鲁迅，鲁迅对这个贫穷姑娘没有恶感，或多或少还有些同情，有时与她一起出出进进。当年周老太太听信一个回国的留日学生说鲁迅与一个日本女人有私情的讹传，出处大概于此。鲁迅回国完婚后携弟作人赴日学习文艺，怀着青春梦想的穷姑娘羽太信子开始比较周氏兄弟二人的优劣，并最终选择了青春年少的周作人作为夫君。

鲁迅为了承担家庭重担、资助弟弟求学娶妻而回国谋生，他们夫妇二人却在东京养成了爱慕虚荣、花钱大手大脚的习惯。后他们回到国内，居住在北京八道湾。最初一段时间，不仅兄弟相处和睦，而且对兄长鲁迅还充满了感激之情。应该说，身为长子长兄鲁迅的确很合格，对作人、建人两个弟弟也很好，很有做大哥的样子。不仅资助他们求学，帮助他们出书扬名，张罗安排他们的工作，还买下这个宅院的后院正房留给两个弟弟分住。

可是，这种感激并没有持久。乱花钱、图享受的不良习惯，就像羽太信子轻微的歇斯底里病症一样时有发作。随着弟弟羽太重久、妹妹羽太芳子走进这个庭院，愈发不可收拾。这俩货也真是不懂事，你是来投奔亲戚讨生活的，本分做人做事就得了，却看到姐姐信子尽情享受，也极力效仿，看到姐姐当家，说话底气十足，也跟着言语生硬，不把他人放在眼里，甚至张口闭口"支那人"。这就太过了，太不像话了，太没家教了。就连在这个庭院毫无地位、自卑短气、老实巴交的朱安也看不下去了。她偷偷对婆婆说："大先生不该把家交给老二家管理，这哪像过日子，简直是败日子。"的确，睿智的鲁迅把家庭经济大权交给羽太信子是一个错误决定。鲁迅在教育部的薪金每月三百多大洋，还有稿费、讲课费等收入，周作人也差不多。这比当年一般职员的收入高出十多倍，却月月亏空，钱不够用。

鲁迅不仅把自己每月的全部收入交出，还把多年的积蓄赔了进去，有时还到处借贷，自己甚至弄得夜里写文章时没有钱买香烟和点心。此等情景，使鲁迅忍无可忍，势必会迁怒于这个日本女人，并打算收回经济管理权。

羽太信子预感到自己即将大权旁落，急忙弥补。如果是往好处弥补，好好做人，勤俭持家，善待他人，相信鲁迅不会硬是剥夺她的管理权。恰恰相反，她却在闺房里、枕头边搬弄是非。具体如何搬弄，无法考证。但从周作人写给鲁迅的信里，能够判断出端倪。也可从当年住在八道湾的章川岛（章廷谦）对鲁迅博物馆工作人员的述说里，看到这个日本女人的恶毒：事情的起因可能是，周作人老婆造谣说鲁迅调戏她。周作人老婆对我还说过，鲁迅在他们的卧室窗下偷听。

鲁迅忍着屈辱，三缄其口，默默搬出了八道湾。他的心在绞痛着，撕裂着，几乎被窒息了。这位在新文化舞台驰骋的猛将，感到生活的重负要把他的精神拖垮了。在这一年的 8 月，鲁迅迁居到砖塔胡同 61 号。不久，向朋友借钱，在阜成门内西三条买下了一处房子。从此，多年相濡以沫的同胞兄弟，永远地分手了。

谋生亦谋爱

朱安跟随丈夫鲁迅迁到砖塔胡同，依然各居一室。居住在砖塔胡同的这段日子里，是他们单独接触最多的时间，日常生活由朱安安排。鲁迅把足够的生活费用交给朱安，并且跟以往一样，给朱安的娘家寄钱。但是一切机会和努力能挽回的还只是保持形式上的婚姻，更何况鲁迅根本就不想挽回什么。随着岁月的流逝，鲁迅对朱安已经是连发脾气的必要也没有了。为了减少见面，他甚至安排了两只箱子，一只放着待洗的衣服，一只是已洗干净的衣服。鲁迅换洗衣服，都通过这两个箱子来完成。同在一个屋檐下，日日见面，却日日无话。饭间对话，也无非问菜味咸淡如何，回答也简单到"是"或"不是"。

1924 年 5 月，鲁迅借债买下了阜成门内西三条胡同 21 号的一所房子，携朱安一同搬进属于自己的新居，并把母亲也从八道湾接了过来。鲁迅需要母亲，朱安更需要婆婆。周老太太是连接这对名义夫妻的纽带，否则，实在太别扭了。

"人生最苦痛的是梦醒了无路可以走。做梦的人是幸福的；倘没有看出可走的路，最要紧的是不要去惊醒他。"

鲁迅在北京女师大这篇不长的演讲中，几次三番重复这样的意思，甚至还引用了俄国作家阿尔志跋绥夫的话，"万不可做将来的梦"。

鲁迅过于伤情的话语，令一个叫许广平的女生心中一颤：先生到底遭遇了何等悲情！

"在我的后园，可以看见墙外有两株树，一株是枣树，还有一株也是枣树。"鲁迅写下这篇心绪复杂的散文不久，收到了女学生许广平的第一封信。时年，鲁迅 45 岁，许广平 27 岁，朱安 48 岁，本命年。

虽然这不是求爱信而是求访信，却使人到中年、有妻子而实际上过着独身生活、始终拖着重负、从未享受到真正爱情的鲁迅看到了一丝爱的曙光，他即将果敢而艰难地迈出爱的一步："我先前偶一想到爱，总立刻自己惭愧，怕不配，因而也不敢爱某一个人，但看清了他们的言行思想的内幕，便使我自信，我绝不是必须自己贬抑到那么样的人了，我可以爱！"

而许广平在爱情上要比她的老师成熟得多，因为许广平曾经真正地恋爱过。早在 1922 年，她考入北京女子高等师范学校不久，就认识了北大学生李小辉，旋即二人进入了狂热的恋爱之中。只是好景不长，李小辉不幸染病而亡。尽管"因为它曾经摧毁了一个处女纯洁的心"，但在北京女子师范的课堂上见到鲁迅之后，许广平还是从"伤逝"的阴影中跳了出来。鲁迅的学识与品德赢得了少女的芳心，她决定写信拜访这位令人尊敬的老师。发出这第一封信不要紧，此后就收不住了，仅1925年3月至7月，他们就相互通信达四十余封，再之后，他们写来写去就写成了一部书，叫《两地书》。

鲁迅与许广平确定恋爱的时间，应该是1925年10月20日，这可以在许广平的抒情诗《风子是我的爱》中得到印证。诗中称鲁迅为风子："风子同时也报我以轻柔而缓缓的紧握，并且我脉搏的跳荡，也正和风子呼呼的声音相对……不自量也罢！不相当也罢！同类也罢！异类也罢！合法也罢！不合法也罢！这都于我们不相干，于你们无关系，总之，风子是我的爱！"

许广平是广东番禺人，比鲁迅年轻近二十岁。虽是南方人，身材却颇高，好像比鲁迅还要高一些。人也不漂亮。但是，她却是那群女学生中最有才华的一个，对社会运动，甚至对政治运动都满怀热情。她敬仰鲁迅，理解鲁迅，因此，对爱情的追求也最为热烈。而鲁迅要慎重得多，心情也复杂得多，心中充满疑虑，甚至说是自卑。一方面是为结发妻子朱安，在婚姻上他已经草率过一次，一生都无法挽回。另一方面，对这爱情的后果，鲁迅似乎看得很清楚，眼下的北京，无论学界还是官场，鲁迅周围都有一股敌对力量，而且大有蔓延的趋势。一旦他背弃自己的婚姻，另觅新爱，势必会授宿敌以攻击的口实。鲁迅从不惧怕宿敌，怕的是脆弱的爱情禁不住打击。也就是在这个爱情徘徊的岔口，鲁迅写出了短篇小说《伤逝》。他赋予涓生和子君一个绝望的爱情结局。

但鲁迅他无法拒绝自己，也无法拒绝许广平。她更是爱得热烈，超凡脱俗，坚韧不屈，义无反顾。1925 年 10 月，她在鲁迅主编的《国民新报》副刊发表了《同行者》一文，公开表达了对鲁迅烈火一样炽热的爱，她说，她不畏惧"人间的冷漠，压迫"，"一心一意的向着爱的方向奔驰"。

是的，机会来了。他们可以向着爱的方向奔驰了。

1926 年初春，新任厦门大学国学系主任林语堂，邀请鲁迅去厦门大学任教。恰巧，这年 6 月，许广平也从女师大毕业，要回广州省亲谋职。于是，8 月 26 日，鲁许二人同车离京抵沪后，暂作分别。鲁迅去了厦门，许广平去了广州。

于是，在相距不甚远的两座城市，他们又开始了"两地书"。

在厦门—广州的日子，鲁迅情感上更加依赖许广平，而许广平也以鲁迅为灵魂慰藉。

许广平购得一块金星石，便刻了个印章给鲁迅寄过去。鲁迅复信说，如此珍贵的印章，得要从上海邮购上好的印泥。许广平便回复说："傻子！一个新印章，何必特地向上海买印泥去呢，真是多事。"一声"傻子"，暖透了一个中年男人的心。此后，许广平还不时温柔地命令鲁迅以后不准将信"半夜放在邮筒中"。沉浸在女性娇嗔的温柔乡里的鲁迅，也时不时撩拨一番："来听我讲义的学生，一共有二十三人（内女生二人）。"特地加一个括号注明"女生二人"。但很快，鲁迅便做出了解释："听课的学生倒多起来了，大概有许多是别科的。女生共五人。我决定目不斜视，直到离开厦门。"

老夫子鲁迅啥意思，在爱情雨露滋润下快乐生活的许广平，自然心领神会，会心一笑。就在他们的爱情如火如荼、"旋转而升腾"的最佳时刻，又迎来了一个团聚的机会。广州中山大学接连来信，邀请鲁迅赴广州担任中山大学国文系的教授和主任。

就在他准备离去的最后一刻却迟疑了。其主要原因是，鲁迅接到韦素园的来信，并看到了高长虹在《狂飙》周刊上发表的爱情诗《给——》。高长虹在诗中以太阳自喻，把鲁迅喻为黑夜，许广平喻为月亮。而韦素园在信中提醒他，高长虹对他的攻击中，隐藏着一场恋爱纠纷。鲁迅始则不信，继则疑虑，再则而终于恍然大悟。联系高长虹的所作所为，明显是隐喻鲁、许、高三者之间的关系。

高长虹曾是鲁迅最得意的学生之一。鲁迅非常欣赏他的文学才华，对他很关心，生活上也多有帮衬。高长虹对恩师更是崇拜信任，恭敬有加。但后来他们二人的关系先是疏远而后分道扬镳，最后竟成了论敌。高长虹在许多刊物上对恩师进行点名道姓的攻讦谩骂。鲁迅伤心至极，愤怒至极。在"使我愤怒"的心情下，写了历史小说《奔月》。鲁迅塑造了一个背后放冷箭的小人——逢蒙，"逢蒙这个形象就含有高长虹的影子"，他忘恩负义，试图把他的老师羿"射死"，射技却并不高明，连羿装死也没有看出："你真是白来了一百多回。"《鲁迅日记》统计高长虹去过鲁迅家七十多次，高长虹自己说与鲁迅见面一百多次。

这位上海诗人高长虹与许广平同庚，1898年3月出生于山西盂县一个破落的书香门第，从小就养成一种反叛和孤僻的性格。但具有反叛性格的高长虹，却顺从祖父的安排，与一个未见过面的乡下缠足女子结了婚，并生下了孩子。后来到北京创办了

《狂飙》杂志，积极地从事"狂飙运动"，并结识了名满天下的作家鲁迅。从此，他与鲁迅、许广平结下了不解之缘，并很快暗恋上了许广平。随着鲁迅与许广平的恋情日渐公开化，高长虹才发现自己不过是单相思。失落与痛楚、郁闷与惆怅搅扰得他寝食难安，夜不成眠，开始疏远和憎恨他的老师。特别是鲁迅和许广平同车南下，他更陷入了精神崩溃的边缘。高长虹疯魔似的公开攻击谩骂这个多次帮助自己的老师鲁迅。

以果敢不惧论敌著称的鲁迅，此刻陷入了深深的忧虑之中。面前刚刚浮现出逃离精神牢笼、重建新生活的那条清晰的金色大道，似乎又模糊起来。他对和许广平爱情的疑虑也逐渐加重了：

"我已经是这个年纪，又有这么多内心的伤痛，还能够容纳这样的爱情，还配得上争取这样的爱情吗？"

"让她这样与我结合，她的牺牲是不是太大了？""即便她现在甘心情愿，以后会不会后悔？""她究竟爱我到了什么程度？"

鲁迅怀着矛盾的心理写信试探许广平。从信中能看出鲁迅在疑虑重重之际，仍然希望许广平和他携手共进，只是不知道这条路是否真能够走通。同时，他也向许广平表明，他并不准备彻底拆毁那旧式婚姻的囚室，仅仅是自己凿一个洞逃走。也就是说，他无法和许广平正式结婚，给她一个正式名分。

许广平是个敏感的人，立刻就察觉出了鲁迅的心思。她在复信中急不择言，许多话都说得很直白，一下子挑穿了鲁迅不愿意解除旧式婚姻的内心原因，又用热烈的口气激励他做出决断。甚至丝毫不隐瞒自己的焦急和不快："你的苦了一生，就是一方为旧社会牺牲。换句话，即为一个人牺牲了你自己。而这牺牲虽似自愿，实不啻旧社会留给你的遗产。……如果觉得这批评也过火，自然是照平素在京谈话做去，在新的生活上，没有不能吃苦的。"

其实，其他原因都不是主要的，最大的顾虑是许广平的态度。因为鲁迅在爱情上一直缺乏自信，他不敢确定许广平："她究竟爱我到了什么程度？""即便她现在甘心情愿，以后会不会后悔？"许广平坦荡诚恳，甚至略带埋怨的回信，一下子消散了他的担心和犹豫。他立刻回信，语气非常，不再含混试探，态度很乐观。之后，他更明确表示："我对于名誉，地位，什么都不要，只要枭蛇鬼怪够了。""枭蛇鬼怪"，就是指许广平。至此，在旧式婚姻的囚室里自我禁闭二十年的鲁迅，总算逃出来了。

然而，沉沉一线，苍茫的中国大地广州，将成为他另一块逃离之地。

新起点或逃离之地

1927 年 1 月，经过了激烈思想斗争的鲁迅终于抵达广州。广州是他开始崭新生活的起点，也是他振作精神、焕发生命活力的丰饶之地。爱情唤醒了久已尘封的心灵，促使他振作精神，振奋人生热情，竭力放纵那遭受长期压抑，差不多快要枯萎的生命欲望。初到广州的鲁迅，身心是愉悦的，精神是放松的，思想是激进的。特别是热情的青年学子们在欢迎会上，热切希望鲁迅引领大家勇敢前进，进行一场轰轰烈烈的思想革命。于是，鲁迅向中山大学的学生呼吁，要用"革命的精神"，"弥漫"自己的生活："这精神则如日光，永永放射，无远弗到。""愿意听听大炮的声音，仿佛觉得大炮的声音或者比文学的声音要好听得多似的。"他甚至慷慨激昂地号召大家："广东实在太平静了，我们应该找刺激去！不要以为目的已达，任务已完，像民元革命成功时说的，可以过着很舒服的日子！"

广州，这座美丽的花城，鲜花、掌声，幸福、激动时时包围着久被压抑的鲁迅，尽管已经年近半百，却不断释放着青春活力。与许广平等人白天接连游览越秀山、逛花市，晚上一起看电影，满脸欢愉，兴致勃勃，毫无倦意。特别是漫步越秀山，当踏上一个小土堆时，鲁迅还想表现一下自己健朗的身手，居然孩子似的从土堆上跳了下来。虽说碰伤了脚，却找回了淹没了几十年的童真童趣，获得了爱人一个嘉许的眼神。鲁迅满怀信心，充满希望，迎接一个新的黎明的到来。然而，一切的欢愉都是短暂的，一切的革命热情都是匆促的。才短短一个月的时间，他已经看出广州的诟病：广州是一个红皮白心的萝卜，广州的青年把革命游戏化，有大叫，却无思索，无悲哀，没有真正的革命和文学。

鲁迅对广州的批评，无疑激怒了整日沉浸在狂热情绪中的激进青年。有人开始以"鲁迅先生往哪里躲"的标题，在报纸上批评他。与此同时，广州的文学界也开始批评他"落伍"，认为在北伐的形势下，《阿Q正传》那样的作品已经没有资格再自称是革命的文学。鲁迅知道广州的青年误解了他，他读了报纸上那篇《鲁迅先生往哪里躲》的文章后，立即让许广平以她的名义，写了《鲁迅先生往那些地方躲》的解释文章，发表在同一张报纸上。

但很快到来的残酷现实，不幸被鲁迅言中了。鲁迅来广州的三个月后，美丽的花城一下子变成了黑暗得看不清路了。1927年4月14日一个漆黑的夜晚，广州警备司令部下令全城戒严。一夜之间，广州笼罩在"清党"的白色恐怖之中。国民党军队在"杀绝共产党"的口号下，进行了骇人听闻的大屠杀。当时军警满街搜捕，凡不是广东口音，或看着不像本地人的，抓着就杀，甚至连问都不问。这次政变使鲁迅对国民革命彻底失望了，他决定与国民党政权决裂，而选择独立的边缘的斗争生活。

1927年4月29日，鲁迅辞去了中山大学一切职务，原因之一是中山大学内部出现了人事纠纷。鲁迅虽是教务长，学校的实权却操纵在教务委员会几个主要人物手中，如戴季陶、朱家骅等。他们都是国民党的要人，官场上的老字号，为防止鲁迅把中山大学办成北大那样的学校，开始排斥异己，甚至夺权。同时，中大文科主任傅斯年，不顾鲁迅的激烈反对，硬是把厦大的顾颉刚请来当教授。

鲁迅在厦门大学任教时就曾与顾颉刚交恶。他一直认为，顾颉刚这位胡适的门徒是现代评论派。他们的特点是投机、妥协，最初说北洋政府的好话，是国民革命的敌人，后来看到革命红火，又投奔南方革命。鲁迅从他们身上看到了国民革命成分的复杂、不纯粹，岂能与这些人为伍！他在日记里写道："鼻来我走"，顾颉刚是红鼻子，鲁迅蔑称他"鼻"。中大聘"鼻"来任教，鲁迅决计离开中山大学。但仅限于辞职，还没想到离开广州，而以相对安全的方式针砭时弊。

直到广州有一批青年沦为国民党的御用文人，即所谓"革命文学社"公开反对他，鲁迅才彻底失望了。在4月5日国民党大举"清党"时，鲁迅积极营救的这些学生中，有些人开始替国民党摇旗呐喊，甚至污蔑老师非革命者，让鲁迅伤透了心。尤其令他震惊和痛苦的是那些被屠杀者中间，竟有那么多年轻学生投书告密，协捕抓人。

广州这座美丽的花城，曾经给予了鲁迅很多美好的体验，比如美食、爱人、高额收入、青年粉丝们的热情等，也见证了从革命策源地到反革命策源地的迅速转换，使他强烈地感受到这所谓"革命"的欺骗性和当今政府翻手为云、覆手为雨的两面性。他的精神受到伤害，热情受到嘲弄，广州开始令他厌烦了，逃离广州的愿望开始强烈了。

鲁迅离开广州还有一个重要原因，即他与许广平越来越炙热的爱情。他与许广平的关系由北京—厦门的书信往来，在广州已经半公开化了。由恋而婚已经接近水到渠成，况且，自从他们一同离开北京南下起，北京、上海的论敌就认为他俩早已同居。文坛上围绕鲁迅的私生活，不断有讽刺之语。与其如此，还不如及早为他们的爱情寻找一个合适的空间。但"红白相间"的广州的确不再适宜，因为鲁迅知道，许广平思想很激进，在白色恐怖的广州没有安全感。鲁迅选来选去，感觉最好的落脚点似乎只能是上海。上海作为一个国际化大都市，许多国际势力的介入，反倒能够为生存提供一个安全屏障，同时，上海出版事业发达，以知名作家身份莅临此地，完全可以靠稿费和版税体面地生存。还有一点是，居住在上海，他还可以较好地安置许广平，使其在名分上有所亏欠的，可得以补偿一些。

以上种种原因，迫使鲁迅不得不离开广州了。就在决定启程前夕，鲁迅收到了在北京的学生台静农的一封信，信中提到在北大任教的瑞典人斯文·赫定想请刘半农帮助，提名鲁迅作为诺贝

鲁迅：何处安放漂泊的灵魂

党摇旗呐喊，甚至污蔑老师非革命者，让鲁迅伤透了心。

鲁迅：何处安放漂泊的灵魂

097

尔文学奖的候选人。斯文·赫定是诺贝尔文学奖的评委，他想为中国作家争取一个名额。当时有人积极为梁启超活动，半农以为不妥，他觉得鲁迅才是理想的候选人。但又深知鲁迅软硬不吃，怕碰钉子，便嘱台静农出面函商，如果鲁迅同意，则立即着手进行参加评选的准备，如将参评的作品翻译成英文，准备推荐材料等。

接信后，鲁迅一方面认为自己不配，一方面正忙着离开广州另谋出路，也没这个心思。于是，当即复信拒绝，语气不容商量："诺贝尔赏金，梁启超自然不配，我也不配……我眼前所见的依然黑暗，有些疲倦，有些颓唐，此后能否创作，尚在不可知之数。倘这事成功而从此不再动笔，对不起人；倘再写，也许变了翰林文字，一无可观了。还是照旧的没有名誉而穷之为好罢。"

几天以后，即 1927 年 9 月 27 日，鲁迅与许广平情侣相携，一同登船离开了广州。开始了他们将近十年的、真正意义上的夫妻生活。正如曹聚仁所说，鲁迅在上海将近十年的生活，始终是有惊无险、无大波澜。看来，鲁迅是选对了地方。

"最伟大作品"的诞生

鲁迅、许广平以夫妻的名义抵沪后，在三弟周建人的帮助下，住进了虹口东横浜路景云里 23 号。在这里，鲁迅除了翻译《艺术论》《文化与批评》等书外，还广泛开展革命活动。后来这里成为"中国左翼作家联盟"和"中国自由运动大同盟"大本营，鲁迅也遭到国民党的秘密通缉。1930 年 5 月，在内山完造帮助下，鲁迅一家移居到北四川路 194 号，时称拉摩斯公寓。鲁迅在拉摩斯公寓两次掩护瞿秋白，帮助成仿吾、邹鲁风等共产党人。1931 年 2 月 7 日，"左联"青年作家柔石、胡也频、殷夫、冯铿、李伟森被国民党当局秘密处死后，鲁迅在此写下了《为了忘却的记念》一文。由于国民党加紧了反革命文化围剿，迫使鲁迅再次搬家。1933 年 4 月 11 日，内山完造以内山书店职员的名义，再次帮助鲁迅搬进了施高塔路大陆新村 9 号，成为鲁迅在上海最后的寓所。因鲁迅居住地具有半租界性质，便以"租界"两字的一半命名自己的书斋为"且介亭"，在此所著杂文命名为"且介亭杂文"。

北京的结发妻子朱安，得知鲁迅与许广平在上海同居后，表现得激动又失望："我好比是一只蜗牛，从墙底一点一点往上爬，爬得虽慢，总有一天会爬到墙顶的。可是现在我没有办法了，我没有力气爬了。我待他再好，也是无用。"

越来越老、越来越无力的朱安，对鲁迅与许广平已无怨恨之意，但内心的痛苦随之加深了，感情的孤独随之加重了。比如，有一次她向婆婆述说自己做了一个梦，梦见大先生领着一个孩子来了，她说做梦时很生气，几乎要喊出来了。而一直当做朱安精神依靠的周老太太，却对朱安的生气不以为然。因为此时的周老太太思想似乎也发生了转变，大概是朱安久无子嗣的缘故，当她得知大儿子和许广平同居，表现出前所未有的高兴。她盼望大儿子真给她领回一个大孙子在自己跟前走来走去。而她二儿子周作人则不然，对哥哥鲁迅的行为，咬牙切齿，大加讨伐。

舒芜在《周作人对鲁迅的影射攻击》一文中，曾列举了周作人对鲁迅的诸多讽刺。比如，周作人在《中年》《志摩纪念》《周作人书信·序言》《论妒妇》《责任》《蒿庵闲话》等多篇文章中，不指名地挖苦鲁迅多妻、纳妾、色情等。他认为，爱是不能给他人带来痛苦的，否则，便是非道德之举。鲁迅此举，多源于欲，而非爱。此事拯救的是鲁迅，牺牲了的是朱安。所以他在许多文章里，痛骂中国的多妻主义。把鲁迅、周建人的再婚看成"弃妻"。直到晚年，周作人还在控诉自己的两个兄弟，均抛下前妻不管，都由他来照料。甚至他的妻子羽太信子也在朱安和鲁瑞面前，大讲鲁迅、许广平的坏话，说他们同居之事，是多妻的行为。

鲁迅和许广平同居的日子里，还收到过一个自称是崇拜鲁迅的青年的来信，名为告诫，实为发泄不满："鲁迅先生：昨与××××诸人同席，二人宣传先生讨姨太太，弃北京之正妻而与女学生发生关系……此事关系先生令名及私德……于先生大有不利，望先生作函警戒之。"

所以说，鲁迅和许广平同居之后，虽有甜蜜，心里却也不轻松。依然是左盼右顾，如履薄冰，偷偷摸摸。最初，他把许广平的卧室设在三楼，自己则住二楼，对外只说她给自己当助手，作校对，除了对极少数亲近朋友，一概不说实情。即便去杭州度蜜月，他先要杭州的朋友预订一间有三张床的房间。到了杭州，许钦文等人接他们到旅馆，住进那间有三张床的房间后，鲁迅嘱咐许钦文，白天出去做事，晚上一定要住到这里来。并且指定许钦文睡在中间那张床上，将自己和许广平隔开。

许广平也是如此，直到 1929 年 5 月，她怀了五个月的身孕之后，才敢将实情告诉家人。也是从这时候起，鲁迅才陆续通报给远方的朋友，口气却模棱两可，语焉不详。譬如他给未名社的一位朋友写信，说他是听了那些气人的流言才索性到广州，后转到上海，还是劝许广平同来，帮他做点校对之类的事。

尽管有些可怜可悲，甚至让人感觉有些猥琐，但上海毕竟改变了鲁迅的一些精神与生活的颜色：脸上气色好了，不像以前那么沉郁而带着苍白色。人也胖了些，衣着也比以前整洁了许多。这一切应该完全归功于爱妻许广平：一个有着爱情的甜蜜温馨的家，一个与他朝夕相处、情深义重的真挚的伴侣；一个与他患难与共、风雨同舟的坚贞的战友体贴他，衷心地热爱他，而且有抱负、有识见、敢于献出自己全部智慧和才学来帮助他的伟大女性，使一个沉郁已久的男人焕发了青春。

许广平也曾希望独立，还委托许寿裳在教育界给她谋个职业。但当丈夫鲁迅不愿意她离开自己的身边时，许广平主动放弃了。她决定做一个贤妻良母，时时陪伴着爱人，为他分忧，替他分担繁重的工作。为了让鲁迅腾出更多的时间写作，她把家里柴米油盐的一切琐事都承担起来。除了要替他购买书籍，查找材料，校正文章之外，还要替他织毛衣，做棉鞋，缝衣裳，连换件衣服，也是她拿到面前，帮他换好。鲁迅曾发烧地对人显摆说："我现在换衣服也不晓得向什么地方拿了。"

身边有了许广平，鲁迅似乎年轻了许多。现在是衣着有人料理，头发和胡须有人关心，他终于体会到了爱情的温暖和女性的温存，被痛苦浸泡许久的心灵开始变得清澈与纯净，一丝丝甜蜜逐渐弥漫开来。到上海不久，他和许广平同去杭州游玩，虽然正值七月流火，暑热逼人，他们却兴致勃勃，毫不倦怠。去虎跑品茶，到西湖泛舟，快活得像一个小孩子。陪同游玩的许钦文和章廷谦都说，他们从十几年前做鲁迅学生的时候起，从未见他表现出如此浓的游兴。他们慨叹，女性的温柔改变了一个中年男人的心境。爱情融化了鲁迅心中的坚冰，蛰伏在心灵深处的童真与情趣，终于在他身上复苏了。

许广平说："我自己之于他，与其说是夫妇的关系，倒不如说不自觉地还时刻保持着一种师生之谊。这说法，我以为是妥切的。"她曾经天真地问鲁迅："我为什么总觉得你还是我的先生，你有没有这种感觉？"鲁迅听了，总是惬意地笑笑，答非所问地说："你这傻孩子。"

在上海，他们的生活过得紧张而有趣。鲁迅差不多每天晚上11点以后，待许广平进入了梦乡才伏案疾书，直至天明。许广平清楚丈夫的写作与休息规律，因此，早早起床，料理早点，好让鲁迅饭后休息。这一切做完之后，许广平的工作开始了，或抄写，或校对稿件。他们就像一个岗位上的两个人，一个值白班，一个值夜班，配合默契。许广平从鲁迅的文章中感受到了一个民族的泣血呐喊和战斗精神。她感到骄傲，鲁迅不仅仅属于他，而是属于这个多灾多难的国家与民族；而鲁迅从许广平身上体味到了爱的深沉与诚挚，感受到了爱与温柔的无穷力量。什么封建礼教，什么流言蜚语，什么人身攻击，都统统见鬼去吧，按他的话说，去他妈的！此时，鲁迅鼓足了勇气，以书信的方式，坚定地向许广平表示："看现在的情形，我们的前途似乎毫无障碍，但即使有，我也决计要同小刺猬（对许广平的昵称）跨过它而前进的，绝不畏缩。"

他没有任何理由再优柔寡断，也没有任何条件再缩头缩尾。因为，许广平已为他周家怀上了孩子，即将临盆。

1929年9月26日上午，许广平感到阵阵腹痛，预示着一个小生命就要来到人间，年近 50 岁的鲁迅初做人父，兴奋的心情不言而喻。他顾不上自己劳累过度、透支过大、低烧不退的身体，把许广平送到了医院妇产病房。经过二十七八个小时的阵痛，于 27 日清晨，他们的爱情果实——孩子终于呱呱坠地。

因为出生在上海，是个婴儿，因此鲁迅给孩子取名叫海婴。每当客人散去，鲁迅总静静地坐下来，审视着孩子的脸，由衷地说："真像我。"但马上又补充："我没有他漂亮。"朋友们说他一点也不掩饰自己浓厚的怜子之情。于是，他为自己的怜子之情作诗辩白："无情未必真豪杰，怜子如何不丈夫。知否兴风狂啸者，回眸时看小于菟。"

海婴是鲁迅一生中最伟大的作品。他在给国内与国外的友人的通信里，一次又一次地报告着这个孩子成长与顽皮的信息，特别是在与日本友人增田涉的通信中，海婴几乎成了主要的话题。海婴的出生，不仅仅是照亮了鲁迅许广平的生活，就连远在北京的朱安、周老太太也是丝毫不掩饰自己的喜色。朱安为自己的"无后之错"感到了一丝解脱。还想着自己死后，有海婴给她烧纸，送庚饭，送寒衣，阎王不会认为她是孤魂野鬼，罚她下地狱，让她挨饿受冻……到此，朱安基本谅解了大先生既要追求爱情，又要保全婚姻的做法。她甚至迫切地想早日见到这个孩子，动员婆婆给鲁迅去信，邀请他们夫妇携子一同返京。并特地嘱咐要注明，这也是她朱安的意思。

周老太太面对这个坐了一辈子冷宫、悲苦可怜的长儿媳，一种无以言说的滋味弥漫了身心：愧疚还是悲情？一生受囿于旧式婚姻囹圄的女人啊！

职业"反鲁"的女作家

世上恐怕从来没有像鲁迅与朱安这样孤苦的婚姻了。终其一生，鲁迅对朱安尊重有余却形同陌路。而朱安生前反复对人讲："周先生对我不坏，彼此间没有争吵。"

这个曾经是婆婆送给鲁迅的礼物，承受了一辈子冷遇与痛苦，最后成为丈夫遗物的女人，因为一生没有争吵，而放言鲁迅对她不错。究竟是一种谅解，还是无可奈何，抑或是世间没有解不开的宿怨。犹如鲁迅的论敌，特别是隶属"党国"阵营中的文人，如胡适、梁实秋者，多年以后也开始客观、公允地看待鲁迅了。

梁实秋在《关于鲁迅》一文中说："鲁迅一生坎坷，到处碰壁，所以很自然地有一股怨恨之气，横亘胸中，一吐为快。怨恨的对象是谁呢？礼教，制度，传统，政府，全成了他泄愤的对象。他是绍兴人，也许先天地有一点'刀笔吏'的素质……鲁迅的作品，我已说过，比较精彩的是他的杂感。……五四以来，新文艺的作者很多，而真有成就的并不多，像鲁迅这样的也还不多见。"

陈西滢则说："我不能因为我不尊敬鲁迅先生的人格，就不说他的小说好，我也不能因为佩服他的小说，就称赞他其余的文章。"

吴宓也曾叹言："可叹者，是今人只见周骂人，尚未见到人骂周，因而多谓周先生偏激、刻薄，这对周先生是有失公允的。"

与鲁迅笔墨战其半生的论敌们的最后坦言，除了表明自己不失一个文人"虚怀若谷"的君子风度之外，还有对鲁迅的谅解和认同。鲁迅也在1934年12月6日致萧军、萧红的信中，谈了自己的感叹："中国是古国，历史长了，花样也多，情形复杂，做人也特别难……譬如对于我的许多谣言，其实大部分是所谓'文学家'造的，有什么仇呢，至多不过是文章上的冲突，有些是一向毫无关系，他不过造着好玩。"

苏雪林与鲁迅的结发妻子朱安及论敌们恰好相反，在鲁迅生前，她既非论敌，也不是国民党徒，而自称是鲁迅的学生，对鲁迅崇拜有加，恭敬有余，可在鲁迅尸骨未寒之际，突然变脸，大肆讨伐，而且此后终其半生的精力，谩骂、攻击这个曾经令她尊敬的师长，可谓口诛笔伐，毫不留情。

苏雪林祖籍安徽太平，1899年生于浙江瑞安。曾经去法留学，受过良好的教育，当过大学教授，1928年在东吴大学任教时，出版散文集《绿天》，1930年又任教于安徽大学。相继出版长篇小说《棘心》、学术研究著作《辽金元文学》《唐诗概论》。同时，苏雪林还在各种报纸杂志上发表了大量作品，被誉为"五大才女"之一，甚至被人称为文坛的"常青树"，是一位颇具实力的女作家。

苏雪林婚姻不幸，婚后不久离异，长期独居。认识鲁迅后，一直谦称自己为学生。记录婚后生活的散文集《绿天》出版后，当即签名赠送鲁迅："鲁迅先生教正学生苏雪林谨赠。"后面署名时间是1928年7月4日。

此赠言不可谓不恭敬，特别是在1934年，苏雪林在《国闻周报》上发表《〈阿Q正传〉及鲁迅创作的艺术》一文，对鲁迅的《阿Q正传》等小说创作更是给予很高的评价。该文认为：
"鲁迅是中国最早、最成功的乡土文艺家，能与世界名著分庭抗
礼。"苏雪林认为："鲁迅的小说创作并不多，《呐喊》和《彷徨》
是他五四时代到于今的收获。两本，仅仅的两本，但已经使他在
将来的中国文学史上占到永久的地位了。"

由此可见，此时的苏雪林，对鲁迅先生不仅尊重，而且还有
几分崇拜和恭维。

但是，1936年10月19日鲁迅先生去世后，苏雪林的态度
突然转变。她不仅致信极力阻止蔡元培主持鲁迅的丧葬仪式，随
后还写文章攻击。言辞之阴毒、刻薄，不仅鲁迅生前的论敌们不
及，就是被她骂为刻毒残酷刀笔吏的鲁迅，恐怕也汗颜自己不如
人家女作家敢骂人：

"鲁迅矛盾之人格不足为国人法也。"

"鲁迅的性格是怎样呢？大家公认是阴贼、刻薄、气量褊狭、
多疑善妒、复仇心坚韧强烈，领袖欲旺盛。"

"鲁迅盘踞文坛十年，其所陷溺之人心与其所损伤之元气，
即再过十年，亦难挽回恢复焉。"

"我以为世上癖好阿谀的人，鲁迅可算第一。"

"鲁迅这个人在世的时候，便将自己造成一种偶像，死后他
的羽党和左派文人更极力替他装金，恨不得教全国人民都香花供
养。鲁迅本是个虚无主义者，他的左倾，并非出于诚意，无非
借此沽名钓利罢了。但左派却偏恭维他是什么'民族战士''革
命导师'，将他一生事迹，吹得天花乱坠，读了真使人胸中格格
作恶。"

"左派利用鲁迅为偶像，恣意宣传，将为党国之大患也。"

···········

　　这个后来成为国民党党徒、自称是职业"反鲁"的女作家苏雪林，1949 年退居台湾后仍念念不忘"反鲁"。甚至 1966 年 11 月，在鲁迅逝世三十周年之际，年近 70 岁的苏雪林，还为台湾《传记文学》撰写了一篇两万七千字的长文《鲁迅传论》（后收入《我论鲁迅》一书）。"我的那几篇反鲁文字，原来从鲁迅学来，正所谓'以其人之道，还治其人之身'。鲁迅一辈子运用他那支尖酸刻薄的刀笔，叫别人吃他苦头，我现在也叫这位绍兴师爷吃吃我的苦头，不算不公道吧？"

　　鲁迅在世时，苏雪林没那个胆量是真的，没那个资格也是真的。文坛上那么多"大哥大""大姐大"，岂能轮得上她这个寡居的小媳妇发言！鲁迅死后，她撒泼似的谩骂还嫌不够，试图寻找合伙人和支持者。她首先想到与鲁迅素来不睦、观点迥异、多年笔战的宿敌胡适。胡适算是她的老师和"本党战友"，鲁迅曾多次骂胡适"高等华人""金元博士""帝国主义军师"等，现在苏雪林替他出气，胡老师肯定会鼎力支持。不料，迂腐的胡老师却批评她态度偏激：

　　"我很同情于你的愤慨，但我以为不必攻击其私人行为。鲁迅狺狺攻击我们，其实何损于我们一丝一毫？他已死了，我们尽可能撇开一切小节不谈，专讨论他的思想究竟有些什么，究竟经过几度变迁，究竟他信仰的是什么，否定的是些什么，有些什么是有价值的，有些什么是无价值的。如此批评，一定可以发生效果……鲁迅自有他的长处。如他早年文学作品，如他的小说史研究，皆是上等工作。……说鲁迅之小说史是抄袭盐谷温的……真是万分的冤枉。盐谷一案，我们应该为鲁迅洗刷明白。"

苏雪林大概在心里呸了一口胡老师，甚至还暗自骂道，什么狗屁文学大师，简直是好了伤疤忘了疼！但她还是不死心，不惜挑开胡老师的"旧疤"，揭露"可恶"的鲁迅："他盘踞左翼文坛的时候，痛骂'正人君子'不算，连与他毫无恩怨，只因同'正人君子'接近的胡适之先生也遭了大殃。他骂胡先生为'高等华人''金元博士''伪学者''皇权的保卫者'，在抗日怒潮正高涨时，他又乘势骂胡先生为'汉奸''卖国贼'……血气方刚的青年们，听了鲁迅这种话，胡先生生命岂不是危乎殆哉了吗？"

苏雪林在反鲁的道路上越走越远，几乎无法遏制，几近疯狂。之后，苏雪林还搬出了一些陈年老账——陈源（陈西滢）曾在《现代评论》上撰文，批评当时北京女子师范大学发生的一场风潮后，招致鲁迅等人的驳斥。苏雪林在文章说："替女高师校长杨荫榆说公道话，陈源教授多说了几句，鲁迅骂他足足骂了半年。"后来发表在1926年1月30日的《晨报副刊》上，陈源写徐志摩发泄对鲁迅不满的这封信，到了苏雪林嘴里却是："陈源教授这篇文章可说是反鲁迅的第一炮，是中国新文学史一篇最重要的文献。"

苏雪林也自知有些牵强，于是就把陈源的《西滢闲话》找出来，断章取义，旨在告诉大家陈源教授对鲁迅的态度很明确："鲁迅先生一下笔就想构陷人家的罪状。他不是减，就是加，不是断章取义，便捏造些事实。他是中国思想界的权威者，轻易得罪不得的。"

苏雪林在反鲁的亢奋中，极尽所能，团结一切可以团结的力量。比如，左翼作家茅盾、田汉、郑振铎、丁玲、胡风等人，左派重要文人却无一人出面。她只好自圆其说："左翼作家联盟一成立，鲁迅立即加盟，立刻被拥上'金交椅'成为左翼文坛的领袖！""鲁迅当上左翼文坛盟主后，左派对他的围剿不仅从此偃旗息鼓，而且还奉他为'精神偶像'。鲁迅也从此'肉身成道'，变成万千青年虔诚崇拜的对象。"

苏雪林翻腾出来的旧账还有许多，比如，像潘光旦缺了一条腿，鲁迅便在《理水》里称之为"拄杖先生"；顾颉刚头颅有点异样，他又称之为"鸟头先生"；在广州顾颉刚与鲁迅闹了点意见，鲁迅以刀笔对他"毒讽"，顾氏声言要起诉他，鲁迅一听"起诉"这两字，几乎笑歪了嘴巴；北新书局版税问题，鲁迅却闹到了法庭上，在报端闹得沸沸扬扬："鲁迅打这场官司，并未从北新多支版税，反而泄露了自己的秘密，实为失策。因为他从此不能再对人诉穷了，不能再对人说'我吃的是草，挤出来的是乳'了。"

尽管鲁迅一生积怨较多，树敌也较多，但都是"男敌""男怨"。以在下之陋见，鲁迅一生只撰文骂过一个女人——杨荫榆。鲁迅先后写出《寡妇主义》《"碰壁"之后》《并非闲话》《答 KS君》《纪念刘和珍君》等文章，尖锐批评杨荫榆在女师大推行的是"寡妇主义"教育，是迫害学生的校长等。鲁迅更多的是关心爱护女人，特别是女作家，不可能树"女敌"、积"女怨"过多，苏雪林大概是一个极端特例。

学界对现代文学史上的这段扑朔迷离的公案争论了半个世纪：有人觉得是苏雪林好变的天性使然；也有人认为，她与鲁迅有些感情纠葛，爱而不得；还有把此怨归结为 1928 年 7 月 7 日，上海北新书局老板李小峰举办的午宴上。当李小峰一一向苏雪林介绍林语堂、章廷谦、许钦文和郁达夫王映霞夫妇时，他们都站起来跟苏雪林握手打招呼。唯独鲁迅，既没有与她握手，也没有起身，甚至连坐姿都没有改变，只是微微点了一下头，令曾经怀着崇敬之情赠书给鲁迅的苏雪林，顿觉尴尬和羞辱。

如若真是这样，苏雪林也太小女人气了。难道就因为一个知名作家的不屑理睬，就要怀恨终生，不惜浪费自己清丽的文字，扯起反鲁大旗，以张牙舞爪的面目出现吗？如果苏雪林能够按照自己撰文所说的，勒住内心"那匹失缰的野马"，也许会是另一番天地；如果能够接受胡适先生的批评，并效仿文学前辈们对鲁迅客观公允的君子风度，不再以其人之道还治其人之身，不必叫这位绍兴师爷吃点苦头，说不定会写出更多更优秀的作品。但是，她无法做到，无法勒住内心"那匹失缰的野马"。说到底，苏雪林只是继承了"五四"时期文人的"共同基因"，而缺乏"五四"时期文人的胸怀与风度。她一改文风，变得不纯净，甚至恶毒，也许真有一只魔鬼闯进了她的心房。

挚友还是论敌

如果说苏雪林的"反鲁"序幕是1936年11月12日发表的那篇文章《与蔡孑民论鲁迅》拉开的，那么，之后所作《与胡适先生论当前文化动态》则是以文学前辈为金字招牌攻击鲁迅的开端。

也许苏雪林并不知道胡适与鲁迅的关系。尽管胡、鲁二人后来道路迥异，心性各异，甚至笔战不止，但彼此内心始终是惺惺相惜、欣赏尊重的。这个比胡适大十多岁、成名却晚得多的学者型作家鲁迅，是胡适唯一一个亲自到大门口迎接的客人。自从在《新青年》时代密切合作起，长达六七年的时间，胡适与鲁迅的来往较多。或彼此互访，或互赠资料和作品，或写作和学术交流。仅《鲁迅日记》记载，鲁迅寄胡适信十数次，得胡适信十封。

这期间，鲁迅与胡适在反对文言文，提倡白话文；反对旧道德旧礼教，提倡科学与民主等方面，思想观点与主张比较一致，都对文学的改造社会功能笃信不已。还有一个共同点是，两人的背后都有一个为自己守候一生的女人，鲁迅的发妻朱安，胡适的夫人韦司莲。此外，他们在文学、学术实践上几乎是步调一致，密切配合，互相呼应。胡适首先发难，鲁迅紧随其后，并作进一步的阐发；或是两人同时从不同角度、不同侧面，对某一问题作深入的论述。当胡适孤军奋战、决心以实验主义的方法来尝试作白话诗时，本不喜欢新诗的鲁迅，也尝试作新诗给胡适助威；当胡适遭到学衡派与甲寅派的围攻时，鲁迅挺身而出，撰写《估学衡》《答 KS 君》等文，予以回击。在学术研究方面，鲁、胡两人也曾过从甚密，相互切磋。鲁迅写作《中国小说史略》过程中，多次征求胡适的意见；而胡适在写作《中国章回小说考证》时，也多次向鲁迅请教。鲁迅发表《狂人日记》，胡适给予高度的赞赏与评价，称誉鲁迅是白话文学运动的健将。

然而，1925 年以后，二人交往日疏，直至相互批评，其中鲁批胡的文字为多。同时，胡适的名字也在《鲁迅日记》中消失了。

他们分道扬镳的原因，现今比较一致的说法是，1925 年之后，鲁迅开始由官场退向民间，而胡适则由书斋走向议政之路。

一个充当了社会与政府的批评者，另一个成了现存政权的诤友。过去胡适曾主张"不谈政治"、少谈"主义"，后来却公开出来大谈特谈政治，引起了鲁迅的不满和反感。最终直接惹恼鲁迅的，是 1926 年发生在北京女师大的学生风潮。在学生风潮之后，出现了两个截然相反的派别：一种以鲁迅为代表的支持学生反对章（士钊）、杨（荫榆）派，一种是以陈源为代表的指责学生袒护章、杨派，并由此引发了鲁迅和陈源的长时间的论战。尽管胡适没有直接参与鲁迅与陈源的论争，但鲁迅认为，他发表的《爱国运动与求学》无疑是在为章士钊开脱，因此，在与陈源的论战中，鲁迅也曾多次不点名地讥讽胡适。这时候鲁、胡二人还没有撕破脸，公开批评。真正绝交的导火索是 1926 年 5 月 24 日，身在天津的胡适，给鲁迅、周作人和陈源同时写的那封"劝和信"。因"女师大学潮"而起，京华三学者各逞意气，混斗一团，不仅"越到了后来，你们的论战离题越远"，而且，"当日各本良心之主张就渐渐变成了对骂的笔战"，等等。

1926 年尽管曲终人散，但到了 1927 年，鲁迅在《无声的中国》一文中，仍然对胡适的功绩给予实事求是的历史评价；而胡适则在 1928 年写的《白话文学史》的自序中说："在小说的史料方面，我自己也颇有一点点贡献。但最大的成绩自然是鲁迅的《中国小说史略》；这是一部开山的创作，搜集甚勤，取材甚精，断制也甚谨严，可以替我们研究文学史的人节省无数精力。"

但这一切并没有达到胡、鲁重归于好的目的。从 30 年代初，鲁迅开始以"正人君子"之名影射、挖苦胡适，笔战愈演愈烈。原因是，胡适奉召面见蒋介石。鲁迅立即发表了《知难行难》，点名挖苦在 1922 年觐见溥仪、今又见蒋介石的胡适。这篇文章被视为鲁迅严厉批评胡适的典范，但还没有发生激烈的正面冲突。鲁迅写文章还是有意无意地尽量避开胡适，或拿捏着分寸旁敲侧击。二人真正的冲突，来自日本侵占了我国东三省之后，在工人学生罢工请愿的声浪中，鲁迅听到了胡适为日本侵略者献计献策的异端邪说。1933年3月22日，《申报·北平通讯》刊登了一则消息，称胡适博士发表谈话说："（日本）只有一个方法可以征服中国，即悬崖勒马，彻底停止侵略中国，反过来征服中国民族的心。"鲁迅未加核实，不辨真伪，却按捺不住义愤，在四天后的26日，以"何家干"的笔名发表了《出卖灵魂的秘诀》一文："胡适博士不愧为日本帝国主义的军师。但是，从中国小百姓方面说来，这却是出卖灵魂的唯一秘诀。"

此后鲁迅便不再拿捏分寸，不顾胡适颜面，由温和的讥讽、挖苦，转而谩骂其卖国言论。面对鲁迅的谩骂和攻击，胡适从来不与他进行笔战，也从未表现出对其人格的不恭。胡适认为，骂人者"反损骂者自己的人格"，所以胡适保持不骂。直到鲁迅逝世以后，胡适也没有趁火打劫、落井下石、口诛笔伐。相反，他完全是以一种友善甚至"故友"的姿态来对待和维护逝去的鲁迅。比如前面所说的苏雪林等，拉拢他一同反鲁，他却警告要冷静，要客观公允地看待鲁迅。之后，当他得知许广平和"鲁迅全集编辑委员会"员工们，为编辑出版《鲁迅全集》遇到资金困难后，胡适痛快地答应帮忙，积极奔走。

《鲁迅全集》能够顺利出版，应该说胡适起了很重要的作用。1943年元旦，《鲁迅三十年集》出版后，他当即花二十美元买下了厚厚的三十大本，而且仔细阅读没有读过的文章。可见，即使他被鲁迅挖苦、攻击，甚至谩骂了十年，还是对鲁迅的作品推崇备至的。难怪，1958 年 5 月，他在台北作《中国文艺复兴运动》的主题演讲时，仍然说，在"新青年"时代，鲁迅"是个健将，是个大将"！

尽管胡适是一个复杂的人物，在政治上"他有时候想下水，但又怕湿了衣裳"，但仍不失一个文学大师的胸怀与风度。所以说，胡、鲁二人既是文学挚友又是公开论敌。

革命与阶级的呐喊

鲁迅素来不认同那种"勿念旧恶"的主张，"损着别人的牙眼，却反对报复，主张宽容的人，万勿和他接近"，而更喜欢"拳来拳对，刀来刀挡"——人被压迫，且退让到无可退避之地的时候，反抗和斗争就成为唯一的选择。

从那篇针对梁实秋的《"硬译"与"文学的阶级性"》文章，可以更明确地看出，鲁迅不仅是在个人恩怨里骂来骂去、争来斗去，还有革命与阶级的呐喊：

"无产者文学是为了以自己们之力，来解放本阶级并及一切阶级而斗争的一翼，所要的是全般，不是一角的地位。"

此文是鲁迅加入"左联"后向反动营垒发出的一篇战斗檄文。论战的焦点是：文学是否有阶级性；对黑暗现状采取憎恶嘲骂态度是否不符合"批评的态度"。

这场由梁实秋率先挑起、从 1927 年一直延续到 1936 年鲁迅去世、长达八年的论战，产生了四十多万言一百多篇文字，内容涉及教育、文学、翻译、批评、政论等诸多方面，包含人性、阶级性、普罗文学、翻译理念、文艺政策等诸多论题。

这场高潮迭起的梁、鲁论争，开始的基调是严肃的，无论是在论述方式还是论述姿态上，都留有余地和商榷空间。但梁实秋与鲁迅的出身和所受的教育均不同。梁实秋的祖父曾官居四品，父亲在首都警界任职，用现在的话说，算是"官三代"。这个"官三代"可谓少年得志，一路顺畅，21岁留美进入哈佛读研，师从美国著名人文学者白璧德，并获得哈佛英文系哲学博士学位。梁实秋是白璧德新人文主义的忠实信徒，受其影响较深，文风明显带有精英主义的贵族气息。比如，号称拉开梁、鲁论战序幕的《卢梭论女子教育》，鲁迅针对梁实秋攻击斥责卢梭的言论，写下了《卢梭与胃口》进行反驳。之后，他又写了《文学和出汗》《拟豫言》等文章，以杂文笔法嘲弄梁实秋的人性论。但在梁实秋发表《文学是有阶级性的吗》这篇文章之前，彼此双方还能克制在学术探讨的范围内。1929年9月，同时发表在《新月》上的《论文学有阶级性吗》和《论鲁迅先生的"硬译"》这两篇文章中，明显流露出傲慢、不屑与强烈的阶级偏见，使他在论战姿态上失去了分寸。对此，鲁迅在《语丝》上刊发《"硬译"与"文学的阶级性"》一文，予以还击。到此为止，鲁迅虽然保持了一贯的犀利、尖刻与反讽，但还是控制在文人间的争论上。而此时一个叫冯乃超的左翼作家半路杀出，成为鲁梁二人从"论战"急转直下成为"论骂"的转折点。

冯乃超是左翼文学理论家，在此之前，也曾激烈地反对过鲁迅。冯乃超对梁实秋的"贵族阶级"气息十分愤慨，当即在《拓荒者》上发表一篇火药味十足的文章《阶级社会的艺术》，对梁实秋的观点进行针锋相对的批驳，称梁实秋为资本家的走狗。梁实秋则写了《"资本家的走狗"》一文进行辩解和反驳:"《拓荒者》说我是资本家的走狗,是哪一个资本家,还是所有的资本家?我还不知道我的主子是谁,我若知道,我一定要带着几份杂志去到主子面前表功,或者还许得到几个金镑或卢布的赏赉呢……至于如何可以做走狗,如何可以到资本家的账房去领金镑,如何可以到××党去领卢布,这一套本领,我可怎么能知道呢?"

梁实秋有点离题了,把握不住自己了,大大超出了文艺论争的范畴。特别是之后,如《答鲁迅先生》的文章中,不仅开始了"论骂",还到了人身攻击的地步:"革命我是不敢乱来的,在电灯杆子上写'武装保护苏联'我是不干的,到报馆门前敲碎一两块值五六百元的大块玻璃我也是不干的,现时我只能看看书写写文章。"

梁实秋影射左翼作家"领卢布",在电灯杆子上写"武装保护苏联",比人身攻击走得还远,由文艺论争上升到了政治斗争,性质变了,无异于宣布了自己的政治立场和政治属性。按照鲁迅的性格,很快会勃然大怒,立即还击,但这一次却不慌不忙。当他读到梁实秋的《"资本家的走狗"》这篇回击文章时,便写了《"丧家的""资本家的乏走狗"》一文在《萌芽月刊》发表:"凡走狗,虽或为一个资本家所豢养,其实是属于所有的资本家的,所以它遇见所有的阔人都驯良,遇见所有的穷人都狂吠。……那么,为将自己的论敌指为'拥护苏联'或'××党',自然也就毫得合时,或者还许会得到主子的'一点恩惠'了……所以从'文艺批评'方面看来,就还得在'走狗'之上,加上一个形容字:'乏'。"

这篇文章使梁、鲁论战迅速达到高潮。随着论争的深入,不仅范围在逐步扩大，而且性质也在悄然发生演变。有高潮，定会有落幕。梁实秋晚年终于回归了一个学者的本来面目，极力反对台湾当局把鲁迅作品列为禁书。他认为鲁迅的弱点是偏激，但他的《中国小说史略》是有价值的。

与创造社的论争，应该说是鲁迅思想走向成熟的开端。这场革命阵营中的论争，逼着论争双方深入学习马克思主义理论，武装头脑，以便更有力地反击。事实上，这场论争已拉开中国革命文学阵营更成熟地掌握马克思主义的序幕，掀起了马克思主义艺术理论在中国传播的第一个高潮。

在此期间，鲁迅不仅大量购置和阅读了有关马克思主义和无产阶级革命、无产阶级文化的书籍，而且还翻译了苏联的《文艺政策》、卢那察尔斯基的《艺术论》《文艺与批评》，普列汉诺夫的《艺术论》《车尔尼雪夫斯基的文艺观》等。

毕竟是同一阵营的革命战友，鲁迅对待攻击过他的创造社成员，与以往的论敌不一样，非但没有"睚眦必报"、穷追不舍、不断清算，反而是平和平易，毫无芥蒂，并与冯乃超、成仿吾等一道并肩作战，投身于左翼斗争的洪流中。

心中大爱

谁说鲁迅心中只有恨、没有爱——套用曾经被鲁迅骂过的傅东华的话说："谁要说鲁迅先生的精神成分里只有'恨'而没有爱，我就和他拼命！谁要把鲁迅先生的哲学解释成唯恨哲学，我就永远痛恨那个人！"

　　的确，鲁迅一生挖苦、讽刺，甚至骂过的人很多。但鲁迅对挖苦、讽刺或骂过的人是有分类、区别对待的。一个都不宽恕，表明的是"憎"。憎恨血腥、镇压、侮辱、出卖、谄媚、言而无信、笑里藏刀、狡诈阴险，甚至卖国求荣等等，但对争论范围以外争论对象的是非功过，很少提及。鲁迅仅仅是作家，而不是"刀笔吏"。他对待论敌，几乎没有一棍子打死、不留余地的。

　　曾经攻击过鲁迅，后与之成为最好的朋友之一的冯雪峰，在接触鲁迅之前说他："非常热忱，但又冷得可怕，既愿为青年斩除荆棘，但对一切人好像都怀有疑虑和敌意，是个矛盾的人，很难接近。"但冯雪峰通过柔石"很容易接近"了鲁迅之后，才发现自己只说对了一半：鲁迅外冷内热，愿为青年斩除荆棘，是毫无疑问的，但说鲁迅对一切人好像都怀有疑虑和敌意，却是不确切的。比如说，与鲁迅同为文学社成员的傅东华，1933年因在《文学》月刊上撰文攻击鲁迅，以至于鲁迅愤而离开文学社，并从此拒绝向《文学》投稿。然而两年后，傅东华的儿子患重病，生命垂危。当他硬着头皮向与日本医院院长熟悉的鲁迅求助时，鲁迅不但爽快地答应帮忙，而且"在烈日灼晒之下亲自步行到医院接洽一切，并且亲自陪同院中医生远道到我家来先行诊视。进院之后，他老先生又亲自到院中去探问过数次，并且时时给以医药上和看护上必要的指导"。

　　此时，已经55岁的鲁迅，不计前嫌、不顾病魔缠身，在烈日灼晒下，往返于医院和病人家里数次。事后，鲁迅拒绝傅东华的感谢和宴请，也表明他一贯的个性原则：对人可以宽容，思想上的分歧绝不让步。难怪傅东华后来说，谁说鲁迅心中没有爱，他就跟谁拼命！

这是因为，鲁迅一生经历了太多无法忘却的死亡，才使他的爱与悲悯埋藏得很深很深；一生目睹了许许多多鲜活生命的逝去，才使他的爱总以"憎"的方式表达出来，无怪乎有时令人感觉冷得可怕！

先说他至亲至近的人。7岁时，鲁迅目睹了不满周岁的妹妹因天花而夭折；13岁时，看到了小姑产后发热去世；16岁时，父亲病故，从此家道中落；17岁时，6岁的弟弟因肺炎而亡；家族中还有许多的人或因病早逝，或受虐早亡，或抽大烟、赌博败家而毙命，或精神失常而自杀……也许鲁迅从逝去的亲人身上看到了现实的可憎，感到了生命的脆弱与可怜。但从徐锡麟、秋瑾、王金发等众多反清志士的被杀，到刘和珍、毕磊等青年学子的被害，再到柔石等五位左翼文学青年壮烈牺牲，最后到视为知己的共产党领袖瞿秋白的遇害，使鲁迅感到了生命的悲壮与瑰丽。

鲁迅直面的是一次又一次的悲痛，经历的是现实人生淋漓的鲜血。

"令人心悲之事自然也不少，但也悲不了许多。"这是瞿秋白牺牲后，他在给许多朋友的信中常说的一句话。这句看似无可奈何、平静淡然的话语，实则是浸入骨髓的悲痛与忍受长久的精神折磨之后的一种平静。他怎能忘记那个视如家人、当自己孩子看待的文学青年柔石，怎能忘记那个视为知己、当做战友和同志的革命领袖瞿秋白。与他们交往的日日夜夜、点点滴滴，如同影像一般不断闪回在一个即将不久于人世的作家脑海里。他似乎看到了他们微笑着走来，他似乎听到了他们亲切的问候：鲁迅先生……

柔石最初是北京大学的旁听生，由于经济困难，于 1926 年春离京返浙，在杭州当代课老师。1927 年 4 月，国民党实行"清党"后，被迫返回故乡宁海。1928 年初，在宁海中共党组织和进步教师的支持下，出任宁海县教育局局长。同年 5 月，宁海暴动失败后，被迫出走上海。一文不名的柔石，经朋友介绍，结识了心仪已久的鲁迅。鲁迅与柔石一见如故，他很喜欢这个率真淳朴的小伙子，柔石对这个文学前辈和导师更是信赖有加。初次相见，就向鲁迅倾诉了自己在北大进修聆听先生授课时的敬仰之情和对文学的热爱之情，当即拿出自己创作的小说《旧时代之死》请鲁迅指教。鲁迅看到柔石等文学青年居无定所，就把自己的同弄空房租下来，让他们居住，并叫他们一同搭伙用膳。同时，鲁迅还支持他们，共同创立了"朝花社"，出版《朝花周刊》《朝花旬刊》及《艺苑朝花》等进步刊物。

随着交往的深入，鲁迅与柔石已超出了师生之情、同事之情、战友之情，俨然成了一家人。柔石常到鲁迅房中，征询有些什么要代办的事，或帮助处理一些诸如寄信、寄书、汇款、取款，以及给青年作者退稿或赠书等杂务。有关二人间的交往，在《鲁迅日记》里提及近百次。以致后来鲁迅深情地说，柔石是他在上海"一个唯一的不但敢于随便谈笑，而且还敢于托办点私事的人"。"他和我一同走路的时候……简直是扶住我，因为怕我被汽车或电车撞死；我这面也为他近视而又要照顾别人担心。"

这简直是儿子与父亲的感情。鲁迅深知柔石这孩子太纯真，如清澈的泉水，一眼就能看到池底。在如此黑暗的社会里，作为父亲有责任有义务告诉他社会的另一面——残酷的现实。鲁迅告诉他，在这个社会里，人会怎样地骗人，怎样地卖友，怎样地吮血，柔石听了竟惊疑地望着鲁迅，难以置信地说："会这样吗？——不至于此吧！"

鲁迅说："人应该学一只象。第一，皮要厚，流点血，刺激一下子，也不要紧。第二，我们坚韧地慢慢地走去。"

是的，柔石正坚韧地慢慢地走去，走向成熟，走向坚定。1931年1月17日，柔石、冯铿、殷夫等一同被捕后，受尽折磨，宁死不说出鲁迅的住址。同时，还拖着重达十八斤的"半步镣"，设法通过送饭的狱卒，带出一封信，要鲁迅注意安全。鲁迅闻讯柔石牺牲，彻夜不寐，悲愤地写下了《为了忘却的记念》，文中那首诗也成为绝唱："惯于长夜过春时，挈妇将雏鬓有丝。梦里依稀慈母泪，城头变幻大王旗。忍看朋辈成新鬼，怒向刀丛觅小诗。吟罢低眉无写处，月光如水照缁衣。"

吟罢低眉无写处，月光如水照缁衣。1936年10月19日，一代文豪永远离开了自己战斗过的舞台。去世前，鲁迅拖着只有三十八公斤重的病体，写下了《我的第一个师傅》《女吊》等最后几篇文章。

鲁迅去世的噩耗牵动了无数国人的心，上海近万人涌向街头自发为鲁迅送葬。胡风、巴金、萧军等十六人为其抬棺，宋庆龄、蔡元培扶棺送行。

鲁迅病逝的消息传到了北京。朱安很想南下参加鲁迅的葬礼，终因鲁迅的母亲周老太太年事已高，身体不好，无人照顾而未成行。于是，便把鲁迅离京前的书房辟为灵堂，朱安为丈夫守灵。

这个顽强的女人，在鲁迅逝世后又坚守了将近十一年。1947年6月29日，朱安终因熬不过病魔，孤独地离开了这个爱恨交加的世界。

去世前一天，鲁迅的学生宋琳（紫佩）去看望朱安。她泪流满面地对宋琳说，请转告许广平，希望死后葬在大先生旁边；另外，再给她供一点水饭，念一点经。她想念大先生，也想念许广平和海婴。

朱安是个明白人，也是有些骨气的女人。鲁迅去世后，她和周老太太的生活，尽管有许广平、周作人的接济，终因社会动荡，物价飞涨，她们的生活还是十分清苦，每天的食物主要是小米面窝头、菜汤和几样自己腌制的咸菜。很多时候，就连这样的生活也不能保障，在万般无奈的情况下，她只好"卖书还债，维持生命"。

朱安生活困难的消息传到社会上后，各界人士纷纷捐资，但朱安始终一分钱也没有拿。

1944 年，唐弢等人为保存鲁迅遗物，劝阻朱安出售鲁迅藏书时，白发苍苍、敝衣霜容、生活困苦的朱安情自难抑，禁不住声泪俱下："你们总是说鲁迅遗物，要保存，要保存！我也是鲁迅遗物，你们也得保存保存我呀！"

这也许是她一生中，唯一也是最后的一声呼喊：我也是鲁迅遗物，你们也得保存保存我呀！

马尔克斯：孤独的文学救赎

马尔克斯是唯一没有争议的诺贝尔文学奖获奖者，一个魔幻般的人物，一个社会主义信徒和弑神者，一个拉美大陆的孤独奋斗者，因创作了一部内容庞杂、情节离奇、现实与幻想交相辉映的文学巨著，而滋养了世界文学青年的灵魂。

1989 年秋冬之际，一个叫马尔克斯的拉美作家即将来到我们中间。爆料者是一个平时不善言辞的同学（许多年后，他的许多作品也遭到非议），他用标准的河南话告诉我们：马尔克斯已达上海，不日要来军艺讲学！

这位满口河南话的同学，眉眼里丝毫不掩饰自己表情的兴奋，仿佛不是在向我们爆料，而是说给自己听。语速很快，微微颤抖：马尔克斯要来了！马尔克斯要来了！

马尔克斯是谁，何以让我们如此兴奋不已？

文学青年马尔克斯

"多年以后，面对行刑队，奥雷良诺·布恩地亚上校将会想起，他父亲带他去见识冰块的那个遥远的下午。"

《百年孤独》中这句开篇语，在一个时期几乎改变了我们的文学叙述，而走进了马尔克斯"见识冰块的那个遥远的下午"。

与其说模仿，不如说是在向马尔克斯致敬。

但是，马尔克斯23岁那年，也像当年我们的狂热模仿一样。当他读到卡夫卡的《变形记》起首句："一天早晨，格里高尔·萨姆沙从不安的睡梦中醒来，发现自己躺在床上变成了一只巨大的甲壳虫……"立即兴奋地跳了起来："真绝了！我的天，小说怎么可以这样写？这样，我也能写……外婆就是这样讲故事的。"

马尔克斯受卡夫卡启发，茅塞顿开，小说《第三次无奈》只用了一天就写完了。这是一个小男孩因病在棺材里生活成长的离奇故事，亦真亦幻，初见魔幻色彩。可惜的是，没有一家杂志愿意刊登。直到1955年，已经28岁的马尔克斯才发表了处女作《枯枝败叶》。《枯枝败叶》可以算作《百年孤独》的一个草稿或者雏形，但必须修炼和酝酿十年之后，这部伟大作品才能诞生。

1965年的某一天，他突然来了灵感，一种独特的属于自己的叙述方式倏然来到面前，觉得在他脑子里酝酿了十几年的那部小说，就像一个十月怀胎的母亲有了临盆的预感。他迅即写下了开头的第一句话："多年以后……"对，就这样写下去！他在极度兴奋中开始闭门写作。十八个月后，这部名为《百年孤独》的小说完成了。但是，小说的出版，乃至引起轰动还要等到 1967 年。这一年 5 月，马尔克斯刚好四十岁。《百年孤独》首次出版就引起了轰动，1982 年 12 月，在多次诺贝尔奖提名后，马尔克斯终于如愿以偿。瑞典学院的授奖词是这么说的："他的小说以丰富的想象编织了一个现实与幻想交相辉映的世界，反映了一个大陆的生命与矛盾。"

马尔克斯成为诺贝尔文学奖"唯一没有争议"的获奖者。

乌拉圭文豪贝内德蒂说："很难说诺贝尔文学奖能给马尔克斯增添多少光彩，但他的获奖必将使该奖的声誉有所恢复。"

是的，《百年孤独》似真亦幻的叙述，把我们带到了见识冰块的那个遥远的下午。

童年生活的文学归宿

在叙述马尔克斯之前，我们有必要澄清他的姓氏。马尔克斯是母姓，父姓加西亚，世界上许多地方都称他为马尔克斯，而忽略了父姓，这也许跟他的童年有关。马尔克斯不仅出生在外祖父家，而且童年基本是在外祖父家度过的，第一次见到父亲是在 5 岁左右，直到 9 岁时才因为外祖父的去世而回到父母身边。

马尔克斯常管外祖父母家叫"大屋"。"大屋"是他生长的摇篮，更是他艺术的摇篮。可以说，外祖父母对马尔克斯的成长具有至关重要的影响。外祖父既像一部历史，更是拉美生活和现实的缩影。

外祖父参加并指挥过著名的"千日战争"，是自由军上校，可以说是哥伦比亚近代历史的见证人和参与者。外祖父的讲述，使马尔克斯感受到了鲜活历史的存在，直接影响了马尔克斯的文学创作。其早期的中篇小说《没有人给他写信的上校》就是根据外祖父的经历写成。《百年孤独》中的奥雷良诺上校，也有外祖父的影子。

如果说马尔克斯对拉美政治和历史的认知来自外祖父，那么，魔幻启蒙则来自迷信的外祖母。这是一个相信万物有灵和鬼怪世界的女人，很擅长讲故事。在她眼里，家里到处都有神仙鬼怪。而无论听起来多么疯狂多么不可思议的事情，在她嘴里，都变成了无可辩驳的事实。

外祖母的"口头文学"，特别是这种不动声色的叙述，深深地影响了《百年孤独》的语言体系和叙述方式。至于故事的来源，则是马尔克斯的家族中，那些奇怪的人。比如，妹妹整天啃吃泥巴，亲戚得了痴呆症，家族众人整天浑浑噩噩、不知幸福与痛苦为何物的情景给了他很大触动。《百年孤独》的写作初衷，可以算作是为童年时代的生活体验寻找一个"完美无缺的文学归宿"。

但是，这种"完美无缺的文学归宿"，不是一蹴而就的，要经过长久的生活磨炼和文学锤炼。在创作《第三次无奈》之前，能否当作家，都是无法确定的。由于兄弟姐妹越来越多（父母前后生了十一个孩子），家里的经济条件越来越差，父亲指望他将来能够出人头地，进入"上流社会"。而进入"上流社会"的最有效的途径是考入法学院，毕业后从事律师工作。遵从父命，他终于走进了被称之为培养律师摇篮的大学——波哥大国立大学法学院。他却从这里出发，或者说弃大学而去，找到了作家完美的家。

作家最完美的家

作家最完美的家是妓院，说这话的是一个叫福克纳的美国作家。说这话的福克纳没有到"最完美的家"去写作，他的崇拜者马尔克斯却实践了这句话。

在马尔克斯的作品中，充满了对性的细腻描写。这固然跟他过早就获得性经验有关系，也跟他年轻时泡过欧洲的妓院不无关系。12岁那一年，马尔克斯被一个姑娘强行带入一间卧室"强奸"了。"我不知道那是怎么一回事……我觉得自己快要死了"，后来他把这件经历写进了《霍乱时期的爱情》。这段难以启齿的经历，加速了马尔克斯童年生活的终结，未经太多的程序，便跳过了少年时代迅速进入了青春期。

1950年，23岁的马尔克斯已经有了两次淋病的经历。这一年，他违背父亲的意志，放弃了继续攻读法律。辍学后，迫于生计，到《先驱报》当了一名记者，靠给报纸写专栏的微薄稿酬维持每天六十根劣质香烟、廉价的房租和简单的饭食。生活的混沌和希望渺茫的纠结，满腔愤怒和野心勃勃的纠缠，构成了这个文学青年的青春底色。其时，马尔克斯栖身在一个一天只需要1比索50分的陋室，面积只有9平方米，位于报社对面一栋四层老楼里。当地人把这栋楼叫"摩天大楼"，楼的上半部分是妓院。

当年西班牙文学大师塞万提斯，正是在酒馆、妓院交杂的环境中，写出了世界名著《堂吉诃德》。也许是巧合，马尔克斯也是在酒馆、妓院交杂的"摩天大楼"里创作出了中篇小说《枯枝败叶》，并作为处女作发表了。在这部小说中虚构了马贡多这样一个南美小镇，他后来的很多作品包括《百年孤独》都是以马贡多镇作为背景。后来，马尔克斯回答读者说，在他所有的作品中，《枯枝败叶》是他的最爱，因为这部小说"最真诚，最自然"。同时，"摩天大楼"则在《家长的没落》中进行了详尽的描述。

马尔克斯找到"作家最完美的家"，其创作就可顺利进行吗？

永远的巴黎之痛

马尔克斯在波哥大国立大学法学院学习期间，很受讲授民法的老师阿尔丰索·洛佩斯·米切尔森的器重，此人后来当了总统，而马尔克斯却对法律兴趣索然，特别是入学后的第二年，马尔克斯目睹了一场政治暗杀事件之后，毅然放弃法学院的学习。1948 年 4 月，哥伦比亚的左派总统候选人遭到暗杀，朝野震惊，舆论哗然，党争更为白热化，首都波哥大陷入一片混乱，几千人死于非命。这场动乱持续了三天三夜，史称"波哥大事件"。经历了"波哥大事件"的马尔克斯，彻底看破了政治，毅然选择了自己喜爱的文学事业。而他的同学加好友菲德尔·卡斯特罗却与马尔克斯恰好相反，经此巨变，他却坚定了武装夺取政权的决心。此二人后来皆成为美洲的风云人物，闻名全世界：一个文学家，一个政治家。

政治家注定要经过一系列的政治倾轧才可脱颖而出，文学家是否还要经历生活的庄严洗礼？

是的。《百年孤独》注定要等到1955年的逃亡之后，经受巴黎之痛的流浪生活，才可以沉潜下来。不是为了当作家要刻意经历，而是经历成就了作家。这句话，也许符合马尔克斯。

1955年，卡尔塔斯号军舰因走私家电超载沉没，军方和政府设法掩饰，却被时任《观察家报》记者的马尔克斯以《一个遇难者的故事》的长篇报道抖了个底朝天。独裁政府被激怒，开始报复，马尔克斯被迫以特派记者的名义逃往欧洲。抓不到记者马尔克斯，军政当局便查封了《观察家报》，断了马尔克斯的后路。

整整三年，他在巴黎过着乞丐一样的流浪生活。

"我一文不名，既没有寻找工作所必需的证件，也没有一个熟人，更糟的是还不会讲法语，所以只好待在拉克鲁瓦先生的'佛兰德旅馆'的一个女佣或者妓女住过的廉价房间里干着急。肚子饿得实在捱不过去了，就出去拣一些空酒瓶或旧报纸，以换取面包。我在痛苦的期待和挣扎中奇迹般地活了下来。"

这一大段自白，足以表明马尔克斯在巴黎的生存境况。我们仿佛看到神情忧郁、面容憔悴的马尔克斯时而晃荡在巴黎街头，时而在"佛兰德旅馆"的斗室里，在一支接一支的廉价香烟中，写满一张又一张稿纸。《没有人给他写信的上校》就是在这样的环境里诞生的，却无人问津，发表不了。没有工作，辛苦创作的小说也换不来报酬，生活无着，连房租也付不起了。

多年以后，大概在20世纪90年代的一个阳光明媚的周末，也就是离开中国上海几个月的马尔克斯重返巴黎，拜会"佛兰德旅馆"主人。

物是人非，佛兰德已经故去，佛兰德太太也老了。马尔克斯触景生情，唏嘘慨叹之余，给佛兰德太太开了一张支票，以偿还几十年前所欠房租。佛兰德太太却谢绝了马尔克斯的补偿，她说："就算是为文学做了件善事吧。"

这一刻，马尔克斯落泪了。不仅仅是感动，而是对文学的崇敬。文学让一个生活无着、流落巴黎街头的青年，如今巨人般挺立在繁华的巴黎大街上。常有人向他打招呼，也常有人指指点点：瞧！他就是《百年孤独》作者。

马尔克斯微笑着冲他们挥挥手：朋友，再见！

这不经意的挥手，好熟悉，似曾相识。马尔克斯很快想起了沦落巴黎期间，与美国作家海明威邂逅的情景。其情景何其相似啊！那一天早晨或者黄昏，海明威夫妇在圣米歇尔大街散步。马尔克斯初见自己崇拜的文学偶像，竟激动得不知如何是好，眼看就要过去了，才慌忙喊道："老师，您好！"他看到海明威潇洒地转身扬扬手："朋友，再见！"

海明威一定没有想到，这个冲他打招呼的年轻人，再过二十几年将会与他在世界文坛上比肩而立。然而，这期间甘苦自知。其成名作《百年孤独》里有一个女人付出的辛勤汗水，马尔克斯把她称为一生遇到的最有趣的人。

遇到了最有趣的人

马尔克斯常说的一句话是，要战胜无所不在的孤独，人类一定得学会去爱。

马尔克斯的爱情生活和他的创作生涯一样，坎坷而富有传奇色彩。他与13岁的梅塞德斯相识，又等待了十三年后才结婚。

梅塞德斯是父亲的朋友巴尔恰·帕尔多夫妇的长女，刚刚小学毕业。在一次学生舞会上，13 岁的女孩梅塞德斯那乌黑的半睡半醒的眼睛、修长的脖颈以及朴实而神秘的嗓音与举止吸引了他。这个流淌着埃及血统，有着"尼罗河一般的娴静之美"的女孩，使马尔克斯一见钟情，并由于自身怯懦而跳过了恋爱过程中的转弯抹角，当晚直截了当地要求女孩嫁给他。年幼的女孩起初根本没在意他，可马尔克斯却始终如一地坚信，她一定会嫁给自己。但是生活并没有为马尔克斯安排顺利的婚姻。首先是梅塞德斯太小了，她小学刚毕业，马尔克斯需要耐心等待梅塞德斯小学之后上中学，再之后上大学直至毕业。在这漫长的生活旅程中，是否会发生什么变化，少女是否会移情别恋，这都是未知数。马尔克斯的心始终悬着。时间太熬人了，慢慢煎熬中，马尔克斯终于等到了梅塞德斯上大学，并举行了成人礼。

马尔克斯与豆蔻年华的梅塞德斯约定，等梅塞德斯上完大学，立即结婚。可是，等梅塞德斯上完大学，马尔克斯却因揭发政府而逃往欧洲。一去就是整整三年，在此期间，梅塞德斯没有移情别恋，一直坚贞地等他回来，只是养成了多愁善感和爱哭的习性。在此后岁月里，马尔克斯不得不经常讲一些荤段子来触动她的笑神经。为了和心上人走入婚姻殿堂，马尔克斯整整等了她十三年。马尔克斯的执着，梅塞德斯的坚贞，在经过十三年的爱情长跑后，1958 年，31 岁的马尔克斯终于和梅塞德斯走到了一起。婚后，夫妻恩爱，并育有两个儿子，孩子们长大成人后分别做了电影导演和平面设计师。

梅塞德斯以她的爱和智慧成为马尔克斯生命里不可或缺的伴侣和助手。特别是 1965 年马尔克斯创作《百年孤独》的过程中，整整十八个月，妻子梅塞德斯不仅一直陪伴左右，而且衣食住行全部家务都独自承担下来。

小说写到第六个月时，家里的存款就已经花光。他们只好卖掉小汽车。再后来又没钱了，梅塞德斯默默地当首饰、当电视机、当收音机，确保一家大小的伙食。但是，钱还是不够用，她就到处赊账，周围的肉铺和面包店全被她赊遍了，甚至在马尔克斯拿到《百年孤独》的稿费之前，家里已经欠了九个月的房租。

为了不干扰丈夫的写作，愁肠百结的梅塞德斯独自默默隐忍着，依然精心照料着马尔克斯。而这一切，全身心投入创作之中的马尔克斯毫不知情。十八个月，在妻子为生计的日夜奔波、丈夫的狂热的创作中，终于过去了。马尔克斯苦熬多年，终于完成了《百年孤独》。

稿子用复印纸打印，一式两份。妻子接过书稿，开玩笑说"是难产"。除此之外，他们就再也说不出别的话来了。夫妻二人来到邮局，准备把小说寄给远在巴黎的朋友富恩特斯，让他帮助寻求出版商。但是，700页的书稿被称完重量后，他们被告知需要83比索的邮费。马尔克斯夫妇已经山穷水尽，当时只有45比索。夫妻俩不得已只能先邮寄一部分书稿，谁知仓促中寄出的居然是后半部分。最后，梅塞德斯又把仅剩的家当——自己吹头发的吹风机以及为孩子们榨果汁的榨汁机典当后，才换回50比索，用以支付邮寄剩下半部书稿的48比索费用。

"她瞒着我把所有的事情都承担起来了。要是没有她，我永远也写不成这本书。"

文坛好兄弟

马尔克斯与略萨可以说是一生的朋友和敌人。

1967 年，略萨与马尔克斯首次见面，同为拉美"文学爆炸"的主帅，两人见面前即彼此仰慕、神交已久。略萨作为首届罗慕洛·加列戈斯小说奖（拉美最高文学奖）得主到委内瑞拉首都参加授奖仪式，马尔克斯专程前来捧场。两人一见如故，相谈甚欢，很快成为亲密无间的好友，持相同的左派政治立场，文学观念也相似。

此时，马尔克斯风华正茂，略萨血气方刚，二人在"文学爆炸"中屡屡联袂登台，情同手足。甚至在秘鲁期间，略萨和妻子帕特里夏为他们第二个儿子举行洗礼，马尔克斯做了略萨儿子的教父，小略萨还取了教父的名字：加布里埃尔。

马尔克斯与略萨的友情，以及文学上的相互提携，一时成为文坛佳话。

可是，到了 1976 年，感情突变，好友变成了仇敌。正所谓太亲易疏，太白易黑。

马尔克斯的好友、摄影师罗德里戈·莫亚暗中保存了两张老照片，正是这对好友闹翻的见证。

1976 年 2 月 14 日，他在墨西哥拍下了这张照片：马尔克斯表情严肃，目光呆滞，左眼乌青，鼻梁带伤。显然，大作家刚刚挨过揍，揍他的正是好友马里奥·巴尔加斯·略萨。

罗德里戈·莫亚后来描述说，马尔克斯与略萨二人在墨西哥城出席一部电影首映式，结束后，马尔克斯一边亲热地喊着略萨的名字，一边伸出双臂上前拥抱。不承想却挨了略萨一顿暴打与呵斥："你在巴塞罗那对帕特里夏做了那种事，还敢来见我！"

马尔克斯当即被打翻在地，鼻子出血，妻友忙将他扶回家中。从此，一对文坛挚友就此分道扬镳了。

什么事导致两位文坛巨匠拳脚相加？马尔克斯对此一直亦讳莫如深。

略萨迷上了一位瑞典女郎，抛下妻儿要与其私奔，痛苦和失望的帕特里夏向马尔克斯一家哭诉。于是，马尔克斯建议帕特里夏干脆跟略萨离婚了事。在接下来的一段日子里，帕特里夏成为马尔克斯家的常客。没想到的是，略萨不久便被瑞典美女甩了。略萨又回到了帕特里夏的身边。雨过天晴，鸳梦重温，忘乎所以的帕特里夏，将马尔克斯如何安慰她、如何给她建议的过程一五一十地告诉了丈夫。婚姻被挽救了，但对略萨来说，与马尔克斯的友情却荡然无存了。略萨觉得马尔克斯给自己戴了绿帽子，于是，怒从心头起，恶向胆边生，因此，在墨西哥见到马尔克斯一顿拳脚相加是不可避免的了。

当然另一个因素也不能忽视，那就是马尔克斯与略萨政治上的分歧。2008年出版的《马尔克斯一生》的传记也涉及了两人的决裂，作者杰拉德·马丁相信，马尔克斯对自己的妻子十分忠诚，不会勾搭朋友妻。马尔克斯和略萨的决裂，马丁的解释更倾向于两人政治观点上的分歧，马尔克斯向左走，一直是卡斯特罗的好友，为抗议智利政变，文学罢工五年；略萨则向右走，成为政党领袖后，一度作为右翼势力候选人竞选秘鲁总统。

直到2007年在马尔克斯迎来八十大寿、《百年孤独》四十周年特别版即将出版之际，这对拉美文坛巨擘终于以一次历史性的合作，给过去的恩恩怨怨画了个句号。80岁的马尔克斯捐弃前嫌，通过二人共同的朋友诚邀略萨为其作序。于是，70岁的略萨在以《魔幻与神奇》为题的长篇序言中，对《百年孤独》极尽溢美之词。

事实上，略萨所撰的序言早在三十多年前就已经写好了，只是在《百年孤独》出版之前，两人发生了打斗事件，略萨所作序言也就压在了箱底。

巴尔加斯·略萨在他的《加西亚·马尔克斯：一个弑神者的故事》一书中，将马尔克斯个人经历的资料与他的大部分作品作了细致的对比分析。这本由《实际的现实》与《虚构的现实》两个部分组成的评传，给我们勾勒出了加西亚·马尔克斯文学资源宝藏的大致轮廓：魔幻从表面上看似神奇、虚幻，实际上它却是哥伦比亚乃至整个拉丁美洲的现实。

是序言，更是一部评传，它记录了两位作家亲密交往的历史——在文学道路上两位文学大师惺惺相惜、彼此倾慕的历史。而两个文学大师的两部书《城市与狗》（略萨）、《百年孤独》（马尔克斯）最初出版时的境遇却大不相同，前者刚一出版就遭到军方的封杀，后者则众人喜爱，销量一路飙升。其原因，还是此前所说，一个是政治的文学表达，一个是（拉美）历史的孤独守望。

守望孤独

1967 年秋，《百年孤独》在布宜诺斯艾利斯上市不足一周，当马尔克斯和妻子梅塞德斯行至大街上，忽然听到有人像发现了奇迹似的大声嚷道："瞧，他就是《百年孤独》的作者！"马尔克斯平生第一次真正感受到了成功的喜悦，像是犹豫，又像是震惊，使他停顿了一下，最终，他学着海明威当年向他挥手致意的样子，朝那人挥挥手说："再见，我的朋友！"

第二天还有更大的惊喜正等着他。第二天清晨，马尔克斯夫妇在饭店旁边的一家咖啡馆用早餐。他在临街的窗口不经意地朝外看了一下，正巧一位从早市上回来的家庭妇女的菜篮里居然装着一本《百年孤独》。他指着那人的篮子，半天说不出话来。梅塞德斯顺着他的手指，一眼就看到了那本《百年孤独》，顿时，夫妻俩热泪盈眶：《百年孤独》不再是一本单纯的文学作品，它已经走进人们的日常生活。

许多年后，马尔克斯想起在布宜诺斯艾利斯的这一幕，仍然双目湿润。他会自然而然地记起《百年孤独》降临的那个早晨：1965 年的某一天早晨，当马尔克斯开着他那辆奥佩牌小轿车，行驶在从墨西城到阿卡普尔科的路上，倏然而来一句话，迫使他调转车头回到书斋迅速写了下来："多年以后，面对行刑队，奥雷良诺·布恩地亚上校将会想起，他父亲带他去见识冰块的那个遥远的下午。"

他预感到"那部遥远的、漫长的、从青年时代就开始撰写的长篇小说突然一下子展现在他面前"。

马尔克斯感谢生活恩赐，更感谢先辈大师的引路：卡夫卡教会了他如何通过寓言的方式把握现代生活的精髓，并帮助他重新理解了《一千零一夜》的神话模式，打开了一直禁锢他想象力和写作自由的所罗门瓶子；威廉·福克纳则给他提供了写作长篇小说的技巧，福克纳的那些描写美国南方生活的小说充满阴郁、神秘的哥特式情调，坚定了马尔克斯重返根源的信心，而福克纳那庞大的"约克纳帕塔法世系"也在刺激着他的野心；海明威用简单、清晰的结构和语言把握复杂深邃的现实生活的天才使他获益匪浅。从《没有人给他写信的上校》开始，马尔克斯式的海明威叙事风格显现了。但他注定还要通过一部史诗性的文学作品梳理自己所学所得，多年积压的孤独与恐惧、激情与梦想在一次艰难的创作之旅中得到彻底的清算；多年蛰伏在心中的阿拉卡塔卡的往事，包括神话、鬼魂等等要在这次创作中一一赋予其灵性与生命，走进阳光，走进读者。

实际上他曾生活过的阿拉卡塔卡镇要比他创造的马贡多丰富得多。《百年孤独》只不过是借用了外祖母的口吻，"她老人家讲故事就是这种方式，好像人物就在眼前，事情正在发生……而且常常人鬼不分、古今轮回"。

后来时任阿根廷南美出版社文学编辑兼《第一版》周刊主编的托马斯·埃洛伊·马丁内斯回忆道："稿子不分章节，只有一些明显的空白。且不说纸张和邮包是何等的简陋，关键在于作者的头上高悬着两项沉重的判决：其一是西班牙塞伊克斯巴拉尔出版社的拒绝，理由是没有市场；其二是大作家吉列尔莫·德·托雷的批评，他委婉地告诫作者，'必须删除毫无价值的诗趣'……

没有人知道他是谁。"

但是，是金子总要发光的。时隔不久，文学经纪人卡门女士慧眼独具，主动找到马尔克斯，商议《百年孤独》出版事宜。为报卡门女士的知遇之恩，马尔克斯与这位名不见经传的文学经纪人签订了有效期一百五十年的合同。

此后，《百年孤独》以每周一版的惊人速度从南美出版社的印刷厂产生并行销到整个西班牙语世界。在以后的许多年间，《百年孤独》成了文学界、出版界和读书界的共同话题。哥伦比亚著名画家佩德罗·比利亚尔瓦读了《百年孤独》之后，决定不再作画，而是穷尽毕生精力为该书画插图，现在许多国家出版的《百年孤独》插图都出自这位画家之手。而另一位文学传记作家达索·萨尔迪瓦尔则自少年时代就致力于搜集加西亚·马尔克斯的生平材料，并为其撰写了著名的《回归本源——马尔克斯传》。世界上研究、解读马尔克斯及其《百年孤独》的更是不计其数，甚至有的研究家以此作为毕生的职业。

然而，马尔克斯本人并不十分看重自己的这部作品。他甚至嘲笑批评家们过度解读了《百年孤独》："大多数批评家都没有意识到，《百年孤独》这部小说其实更像我所开的一个玩笑，书中充斥着我对密友们发出的'信号'；所以，凭着自己身份所赋予的那点武断批评的权利，他们自动承担起解密这本书的责任，这样做的后果很可能是出自己的洋相。"

做一个普通人是多么的幸福！

这是一个成功人士才有的喟叹，普通人绝没有。

此前，马尔克斯的确没想到自己的作品如此受欢迎，会"像香肠一样被出售"，会给他带来如此巨大的名誉和商业回报。当这一切到来并拥有之后，他更没想到荣誉几乎毁掉了他的生活。

马尔克斯成名后，每年几乎要收到上千个来自世界各地的活动邀请。他开始陷入繁忙的社会活动："荣誉几乎毁掉了我的生活，因为它破坏了我真实的感觉。"

1985年，马尔克斯发表了他获奖后的第一部长篇小说《霍乱时期的爱情》。在此后的十年间又先后出版了《迷宫中的将军》等著作，但反响都不如《百年孤独》。马尔克斯开始怀念过去普通人的生活了，特别是1999年，马尔克斯被诊断患上了淋巴癌。这一经历让马尔克斯有了强烈的危机感，他拔掉电话线，取消旅行，尽量减少与朋友的约会，全力投入回忆录的写作中。甚至，还写了一封向读者告别的信。

直到2004年，马尔克斯才推出了十年来第一部小说《苦妓追忆录》。显然，已经没有《百年孤独》那样的光环了。读者嘘唏，马尔克斯也一脸无奈。2006年，有报道说，79岁的马尔克斯决定封笔了。其实这只是读者的一厢情愿，作为一名职业作家，只要一息尚存，就有思想，就有故事，就耐不住表达和倾诉的欲望。因此，2009年6月，82岁的马尔克斯在接受拉美一家报纸采访时说："我不仅会继续写，而且我唯一所做的事就是写作。"

如此说来，马尔克斯的故事并没有完结，他还在试图为自己光彩的一生画上完美的句号。然而故事再长再精彩，也总有一天会完结。有一天，也许会有谁把故事从头讲一遍：马尔克斯通过创作《百年孤独》来逃离内心积攒多年的家族的孤独感，他创造了一个魔幻现实的世界，但也正是这种创作才导致了他与现实世界的决裂。

他是拉美国家的弑神者！

他的孤独如此千姿百态！

卡夫卡：文学人生的进口或出口

卡夫卡孤寂地在一座"城堡"里无法找到入口或出口，就像一个失落了身份的灵魂漂泊者和精神流浪者：作为一个保险公司的职员，兴趣却在文学方面，别人把他当成公务员，却是地地道道的作家。生前默默无闻，死后却闻名世界。

1924 年 6 月 3 日，我的生命极限到了，也就是说在这个世界上虚度四十一年光阴，我所希望而又恐惧的结局行将实现。我很坦然。因为，我终于可以告别疾病和失眠的折磨，好好睡一觉了。

这些年来，因肺病导致不停地咳嗽，因忧郁导致不断的失眠，因咳嗽和失眠使我变得愈加忧郁。难怪我死后，人们在记录我的文字里总忘不了说，卡夫卡是一个落落寡合的人。甚至与我从未谋面的传记家还猜测：弗兰兹·卡夫卡身材瘦小、面容憔悴，整日郁郁寡欢。事实上，我虽算不上魁梧彪悍，身高也可达一米八二。我的所有遗照都可以清晰地看出我的容貌，也算相貌英俊，仪表堂堂，一双灰色的大眼睛深邃而有魅力，颇能虏获女性芳心。在我短暂一生堪称频繁的艳遇中可说明这一点。特别是在我患病期间，几乎每次去疗养院病休，都会同一位红颜知己发生始而急促热烈、终又不了了之的恋情。在下面的行文中我会一一袒露心扉。

现在，在我弥留之际，我请求好朋友马克斯·布罗德为我朗读一直没有完成的小说《城堡》第十一章。因为早在两年前，即1922年春天，我曾经为布罗德朗诵过这个章节。然后，这年春天余下的日子和整个夏天，我都在继续写作这部小说，到1922年秋天又把它搁置一旁，直到现在，我行将离世之际，也没有完成这部作品，更谈不上润色修改了。布罗德是个感情脆弱的人，还没有朗读完就已经泣不成声了。我安慰他：马克斯·布罗德，我亲爱的朋友，不要难过！一部未竟之作，不值得流泪。只请求你按照我的遗嘱办妥，这对我是最大的纪念和安慰！

早在一年前我就立好了遗嘱，委托布罗德为遗嘱执行人，并请求他在我离开这个世界之后，将我的全部手稿包括书信、日记统统付诸一炬。因为，这些手稿在我生前只是作为陪伴我寂寞旅程的伙伴，并没有给我带来半点声誉。现在我的写作生命结束了，理当继续陪伴我走进天堂。

然而，布罗德没有按照我的遗嘱去做。在我死后的许多日子里，他疯了似的搜集和整理我的书稿，然后四处奔波寻找出版社。很沮丧，布罗德一定很沮丧，奔波多日却没有一家出版社愿意出版我的作品。布罗德还是不死心，继续四处游说出版界名人，试图引起他们的兴趣。一位出版家（请允许我不提他的名字）写信告诉布罗德：很可惜，我还从来没有听说过卡夫卡这个名字。建议你找一家小出版社，也许能如愿！

时隔几年之后，打开每一期德国的、法国的、英国的、美国的、意大利的，甚至中国的报纸杂志，差不多都会碰到卡夫卡这个名字。卡夫卡突然被聚焦在了新闻出版和读书界耀眼的聚光灯下，迅速走红了。

之前那位出版家主动找上门来，恳求布罗德把卡夫卡所有遗作出版权卖给他们出版社。布罗德说：亲爱的先生，您的请求使我很难办到，我不可能把弗兰兹·卡夫卡先生的遗作版权，全部交给一家出版社！出版家拿出当年布罗德游说他时的招数，再三恳求，并保证一流的装帧设计，最快的速度，最高的版税，最有力的广告宣传。或许是考虑到这家出版社在出版界的权威，或许是出版家的许诺产生了效应，布罗德答应把《审判》出版权交给他，而不是令他唏嘘慨叹的《城堡》。

那么，接下来的叙述就从《审判》开始吧。

菲莉斯与《审判》

以前，我曾把婚姻看得至高无上。我在给父亲的信中曾表达了如下观点：结婚、建立家庭、接受所有降生的孩子，在这不安全的世界上保护他们，甚至给予些许引导，这些我确信是一个人所能达到的极致。

然而，我一生——对有些人来讲实际是半生，却三次订婚，三次解除婚约，一见钟情无数，即使在弥留之际，还准备给一位姑娘写求爱信。但我清楚，姑娘也许收不到信，甚至等不到信发出，我的生命就结束了。幸好只向布罗德说了想法，而没有动笔，否则，又要伤害一位单纯善良的姑娘。两天之后，大家为我准备了葬礼。

我与生俱来就是一个在细雨中呼喊的人，但我也不知道自己的呼喊到底是不是发出了声音，是不是呼喊出了实质性内容，包括爱情、家庭和写作。我一路上努力叫喊，支离破碎，杂乱无章，但我分明听到了自己叫喊的声音，可别人没有听到，也没有注意我的叫喊。

唉！我对自己说，弗兰兹·卡夫卡！你与人群无关。人群将你抛弃，你也抛弃了人群。你与他们，包括父亲、朋友和女友都无法沟通。你们在一起，就像是在潮水的冲击下发生接触、摩擦、挤压与碰撞两块石头。在人群与自己之间，你始终有一道屏障，可你不是穿越屏障，而是带着屏障行走，你始终生活在别处，就像《变形记》里那个变成甲虫的格里高尔，更像《审判》里那个无缘无故遭受审判的约瑟夫·K。

约瑟夫·K！

约瑟夫·K！

我就是约瑟夫·K！

约瑟夫·K频繁出现在我生活中，我的作品里。《城堡》《审判》等等都是约瑟夫·K。现实与非现实的梦境融为一体：1922年1月27日，曾用自己的名字在一家旅馆预订了房间，但到达旅馆后却发现登记簿上留的名字竟是"约瑟夫·K"。

约瑟夫·K。我喜欢这个名字，就像我喜欢恋人，却不能恋爱一样。这样说，菲莉斯能够理解我吗，能够原谅我吗？如果我过一段时间死了，或者丧失了生活能力，那我会说，是我自己撕碎了自己，这个世界——菲莉斯无疑是这个世界的代表——跟我在不停地冲突，撕碎我的身躯。然而，现在我真的死了，我才真正意识到，菲莉斯身上所拥有的，正是我所缺少而渴望的东西。这让我不得不时常怀念起1912年8月13日那个见证爱情的历史性时刻。

也许是巧合。正是1912年8月13日这天，我去看望我的朋友布罗德。当时在邮政部人事部门谋职的布罗德，与我谋职的公司是同一方向。两人经常碰面并开始相互来往。其时布罗德在文学上已小有成就，我经常找他探讨文学问题，每年都相约外出度假旅游，最终成了好朋友。

在布罗德家中，一位年轻姑娘坐在桌子旁边正漫不经心地翻阅杂志。姑娘脸颊骨骼宽大，神态毫无表情。光着脖子。披一件外衣。几乎令人失望的鼻子。棕色的头发多少有些直有些硬，没有魅力。脸颊和下颚结实。我欠身坐下时仔细看了她最初的一眼，坐定后我已有了一个不可动摇的判断：菲莉斯将会走进我的生活。

事实确实如此，我们很快就互相通信了。后来随着互通信件的频繁，感情的堤坝也随之决口了：我最初称菲莉斯"仁慈的小姐"，很快被"亲爱的菲莉斯小姐""最亲爱的菲莉斯小姐"取而代之，随后又被简化为"最亲爱的"。我自己的署名也越来越简单，到最后完全消失了。我们的通信频繁程度，几乎可以创天下之最了。一天两封，有时甚至一天三封，外加电报、加急信。到1914年我们订婚时，我写给菲莉斯的情书数量已近四百封。我疯了。肯定是疯了！我就像一个饥饿的孩子扑向一种生命般痛苦而美好的渴望："最亲爱的，最亲爱的！世界是如此美好，人不必害怕，不必焦虑。你的信到达了……""最亲爱的，最亲爱的！我要把这个词重复一遍又一遍……""我不需要说什么……允许我这一次，而且只在想象中，吻你可爱的嘴唇。""最亲爱的，请别折磨我！别！到今天还没有信……""最亲爱的，最亲爱的，现在是夜里一点三十分。但愿这封凌晨之信不会冒犯你……"

菲莉斯·鲍尔，一半犹太血统的德国人，柏林一家保险公司代理人的女儿。务实、平易、干练，为帮助母亲支撑家庭，她中学毕业后便弃学谋职。她属于那种积极而单纯的性格类型：快乐、健康、自信。喜欢漂亮衣服，喜欢旅行，但为了家庭又乐于奉献。她对文学具有一般中产阶级的品位。后来，我专程赴柏林首次见到菲莉斯的家人，突然被一种莫名的、惶恐的压抑感所笼罩：菲莉斯家族在体质上和心理上都禀有坚强的素质，豁达、豪放、强壮有力、有优越感。在他们面前，身高一米八二的我觉得自己矮小卑微、脆弱无力。我猜想，初次拜访一定给他们留下了十分丑陋的印象。在与菲莉斯此后的交往中，乃至订婚之后，我强烈地感觉到，菲莉斯是不可摧毁的。她是普鲁士—犹太人的混合种，这是一种强大的、必胜的混合。尽管她比我小四岁，菲莉斯却显得像母亲般独立而沉稳，而偎依在她身边的我就像一个孩子。这一切，都将会导致我精神上的落差，甚至变异。冥冥之中预示着我跟菲莉斯的关系将面临一个凶多吉少的结局：

最亲爱的，我的生活在根本上无论现在或过去，历来都是由写作的尝试所构成，而多半是失败的尝试。我的力量小得可怜，所以我在各方面萎缩，到处都得有所舍弃，旨在保持勉强够用的力量来服务于看来是我主要目标的事业。……有一次我给自己具体地开列了一份清单，列出我为写作牺牲了些什么，和为写作的缘故我被夺走了什么。

像我这么瘦，而我是我认识的人中最瘦的。同样，我身上的一切都是用于写作的，丝毫没有多余的东西。如果存在一种更高的力量，它想要利用我，或正在利用着我，那么我将作为一种至少明显地被加工过的工具捏在它的手中；如果没有这么一种力量，那么我就什么都不是，会突然间被抛弃在一片可怕的空旷之中。

……尽管我以前一直以为，正是在写作的时候，我根本不会想到您；但最近我却惊讶地发现，您同我的写作竟然有着亲如手足的关系。在我写下的一小段文章中，除了别的内容以外，显示出与您和您的来信有如下关系：……这些段落是我特别喜爱的，我把您放在里边，而您却没有感觉到，您也不必反抗……我的生活方式仅仅是为写作设置的，如果它发生变化，无非是为了尽可能更适合于写作而已。因为时间是短暂的，力量是弱小的，办公室是灾祸，住处是那么喧闹……

你那封信吓坏了我，你在那封信中谈到我的一封信，你说它让你感到陌生和疏远……

如果说，当初火辣的信件使我们的感情迅速升温，那么现在这些信件，确实让菲莉斯感到了陌生和疏远。她开始冷落我，疏远我，不给我任何音信。我每日都在痛苦和渴望中度过，我每日都在被双重感情折磨着：懊悔、埋怨，甚至恼怒。也许时间会忘记一切，后来我逐渐平静了，平静之后我决定放弃，决定全身心地投入写作，把在那段时间耽误的统统弥补过来。然而，另一位女子出现了。她叫格莱特，菲莉斯的好朋友。她最初帮助调解我与菲莉斯的紧张关系，可后来我们却发生了超乎友情的关系。

我不想过多叙述格莱特以及我们这一切是如何发生的，我更不愿认为格莱特弥补了我的一段感情空白。格莱特是个好人，温柔体贴、细心贤良，我不忍心伤害她。可我伤害了菲莉斯和她的家族。她的家庭震怒程度是可想而知的。菲莉斯、菲莉斯的妹妹，还有格莱特等人专门组成了一个特别"法庭"，对我——弗兰兹·卡夫卡先生进行审判。格莱特还出示了强有力的证据：我写给她的情书。这次审判的结果是，我与未婚妻菲莉斯解除婚约。这是我们第一次解除婚约，接下来我们还会再次订婚，再次解除婚约，那是后话了。

此时深深的自责，沉重的罪孽感、恐怖感和无力感，加重了我的失眠和咳嗽。咳、咳、咳，咳到我的肺、我的身心，咳出了我殷红的鲜血。我望着雪白手帕上鲜红的血，灵感却如江河般奔腾。我要写作！我要写一部不朽名作，书名就叫《审判》！然而，最终我也没有完成《审判》。于是，在临终之前，我特意嘱咐我的好朋友布罗德，烧掉《审判》——让它伴随我升入天堂吧！

写作是祈祷的一种形式

如果非要我为自己总结，那么，我的创作成绩其实都是孤独的成果。我的一生都是不断地在孤独中孕育、孵化着我的饥饿的艺术。写作只为自己而作，是随着自身生命的结束而可以同时放弃的全部。写作过程是与生命的过程同样原本孤独的存在。我恨一切与文学无关的东西，写作就是我的生活，文字是我存在的方式，就像我总是试图通过结婚来扩展和提高自己的存在一样。这些年来，陆续创作出来的深深浅浅的文字，已经刻下了我真实、稚嫩、敏感的心灵甚或歇斯底里的苦痛。在我短暂的写作生命中，大致经历三次创作高潮，而两次都是菲莉斯带给我的。菲莉斯是我写作生命的神、现实生活的魔，她摧毁了我，塑造了我，是我的两极。

我们第一次在布罗德家里相识之后，就在我经过充分的考虑写下和发出第一封致菲莉斯情书后的第二天，即 1912 年 9 月 22 日深夜，我在父母家中那间屋子从晚上十点到凌晨六点，一直埋首在写字台前，创作一部名字叫《判决》的小说。我完全沉浸于极度的紧张和欢乐中，故事在眼前展开，就像我在水中缓慢前行。一夜间，我几次躺倒，苦苦思索着我要表达的一切……这才叫写作——全然开启整个身心。当窗前黑暗的夜空渐渐变蓝，家中早起的侍女走过前厅时，我正在一阵强烈的射精的快感中写下最后一个句子。

《判决》应该是我第一篇比较成功的短篇小说，我在遗嘱中还把它列为自己认可的极少几篇作品的首篇。1913 年，《判决》首先发表在布罗德主持的年刊《阿卡迪亚》上，并带着这样一句献辞：献给菲莉斯·B 小姐。

这部小说从我身上诞生出来，就像一次真正的分娩，覆盖着污秽和黏液，只有我拥有能触及那躯体的手，以及实现这欲望的力量。这篇小说的主题是父子冲突，而冲突得以展开的基础，却正好是父子之间最强大的共同联系。最终结果是儿子失去了一切，只有徒然面对父亲，而这位父亲却在盛怒之下判决儿子投河自尽。这之后，我又写出了《变形记》等短篇小说。而在我的日记里则充满了小说开头、片段和轮廓，一切似乎都处于发酵状态，等待进入小说、虚构文学领域。由于格莱特的出现，健康强壮的菲莉斯和她的家庭迅速宣布了对我的"审判"，推动了我第二次创作高潮提前来临。

第二次创作高潮自然是以《审判》为代表的小说创作，这是一次祈祷式的写作旅程。我对菲莉斯家庭所造成的伤害——那是一种无限的内疚，它强化着我内心深处的罪感。也许我想在《审判》中表明，无论小说中那位神父所说的是否正确，无论法是否约定俗成，在它之外还存在着某种本质的东西，那就是与生俱来、不由分说的原罪。《审判》不仅以伤筋动骨的审判、判决和罪感让我深受触动，而且也以较大的工作量以及突击性的工作进度耗尽了我的精力，它同时也宣告了我的第二次创作高潮的结束。在此后的日子里，除了在日记中写了小说《村子里的诱惑》片段外，我沉默了一年半之久，几乎没有写出任何作品。

我与菲莉斯是在解除婚约半年后，即1915年1月才再次会面的。这次会面我们都发现对方没有什么改变，我们都暗中认定对方不可动摇、无法改变，也毫无怜悯之心。我要过一种理想的生活，它专为写作而设计，对此我不会让步。可她对我这一无声的要求不予理睬，她想要的是一般的东西。她想要舒适的住房；她感兴趣的是工厂的经营，丰盛的饭菜；她想要一间有暖气的房间，晚上十一点就上床睡觉……

这次重逢，我内心深处完全被失望和失落笼罩了。我对曾经所爱的女人的感觉，除了初恋时那些炙热信件之外，现在有的只是无限的钦佩、恭顺、同情、绝望。而菲莉斯却感慨万千，她的双眼盈满天真而激动的泪水，她喃喃呼唤着我的名字："弗兰兹·卡夫卡，我们待在一起多棒呵！"

从这次会面开始，我看菲莉斯的眼光表现出一种本质的改变。我不再仰视或者在自卑和恐惧中走向反叛，而是理性地重新审视一切。虽然后来我们恢复了通信，但是，通信的频率大大降低了。当初热恋时可以达到一天三封四封，现在好几天、两三个星期，甚至逾月以上才有一封。那段日子，我的情绪常常很低落，一直以来折磨着我的噪声似乎也格外不堪忍受，令我完全打消了继续写作的念头。我只有通过阅读斯特林堡来解脱自己，在沮丧、病痛和神经衰弱中，32岁生日匆匆而逝。10月，我的短篇小说《司炉》（长篇小说《美国》的第一章）得到一笔很有声誉的德国文学奖金。但是，那在很大程度上是一项以"奖掖文学新秀"为手段的商业宣传活动，这使我的自尊心又受到一些损伤。倒是在11月间，《变形记》的正式出版，给了我些许安慰。下一个创作高潮估计要等到下一年，在我的33岁生日来临之际。这期间我与菲莉斯的关系将会发生重大转折，主要是摆在我前面的是单调乏味的办公室和每况愈下的工作，使我总是六神无主，不知所措。我最坚强的支柱，是以奇特的方式思念菲莉斯。

1916年7月3日，我与菲莉斯又一次在马林巴特小城会面了。我们在那里度过了十个昼夜。虽然，在旅馆里的第三天我就开始叹息共同生活的艰难，忍受不了与菲莉斯，甚至任何一个人一起生活。但是，在之后的日夜里，经过灵与肉的剧烈冲撞之后，我突然发现，过去我只是通过信件了解菲莉斯，真正了解她本人，就是这两天。菲莉斯那充满了柔情蜜意的目光，她那女性深层自然开启的时候，是多么美妙。我不禁为自己的这一发现，感到惊讶和兴奋：短短的十昼夜的相聚，改变了一切。一周之后，我们共同致信菲莉斯的母亲，告之我们已经重新订婚。与菲莉斯分别后，我立即写信告诉好朋友布罗德：我与菲莉斯有了一些转机，我们准备在战争（第一次世界大战）结束后就结婚。十天的同居生活，我的自信心和创作能力似乎也在逐渐恢复。

到这年9月，《判决》也公开出版了。11月，我又应邀赴慕尼黑高尔兹书店朗读作品。我朗读了短篇小说《在流放地》。菲莉斯也从柏林赶来，到场听我朗读。尽管在慕尼黑，我们两人又发生了一次小小的冲突，互相指责对方自私，但还是于1917年7月10日第二次正式订婚。

在1917年燥热的夏天，在世界大战的背景下，在我为自己可笑的婚事而忙碌的时候，医院却诊断出我患了肺结核。而此时我正被一种强烈的创作欲望驱使着，寝食难安。我分明预感到自己又一次创作高潮就要来临了。此时，我要做的是，必须为自己准备一间独立安静的写作住所。

自从与菲莉斯在马林巴特同居十日以后，我一直在为寻找较为理想的结婚住所而努力。不过，到这时还没有结果。在我33岁生日来临之际——也就是我的第三次创作高潮来临之际，只好借住在我最小的妹妹奥特拉家潜心写作。奥特拉最近交上一位非犹太人的男朋友，为避免家庭的反对和干扰偷偷租下一间小屋。奥特拉得知我又有了创作的打算后，立即无私地向我提供了这间屋子。

我独自一人在这里静静地读书写作。这期间，我写出了《桥》《猎人格拉胡斯》《骑桶者》《豺狗和阿拉伯人》《新律师》《乡村医生》《在胡同里》《在马戏团顶层楼座》《视察矿区》《邻村》《弑亲者》《邻人》《中国长城建造时》《往事一页》《敲了庄园的大门》《十一个儿子》《杂种》《致科学院的报告》《有家眷人的心事》以及剧本《守墓人》的片段等大量短篇作品。而且，还重读了歌德的许多著作。

早在1912年第一次创作高潮，并写出第一篇满意的作品《判决》之前，我就开始醉心于歌德持久性的艺术，甚至整个一个星期都沉浸在歌德的氛围里。歌德对人性和命运的洞察，使我受到更为持续而深沉的冲击。在那些日子里，我还对中国文学艺术产生了浓厚的兴趣，尤其是中国诗歌。我阅读了德国作家汉斯·海尔曼编译的《中国的抒情诗选——从公元前十二世纪至今》，其中李白、杜甫、苏东坡、杨万里等人的诗歌给我留下深刻印象。中国清代诗人袁枚是我最喜爱的诗人之一，而孔子的《论语》和《中庸》、老子的《道德经》、庄子的《南华经》以及《列子》等都列入了我最钟爱的书籍。中国文学艺术对我巨大的吸引力和深远的影响，完全从我新近创作的如《中国长城建造时》《皇帝的圣旨》等作品中看出端倪。

后来，我在日记中曾写过这样一句话：写作是祈祷的形式。

而在寻找挣钱的职业时，我却要求这个职位不得与文学有任何联系。以文学作为挣钱的职业，在我心目中是剥夺文学创作的尊严。我视文学为生命，不容玷污。而我却因为身体的原因，即将走近文学写作的尾声。

这年8月10日凌晨五点左右，在为婚事刚刚租下的房间内，我开始咯血了。当时，我似乎还在睡梦之中，被一阵剧烈的咳嗽咳醒了。我站了起来——就像一切使人们激动的新鲜事那样……当然有些惊恐，我走到窗前，探出身去，然后走向盥洗台，在房间里来回走动，坐在床上——不停地咯血。但我没有伤心，因为我慢慢悟出一个道理来：在长达三四年几乎连续失眠之后，我将第一次可以好好睡一觉了，当然前提是不再咯血。早晨侍女来了，那是位好心的、几乎具有献身精神又特别实在的姑娘，看到血之后说道：博士先生，您的日子不会长了。

我的日子不会太长了。但我不知道究竟还有多长！

我在信中告诉布罗德：最亲爱的马克斯，我现在在这儿，除此之外（写作）一无所知，一无所能。我的小船没有舵，只能随着吹向死亡最底层的风行驶。

疾病是世界的隐喻

我不得不中断写作，由妹妹奥特拉陪同前往波希米亚北部小村庄楚劳养病。奥特拉在楚劳经营着姐夫的一个小庄园，环境气候比较适宜我休养。奥特拉是这个世界上我唯一有着真正感情的亲人，也是我在反对父亲的问题上的同盟者。在妹妹的精心护理下，我在波希米亚北部这个叫楚劳的小村庄度过了一生最幸福的八个月。

后来菲莉斯来看望我，我已无更多的话可说。现在这个样子，我还能说些什么呢！我曾是个冷血动物，毫无感情。冤枉了她，让她受了酷刑，而且，我还亲自使用刑具。菲莉斯走后，我以巨大的勇气和冷峻、尖利、决断甚至深深潜藏的悲哀心情，致信菲莉斯。应该说，这是为期五年的恋爱中倒数第二封信：

如你所知，在我内部有两个彼此斗争的对手。好的那个属于你，对于这一点，过去几天我比任何时候都更为确信。五年来，不管是通过话语还是沉默，或者通过两者的结合，你始终得以了解这场斗争的历程，大多数时候，这让你遭受痛苦……

……两个对手在我的内部斗争，或者说，他们之间的斗争构成了我（除一点小小的、苦恼不堪的残余外）。他们一个好，一个坏。他们不时调换角色，使本已混乱的斗争更加混乱。然而，尽管受到一些挫折，直到最近仍然存在着可能，使我想象会发生最不可能的事情：……在这些年间变得可怜和倒霉的我，会最终获得拥有你的权利。现在事情突然显示出：失血太多了。想要赢得你的好的一方（现在看来对我们是好的一方），失血过多，反过来帮助了他的敌人。……在内心深处，我并不相信这病是肺结核，至少，在基本上说来它不是肺结核，而宁可说是我总崩溃的迹象。我原以为斗争会持续得长一些，可它不能了。血并非咯自我的肺，而是咯自斗争的一方所导致的一道致命暗伤。……请别问我为何要筑起一道防线。别这样让我出丑。哪怕问一个字，我就会重新拜倒在你脚下。……我的所谓肺结核……是一件武器，与早先使用过的无数其他武器（从生理上的无能到我的工作到我的吝啬）相比，它似乎更方便、更根本。

现在，我要告诉你一个秘密，这秘密此刻连我自己也不相信（虽然那远方的黑暗可能会让我相信，那黑暗正降落在我身上，伴随着我想要工作和思想的每一个愿望降落在我身上），但它会变成现实：我好不了啦。原因很简单，那不是肺结核……而是一种武器，只要我还活着，它就会继续表现为一种压倒一切的必然性。但它和我都将死去。

我在楚劳，最初除了阅读大量自传和书信集外，完全放弃了写作。但是，我开始较为深入地研究索伦·克尔恺郭尔。克尔恺郭尔是丹麦宗教哲学心理学家、诗人，现代存在主义哲学的创始人，后现代主义的先驱。我在给朋友奥斯卡·鲍姆的信中写道：克尔恺郭尔是一颗明星，但是，他所在的那个地方，我是够不着的。

这年圣诞节，我又回到了布拉格。菲莉斯从柏林特意赶来，明确表示要与我永远在一起。我同样明确表示不接受这一牺牲，不想再增加对她的罪责，更不会考虑结婚的问题。维系不到半年的第二次婚约，在这年的圣诞节又流产了。也就是说，我与菲莉斯一场为期五年的爱情关系到此彻底了结。

从车站送走菲莉斯后，我忍不住失声痛哭。第二天，我写信告诉妹妹奥特拉："昨天下午我哭了，把我成年以后所有的哭泣加在一起，也没有昨天下午这么多。"

此时，我正握着生命的痛处，伤口已成为我人生和艺术的一个寓言。在我的文字中不断出现伤口的意象和隐喻：这是一条地地道道的创伤渠道。在渠道内，每一阵疼痛都在来回游动……我像一个遍体鳞伤的人，只要不磕不碰，我就能在百般痛苦中苟延残喘下去。这场风波对我似乎说：你的头像正在溃烂的伤口。我蒙受着如此巨大的疼痛，这是因为伤口已经有好久了，积重难返啊！当然这里还存在着创伤，其象征只是肺部创伤。肺部的伤口——肺结核只是一个象征，菲莉斯却是它的炎症，辩护是它的深处，那么医生的建议（光线、空气、太阳、安静）也就是象征了。我反复对自己说：正视这个象征吧！血并非咯自我的肺，而是咯自一道致命暗伤。

通向爱的道路总是要穿过污秽，舍此不能到达目的地。

随着菲莉斯的离去，1918 年 1 月 6 日，我又返回楚劳。在那里，我继续阅读不同的作家，包括圣奥古斯丁、托尔斯泰、赫尔岑等，并进一步深入研究克尔恺郭尔。随着与菲莉斯关系的彻底结束，我似乎更懂了克尔恺郭尔。我在日记里写道：我大概是在克尔恺郭尔那里迷了路……婚姻是他的主要问题……这是我在《非此即彼》《恐惧和战栗》中读到的。……在性情上，我同他有些相似……克尔恺郭尔是和我同住一屋的邻居，他变成了一颗闪亮的明星。对此，我不仅有赞叹之意，而且也有一丝淡淡的同情。……他不算一个消极悲观的人，在《恐惧和战栗》那本书里，不知有多少积极的东西……克尔恺郭尔是难于理解的，与我联系起来看就容易理解了：结婚将后悔，不结婚也将后悔。

这一时期，我开始在"八开本笔记"上写系列箴言，后来被布罗德冠以《对罪愆、苦难、希望和真正的道路的观察》加以发表。这些箴言产生于我对自身处境及其背景的沉思，也是我首次以超越性而非文学性的术语探讨人生问题。同时，《城堡》的雏形也渐渐在我腹中形成了。

十五个月后，菲莉斯与柏林一位富裕的商人结婚。这一切都是布罗德告诉我的。我为菲莉斯祝福的同时，也暗暗松了一口气。菲莉斯婚后生了一子一女。

后来我在与布罗德的交谈中谈到，我基本上对女性没有过深厚的感情，只有两次例外。一次——也是最深的一次是菲莉斯，接下来的一次大概应该谈到密伦娜了。

当然，在谈论密伦娜之前，我不可能省略另一个角色，否则我与密伦娜的悲剧性爱情要逊色得多。

在楚劳八个月的全新生活，表面上看起来我已经恢复了元气，一切似乎都好了起来。随着夏天走向尾声，世界大战的噩梦也快结束了。然而，战场上的屠杀却被另一种无形的屠杀——被称为当代黑死病的西班牙流感取而代之，并迅速蔓延开来。在短短的时间内，仅在布拉格感染人数就高达总人口的三分之一。我身体本来就格外脆弱，而且患肺结核自然难免。流感不仅摧毁了我正在逐渐恢复的肌体平衡，而且引发了可怕的急性双侧肺炎，使生命受到威胁。我有三个星期之久不得不躺在床上，高烧、盗汗、呼吸困难，不一而足。母亲整日哭泣，我尽力安慰她。我的病情一直隐瞒着父亲，当他看到儿子病魔缠身，一反平日的严厉，蹑手蹑脚走进房间，在门口站住，伸长脖子看我躺在床上，关心地举手打招呼。看到这一切，我止不住幸福地哭起来。

当时，妹妹奥特拉正在农校学习，只好由母亲陪伴我前往布拉格以东的小城镇什累申休养。我在什累申休养期间，认识了因故在那里逗留的布拉格人尤丽叶·沃里泽克小姐。

尤丽叶年方28岁，捷克犹太人，未婚夫在第一次世界大战中丧生。我对尤丽叶的印象是：她不是犹太人，也不是非犹太人，不是德意志人，也不是非德意志人，喜欢看电影，听轻歌剧和喜剧，喜欢涂脂抹粉和戴面纱，掌握有非常丰富的、大量的、粗野的俚语行话，从整体来说，很无知，乐而不悲。她在心灵上是勇敢的，诚实，忘我，身材漂亮，但是无声无息。我们每次相会，就要不停地笑上好几天。在吃饭的时候，在散步的时候，当我们面对面地坐在一起的时候，我们都要笑一通。总起来说，我们的笑声是不舒畅的，因为我们没有充足的理由这样纵情欢笑，这莫名其妙的笑声是折磨人的、令人羞惭的。这笑声使我们更加疏远。我和尤丽叶刚认识时，一到夜里就辗转反侧，彻夜不眠。菲莉斯的伤口还没有痊愈，我最初高度约束自己，尽量与尤丽叶保持距离，减少见面的机会。

1919年3月，尤丽叶在布拉格一座犹太教堂里找到一份打杂的工作。正好我的休养期也快到了，于是我们先后返回布拉格。回到布拉格，我就再也无法保持对自己的约束，按捺不住给尤丽叶写信。不久，我们两人就像被谁驱赶着似的迅速走到了一起，并萌发了结婚的念头。于是，在与菲莉斯解除婚约一年半之后，在与尤丽叶相识半年之后，在我的又一个生日到来之际，我与尤丽叶订婚了。

然而遭到了家人的断然反对，父亲言辞极其刻薄地嘲讽我：多半她穿了一件什么迷人的衬衫，布拉格的犹太女人就会来这一套，你当然就一见钟情，立刻决心要和她结婚。而且越快越好，一个星期以内就要结婚，甚至明天，最好是今天。我不明白你，你是个成年人了，你是在都市里，可你却什么能耐也没有，只会随便找个女人马上同她结婚。难道除此以外就没有别的办法了？

母亲似乎也不大乐意，但她在父子间保持了缄默。我却居然在这一次铁了心，继续为结婚而努力。我们找到一套房子，并发布了结婚预告。然而，就在临结婚的前两天，却发现那套房子已经被租出去了。我预感到，与尤丽叶的婚约即将面临流产。这也许是我的宿命，生来就没有结婚的条件和权利。

当天夜里，我在日记中阐述道：你的情况是，紧张过度，完完全全地为文学所吸引了，肺功能已经虚弱不堪，整天在办公室搞那些抄抄写写的事，累得喘不过气来。你还要在这种情况下结婚！而且，你还大言不惭地承认，自己必须结婚。你心怀这个目的，却还有胆量，要求自己心安理得地进入梦乡。第二天，你的头像正在溃烂的伤口，疼得要命，但你还惝恍迷离地到处乱跑。难道，你还想凭着白天的这种精神状态，连累一个完全依赖你、献身于你、对你忠心耿耿的姑娘，让她伤心吗？

这年10月，我的短篇小说集《乡村医生》和《在流放地》出版了。每当我有作品问世，总要送给父亲一本。而这次，父亲却用一句轻描淡写的话"把它放在床头柜上吧"把我打发了。本来父亲对婚姻的粗暴干涉就足以令我耿耿于怀的了，现在又对我的写作表现出轻视，甚至轻蔑态度，使我积聚几十年的压抑变得难以忍受了。11月初，我与布罗德结伴再次前往什累申，并在那里写下了措辞激烈的《致父亲的信》。但是，我没有勇气，也没有胆量发出。后来一直存放在母亲手里，直到我辞世之前，我才委托给密伦娜保存。后来，在布罗德动员下，密伦娜交给出版社面世了。

是的，密伦娜该出场了。密伦娜的出现，就像我的黑夜里一束闪电：美丽而短暂。

一切障碍都在粉碎我

就在我的短篇小说集《乡村医生》和《在流放地》出版的同时，我还收到了一位女作家的来信。她叫密伦娜·耶申斯卡，年方25岁，已婚。过去什么时候，我曾与她和她丈夫在布拉格见过面，但已记不起她确切的模样了。这次，密伦娜在来信中希望能得到我的允许，由她把我的一些作品由德文译成捷克文。我当即回了一封短信表示同意，并希望单独面谈一次，可等了半年多，一直没有收到回音。

1920年4月，我到米兰休养了三个月。在这里我又给密伦娜写了一封短信，并在其中暗示，希望密伦娜从维也纳赶到米兰来。不久又去一信，并终于收到对方的回信。此后，我们的通信渐渐频繁起来。而且，我的署名很快也像当初与菲莉斯的通信中一样，变得越来越简单，连名字也取消了，越来越短，最后只成了"你的"。

但是，这一次却与菲莉斯完全不同。密伦娜是个已婚女人，而且出生于一个古老的捷克爱国者家庭。父亲是一位著名的外科医生，布拉格捷克大学的教授，激进的捷克民族主义者。这个家庭成员的血液里几乎都流淌着澎湃的激情，骨子里浸透着传统的捷克家庭共有的爱国情结。密伦娜不仅继承了她的家族高贵的血统，而且拥有一个新式女性所拥有的特征，那就是精力充沛，激情四溢，精神饱满，神采飞扬，对社会人生有独到的见解，而对感情，尤其对爱情充满了强烈的饥渴感和不竭的热情。开朗，大胆，勇敢，甘愿为情爱献身。她不顾家庭的激烈反对，义无反顾的与埃伦斯特·波拉克私奔就是最好的明证。不过婚后，密伦娜很快发现自己选错了人，波拉克实际是一个薄情寡义、三心二意的混蛋。他对妻子不忠非但没有感到不安，还居然不知羞耻地公开化，而且将密伦娜排斥在他的精神和社交圈之外。密伦娜是一个充满了激情和活力的女人，一个对社会人生见解独到的作家，在婚姻的失望和苦闷中，给我发出了第一封信。然而，这封信却导引着我们一步步走向炙热，走向恐惧，走向悲剧。

这恐惧表面看起来，是我与生俱来对密伦娜光芒四射的恐惧，实际多半来自密伦娜的家庭。她是一团烈焰，勇敢，聪颖，愿意奉献出一切，或者可以这样说，她用献身精神获得了一切。然而，她是个有夫之妇。从接触一开始我就被一种莫名的恐惧笼罩着，既渴望结果，又害怕结果。悲剧性的爱情结局，不可避免地就要实现了。

在性爱与婚姻上，我似乎总是这样身不由己，坦诚或者说偏执得像个孩子。在离开米兰前夕，我轻率地提出要和密伦娜结婚，并要她立即做出决断。作为有家庭、有丈夫的密伦娜——尽管丈夫不忠，也没有立即做出确切回答。于是我的孩子气立即占了上风，我坦白地告诉她，我们在米兰相会的这段日子，一个非常愿意和我相好的姑娘自愿跑到了我的面前，我不分昼夜地构思着如何去征服姑娘的计划……

这不是我有意激她而编造的故事，在米兰休养快结束的时候，的确有一个姑娘爱上了我。不过，我提醒她当心上当。由于密伦娜频繁地来米兰和我幽会，我与这位姑娘才没有继续下去。事实上，任何一个女人也无法取代密伦娜在我心中的位置——密伦娜是世间独有的、特殊的尤物。她既弥补和缓冲了我对世俗的恐惧和陌生，又给我制造了新的恐惧或者说嫉妒——尽管密伦娜的丈夫是个混蛋，我还是隐忍不住。回到布拉格后，忍不住致信密伦娜袒露心声：

"我觉得目前只有一件事令人感到恐惧，那就是你对你丈夫的爱。嫉妒，真的是嫉妒，但我……永远不用它来折磨你，只折磨我，只折磨我。"

"你应当明白，密伦娜，我的年龄、我的暮气、特别是我的恐惧……"

"那些以呼喊开头的信……结尾总是给我以一种莫名的惊恐……恐惧之蛇一条条在你的头上抖动着，而盘在我头上的一定是更加凶险的恐惧之蛇。"

"你也许已经发觉，我有几个夜晚不得安睡了。简单说来是'恐惧'在作怪。这东西真弄得我失去了自己的意志……"

"由于我在维也纳的态度，你以恐惧的名义责备我是正当的，但它真正特别之处是，我不知道它的内在规律，只知道它卡着我的脖子的手，这才是我在任何时候所经历过的，或者所能经历过的最可怕的事情。"

"我的本质就是：恐惧。"

"我就是恐惧组成的，它也许是我身上最好的东西……否则，在我身上找得到什么值得你爱的东西呢？"

也许正是在如此可怕的通信中，密伦娜才真正刻骨铭心地了解了我刻骨铭心的恐惧。她在致布罗德的信中却说："我在了解他的为人之前，就已认识了他的恐惧。我理解了它，却蒙着头不加理会。……这种恐惧不仅涉及我，而是涉及一切厚颜无耻地活着的东西，比如也涉及肉体……弗兰克在我身边的四天中，他抛弃了它。但我肯定地知道，没有一家疗养院能够治愈他。他永远不会健康，马克斯，只有他怀有这种恐惧。没有任何心理强化能够克服这种恐惧，因为这种恐惧阻碍着强化……"

密伦娜坦白地告诉我，她不可能离开她的丈夫，不可能破坏两人建立起来的婚姻和家庭，她甚至还强调，丈夫需要她，而她也非常爱他。

到此为止，我才认识到，我与密伦娜差不多只是一个真实的游戏。这个聪慧的、复杂的女人，我自以为，这个了解我、理解我、欣赏我的女人密伦娜，在我的旧伤口上又狠狠戳了一刀。我感到眼前红光一闪——但绝不是从我的肺里流出来，而是从心里流出鲜红鲜红的血：女人是陷阱，她们在各个方面都虎视眈眈地盯着男人，随时想把他们拉到"终于"和"最后"的状态中去。如果你心甘情愿地跳进陷阱中去，那么她们是不会有危险的。密伦娜一方面不打算离开她的丈夫同我生活在一起，另一方面也并不愿意离开我，甚至要求我们每隔一段时间会一次面。这是我不能容忍和接受的关系，也必须终止的关系："不要再写信来，也不要再会面。只有这个请求静静地充实着我的内心，只有它能使我以某种方式活下去，其他一切只能继续摧毁。"

这既是我的请求，也是义无反顾的决断。不光是因为密伦娜使我刻骨铭心地感到对占有的疲倦，重要的是我的病情正在一天一天恶化，一曲波澜壮阔的爱情游戏，到此应该画上休止符了。我喜欢正在恋爱的人。但我自己不能爱，我离得太远，我被驱逐了，被文学驱逐了。文学只是我抗拒力量的方式，就像我需要疾病，疾病是我战胜一切的信仰，疾病也是这个世界最深刻的寓言。我得告诉大家：结核病的居所并不在肺，而是这个充满战争、多灾多难的世界。从第一次世界大战爆发以来，我就已经意识到这是一个精神分裂的世界，这是一个为精力过剩的强者、为肌肉饱满的成年人准备的世界，在这个世界里弱者随时会被阉割。像我这样，在性欲上比16岁大不了多少，一个混迹于成人世界的孩子，一个最瘦的人，在这个世界生命将不能展开，罪感将与日俱增，将死无葬身之地。此后，我要做的是，阻止她前来会面，阻止通信联系。

但是，接下来的故事远没有那么简单。因为我是一个混迹于成人世界的孩子，将会始终在成人中流浪！

我在成人中流浪

尽管我已是一个成年人，但对身边亲人和朋友常常表现出孩子对母亲般的要求和依赖，心理上越亲近的对象——特别是女人越是如此。他们是我通向世界的窗口，就像一个孩子的母亲，她对于孩子来说意味着世界，意味着一切。从我 22 岁恋上一位中年妇女开始，到 24 岁时的早期恋人黑德维希·瓦尔勒，我的依赖心理就基本成型了。黑德维希·瓦尔勒比我小五岁，却常常竭力像个大姐姐似的帮助我、安慰我。就连我对最小的妹妹奥特拉的深厚感情，也带有明显的依恋性质。比如说奥特拉的结婚，就给我几乎致命的打击，感到我所依靠的墙突然塌了，一切障碍都在击垮我、粉碎我！

菲莉斯的出现则强化了这种依赖性，我无法控制自己的依赖心理，不停地以各种方式思念她。给她写信是我思念菲莉斯的方式之一，也是我高度依赖性的充分展示："最亲爱的菲莉斯·鲍尔……在我们相遇之前，我也有过这种无法预见的情绪；所不同的是，在那种时候，我似乎完全失去了与世界的联系，我的生活中止了，我上浮下沉，无所依凭。而现在我有了你，我最亲爱的，我感到被仁爱地支撑着，即便一旦崩溃，我也知道那并非永远……"

而后来与菲莉斯的合影照，您完全可以看作是我对菲莉斯这段倾诉的图解：菲莉斯坚实沉稳地侧身而坐，脸上的表情与其说像恋人，不如说像母亲。我则依偎着站在她侧后，同样，我脸上的表情与其说像恋人，不如说像孩子。

是的，我就是个混迹成人世界里的孩子。我默默行走在热闹的街道，人们在我身边穿行，然而我感觉好像一个人也没有，就像是行走在一条只属于自己的街道。只有在完全了解我、理解我、懂我的女人面前，我才感到自己的存在，我才敢于一览无余地将自己展示出来。

密伦娜是一个特殊的、聪慧的、魅力无穷的女人，也是这个世界上唯一懂我的女人，精神上呵护我的女人。所以我在情书中经常称为她"密伦娜妈妈"："我真的像一个孩子一样站在你的面前，这孩子干了很坏的事，现在站在母亲面前，哭着，哭着，我发誓再也不做坏事了。譬如昨天，整个晚上和半个夜间，我都是在与你对话中度过的。在这场谈话中，我像一个孩子那样诚实、严肃，你像一个母亲那样宽容、严肃……我在你身边最平静，也最不安；最窘迫，也最自在。这正是我放弃了其他一切生活方式的原因……我对这些始终很害怕，就像个孩子一样。我困了，什么也不想知道，什么也不想，只想将我的脸埋到你的怀里，感觉着你那抚摸着我的头的玉手，直到永远……"

对我来讲，就是这样一个特殊的、具有妈妈品质的女人，却没有勇气抛弃那个名存实亡的家庭到我身边来，又无法放弃对我的爱和怜悯：

> ……我没能力离开我的丈夫，也许我女性味太浓了，以致我

没有力量投身于那种生活，我知道这意味着一生度过最严厉恪守的苦行生活。然而在我心中却燃烧着一个无法抑制的欲望，一个对另一种生活的疯狂的欲望，渴望过我正在过和必将过的生活，渴望有一个孩子的生活，渴望一种接近地面的生活。这种欲望在我心里战胜了其他一切，战胜了爱情，战胜了对海阔天空的飞翔的爱，战胜了钦佩，归根结底仍是战胜了爱情。

……我心中的这场斗争变得过于清晰．把他给吓着了。这一点正是他从另一方面出发，与之战斗了一生的东西。在我这里他可以获得休养。发生了某种不可消除的事情。我去做、去完成那么一个行动，我是太弱了，而我知道，这是唯一可以给他带来帮助的途径……

密伦娜试图帮助我的途径是，既不离开丈夫同我生活在一起，也不想离开我，继续保持隔一段我们会一次面。尽管这样的选择，使我感到压抑，甚至伤害，我还是答应了她，并与她保持了一段幽会。自然，这样的幽会，不再是恋人的约会，倒像是一对朋友，针对某个文学或哲学上的问题需要讨论而见面，进行必要的探讨。

我得承认，密伦娜对我还是很有感觉的。但婚姻就是婚姻，生活就是生活，这与文学和哲学上的讨论是两码事。既浪漫又现实的密伦娜，其实早就感觉到我这种生活是她无法接受的苦行僧生活。她之所以怀着强烈的愿望过一种全新的、不同于她与丈夫波拉克的日子，是因为她受到了丈夫的伤害，她孤独寂寞。而这种全新的生活却又不是我的这种生活，更重要的是，密伦娜完全看到了，现在将来我都不可能给她这种全新的生活。她渴望的是一种被丈夫宠爱着，有一个可爱的孩子的那种极为世俗但幸福的生活。

按说这并不过分，这是天下所有女人都渴望的幸福生活啊。但我根本就不可能给予她这种幸福生活，没有这个能力，更没有那个打算，甚至想都没有想过，我满脑子仅仅是浪漫的爱情，不切实际的幻想，天真而神经质的渴望。显而易见，密伦娜在与我相处的日子里刻骨铭心地感受到了：

他爱我我是知道的。他心地太善良也太羞怯了，以致他不能终止对我的爱。他会将此视为一种罪孽。他总是把自己看成是罪人和弱者。而全世界没有第二个人有他那样巨大的力量：这种绝对的、不容更改的对完美、对纯洁和真理的需求。人们归之为弗兰克的非正常性的东西，恰恰是他的优点。我们大家、整个世界和全体人类都有病，而他是唯一健康的、观点正确的、感觉正确的人，是唯一纯洁的人。

我的婚姻和我对丈夫的爱情的故事十分复杂，在此一言难尽。不过这事使我现在难以脱身。我请求您——别认为我是个坏人，别认为我心情轻松。我在这里心都碎了，完全绝望了，（别告诉弗兰克！）手足无措。可是您写道，弗兰克确实需要我，从我这儿得到点什么，某种好东西，这对我来说是最大的幸福！

我知道发生了什么事情，而我又不知道发生了什么事情，我快要发疯了；我做出了努力，去正确地行动、去生活、去思想、去感觉，根据良知，但不知什么地方存在着罪孽。我想听的是这个。当然，我不知道您是否能理解我。我想知道，我的情况是否使弗兰克也为我的缘故而痛苦，痛苦过，就像在所有别的女人身上一样，以致他病情恶化，以致他在我面前也要逃到他的恐惧心理中去，以致我现在也必须消失，我是否对此负有罪过，或者这是否是他自己的本质的延续。

但有什么用呢——再说我不知道怎么回事，我只是手里拿着弗兰克从塔特拉寄来的信，一个足以致命的请求，同时是个命令：不要写信来，阻止我们再会面。我从来无法从弗兰克那里得知他的近况。这个可爱的人，他总是说健康得不能再健康，宁静得不能再宁静等等。……我将怎么帮助他，我不知道，但是我会帮助他。马克斯，请您相信，我不会让弗兰克痛苦的，请您相信我，这一点对我来说比世上其他一切都更为重要……

我在读到密伦娜写给布罗德这些信件的时候，我们中断通信联系已经一年之久，但是我们却无法做到忘记和放弃对方，至少我在心理上、精神上，还在依赖她，信任她。我内心知道自己遇到的是一位什么样的女性，至少在相互理解的问题上，我对密伦娜坚信不疑：这是一位兼有贵族气质和革命家（后来我才知道，密伦娜积极投身共产主义革命事业）气质的女性，具有现代女性烈焰般的激情和母亲般的爱心，是我内心极为渴望和需要的。

我们有着相似的个人遭遇和共同的作家身份，所以在她面前，我不再感到人性和身份上的自卑和压抑；在她面前，我再也不用像在其他女性（包括菲莉斯）面前那样以"假我"的身份出现；在她面前，我最平静，也最不安；最窘迫，也最自在。她就是我在这个世界上最值得托付的红粉知己。因此，1921年秋天，密伦娜来布拉格看望我的时候，我索性把自己的所有日记全部委托给了她。之后，我又把《美国》和《致父亲的信》的手稿交给了她。

无疑，对于密伦娜——母亲般的女人，我可以中断我们之间的通信，我却办不到对她的精神依赖。特别是读到密伦娜写给布罗德以上那些被痛苦折磨得几近疯狂的信件之后，我几乎想与她恢复通信联系，甚至跟她重归于好。但是，我知道自己没有多少时光了，也许不久就要离开这个世界。后来一直也是这样，我的身体常常处于静止状态，可又不断地被震撼。对这么一种小小的，但确实可厌的事的渴望，对某种让人有点反感、痛苦的肮脏的事情的渴望，往往把我逼到无法忍受的地步。即使在我所经历过的最美好的时刻，也有某种东西在作怪，某种淡淡的难闻的气味，某种硫黄味，某种地狱味。这种欲望有点像犹太人的性质，被他们莫名其妙地拖着拽着，莫名其妙地流浪在一个莫名其妙的、肮脏的世界上。在肮脏和疾病的世界上，我这个最瘦的人，这个没有童年的孩子，在巨大的孤弱中痛苦地恐惧着、渴望着。但是，具有母亲般品质的女人——菲莉斯、密伦娜，还有我的妹妹奥特拉等等，一个个离我而去。我的生命躯壳里，就只剩下精神领域中孤独的自我锤炼和自我创造了。

从 1920 年 8 月底，我开始着手《城堡》的构思和写作。《城堡》最初的灵感，应该与我在山村读到的捷克女作家波热娜·涅姆科娃的代表作《外祖母》有关系。这是一部温馨、质朴的长篇小说，在布拉格的德语中学里被用为捷克语言课的教材。她那不幸的婚姻，她对思想接近的朋友热烈的爱，她对她的孩子们的温柔关怀，她的上升和跌落，她那有时与她祖父般的文笔形成鲜明对照的迎着暴风雨飞翔的生活，她过早的毁灭——这些都在我心中激起强烈的振动。《城堡》导引着我的创作又进入了一个小小的高潮期。期间，陆续写出《城徽》《海神波塞冬》《我们的法律》《兀鹰》《陀螺》等短篇小说，到 1922 年 2 月，我又写出了《最初的悲伤》《突然出走》《律师》和《饥饿艺术家》四个短篇。同时，这一时期，我开始自觉地重新审视自己人生的过失，包括家庭、友谊、婚姻和文学等等人生大事。我的生活不仅缺乏土壤、空气和法度，而且，我现在的任务就是创造它们；不仅应努力弥补过去人生的疏忽，而且也应努力把握好将来。我是结束也是开始。

生活明天才开始

暮色在逼近。病情在恶化。预示着我从菲莉斯、尤丽叶到密伦娜的生活中退了回来，退进疾病的避难所。我一辈子都是为死人活着，现在我真的要死了……

早在 1912 年 9 月，我写出第一篇比较满意的小说《判决》之后，紧接着还写了另一篇小说。小说讲述的是一个过着有规律的生活的普通人的故事，故事的主人公将在 35 岁时死去。凡是我写过的事都会真的发生，通过写作我没有把自己赎回来。不过，我还无法测定我的死期，只好提前——于 1921 年拟好遗嘱。我的遗嘱不涉及财产及子女分配问题，只是委托布罗德在我死后将日记本、手稿、来往信件、各种草稿等等，一点不剩地予以焚毁。

我似乎在绝望中努力镇定着自己。一直还在盘算着，仿佛我的生活明天才开始，可这期间我正处于终点。

从 1921 年 11 月起，又开始了为期三个月的休假。因为健康继续恶化，这次休假一再延期，直到 1922 年 7 月被迫退休为止。期间我曾随医生前往靠近波兰的斯平德勒米尔山区疗养胜地度了四周假，在那里的高山积雪和新鲜空气中，感觉很好，对肺炎的恐惧也消失了，我又能够安心写作了。这次休养期间，我又写出《最初的悲伤》《突然出走》《律师》和《饥饿艺术家》四个短篇。从斯平德勒米尔回到布拉格后，我重新开始了《城堡》的写作。

也就是在这年的 5 月，我与密伦娜见了最后一次面。密伦娜死死搂住我，眼睛红红的，不忍离开。我说，亲爱的密伦娜，离开吧，不要再写信来，不要再联系，我也要离开了！

可以肯定，最初密伦娜没有意识到我的病情的严重性，现在她比任何人都清醒地预感可怕的事情即将发生。她向布罗德声嘶力竭地呼喊着："弗兰克（她总是把我叫弗兰克而不是弗兰茨）无力生活了。弗兰克永远也不会康复了。弗兰克要死了。千真万确！"

我真的要离开这个世界了。医生鉴定我已丧失了工作能力。这段时间，我和父母一起住在奥培尔特大楼，继续写作《城堡》。我本以为 5 月 4 日就得回到办公室上班，但在 4 月 17 日向公司提出，休完病假后再续上自己五个星期的年假的申请，得到了保险公司批准。我应该在 6 月 8 日上班，但身体状态极差，于是，6 月 7 日我正式向公司提出暂时退休的申请，并于 6 月 30 日得到了批准，退休金为每月 1000 克朗。

由于健康的原因，我中断了《城堡》的写作，蛰居在老城广场父母的公寓里休养。最初的两个月还算顺畅，陆续写出了《夫妇》《算了吧》《论寓言》等若干短篇，并认真修改了《一条狗的研究》。但这之后，一场持续数月的严重肠道感染又迫使我中断了写作。我不知道自己的生命还能维持多长时间，满脑子想的是我的身后事。于是重新拟了一份新的遗嘱。这份新遗嘱做了一些改动，比上一份更符合我的愿望。我在新遗嘱里写道:《判决》、《司炉》(长篇小说《美国》第一章)、《变形记》、《在流放地》、《乡村医生》、《饥饿艺术家》以及《观察》勉强可以留下。假如它们完全失传的话，那倒是符合我本来的愿望的。不过，因为它们已经存在了，如果有人乐意保存它们，我只是不加阻止罢了。至于其余所有已发表或未发表的东西，包括信件在内，则希望尽快加以搜集，并毫无例外地予以焚毁。

同时，我给布罗德发出了一封将近四千字的长信，作为遗嘱的补充。也许这是我写给布罗德的最后一封重要的信件。在这封信里，我作为被迫成为作家的人，对自己的存在意义提出了怀疑和否定，指出了自己恐惧的根源:"我本来可以好好生活的，但是我没有在生活。……写作维持着我，当然我的意思并不是说，要是我不写作，我的生活会更好。相反，不写作我的生命会坏得多，并且是完全不能忍受的，必定以发疯告终。……作家害怕死亡，因为他还没有真正地活过……"

转眼到了1923年春天，在这个美好的季节里，我逐渐从肠道感染中恢复过来。不过，身体还是很虚弱。特别是失眠的折磨，我感觉比任何时候都更严重。失眠是我一生的梦魇，滋养着我的创作，也销蚀着我的生命。然而，就在这年夏天，在我最后生命中重要的一个季节，我获得了新生。

这年夏天，我随大妹妹艾莉和她的两个孩子去了波罗的海海滨胜地米里茨休养。在米里茨我们偶然发现了一个来自柏林的犹太人度假村。在这个犹太人度假村，我结识了一位姑娘，一位能流利地讲述希伯来语和意第绪语的犹太姑娘。她叫多拉·笛雅梦特，年方 19 岁。出身于东欧犹太教一个虔诚教派的名门家庭。由于不满意父亲给她安排的婚姻，离开犹太居住区，刚刚来到这个离乡背井、举目无亲的米里茨犹太人度假村，希望能通过自己的奋斗找到自己的生活，自己的爱情。

多拉是一位敏感、善良，内心充满爱的温情的姑娘，模样算不上漂亮，但她那一双纤细白嫩的小手令我爱怜，她热情纯洁的表白令我怦然心动。她眼里充满温情地说：在您身上，我发现了自己所渴望的一切：我一见您就觉得您有教养、有头脑、有风度，像个西欧绅士；您的温和多情令我心动，您的关心爱护令我感动，您的智慧和才华令我仰慕。您一定能帮助我走上人生和知识的道路；您的宁静的表情、痛苦的目光、悲哀的神态触动了我深深的怜爱。在您面前，我有一种既是孩子又是母亲的双重的感觉，棒极了！

棒极了！是的多拉，我的感觉也棒极了！我生命的最后时刻，在几乎完全迷失了道路之时，在暮色逼近就要掩盖一切之时，多拉就像夏日里嫣然盛开的最后一朵玫瑰。

在悲哀人生的最后时刻，我却获得了新生。我欣喜若狂，兴奋不已，立即致信妹妹奥特拉，诉说我无意获得新生的喜悦。奥特拉很快回信，高兴地鼓励我大胆追求。是的，我要大胆追求。我要以蔑视死亡的勇气拥抱这场爱情。在米里茨才三周的时间，我的情感、精神和思想却一下子解放了。炙热的爱情已经拽住了死神的脚步，使我变成了另外一个人。我们的爱情迅速升温，很快发展到谈婚论嫁的程度了。我与多拉准备去柏林共同生活。

然而，我与多拉的婚姻又一次遭到父亲的反对。不过这次，不像对尤丽叶那样言辞刻薄，而是温和地劝告。我知道，父母是出于对我健康状况的担忧。的确如父母所说，炽热的爱情和波罗的海的空气都未能改善我的健康。我身高一米八二的身躯，现在却只有不足 55 公斤的体重，几乎是一副骨头架子。但是，这次我真的铁了心，摆脱父母的束缚，挣脱布拉格这带爪子的小母亲，义无反顾地跟多拉去了柏林。虽然我们很清贫，一无所有，但精神是快乐的。我平生第一次感觉到家庭的温暖，第一次享受着宁静安逸的田园生活：自由自在，无拘无束，创作灵感如山泉一样甘冽清凉，没日没夜不断地汩汩流淌。在此期间，我又经历了一次小小的创作高潮，写出了《一个小妇人》《地洞》和《女歌手约瑟芬或耗子民族》。

　　我兴奋地致信告诉布罗德，在柏林我很快乐，多拉照料得很细心，睡眠得到了很大改善。我正过着平生真正愉快的生活，充满乐趣地写作。我准备和多拉一起租一家小餐馆，因为多拉的烹调技术相当不错，让她掌勺，我自己当招待。

　　但几个月后，布罗德来柏林看望我，才发觉我写给他的信有出入。而实际情况是，我写完《女歌手约瑟芬或耗子民族》之后，突然感到劳累过度，大部分时间都只能卧床休息。精神也有些不安，极其思念亲友。布罗德极力说服并陪同我返回了布拉格，送进维也纳森林疗养院。但很快又被该疗养院退了回来，原因是我的肺结核已经蔓延到喉头，嗓子红肿、发烧、不断咳嗽，形成了喉头结核。我被转入维也纳大学医院之后，几乎无法说话和进食，只能整日整夜挨饿忍痛，靠麻醉药缓和痛苦，靠一些液体维持生命。我成了真正的"饥饿艺术家"，写过的事情又一次发生了。

这次，我知道，真的挨不过去了！情绪很糟，经常向多拉无端发火。多拉惴惴不安，瑟瑟发抖。在之后的日子，多拉已经习惯了服从。她颤抖着服从我的命令烧毁了一些手稿。在被焚的手稿中有一篇刚刚完成的短篇小说，它取材于奥德赛宰杀柏利斯以祭神的过程。对此篇小说，我不是很满意，留存于世会让我灵魂不安。此外还有一部半成品剧本，更没有必要留下啦！这些年来，我大部分作品都是既无题目又无结尾。我只是在不停地写，又不停焚烧。我试图通过焚毁自己的手稿来焚毁自身的存在，我不能容忍在死后仍然要持续下去的存在。多拉为听从了我的命令而感到遗憾，甚至自责，因为她始终看不到结局。我辞世多年后她对布罗德说，假如我今天再度面临这种情况，照样会听从于我的爱人——卡夫卡先生的意见的。这就是我的多拉——仰慕崇拜我的爱人。

可惜，我没有命令她全部销毁。否则，留存于多拉家里的文字也不会被没收，也不会使作家卡米尔·霍夫曼死于这些文字。

如果说这个世界是一个精神分裂的世界，如果说这个世界有病，它的病因之一就是诞生了纳粹。纳粹就像一群含着病菌的蛆虫，它几乎摧毁了犹太民族——包括我的亲人和朋友。1933 年盖世太保突然搜查了多拉的住处，并没收了我保存在她那里的手稿。满腔热情搜集我手稿的布罗德，当时肯定没有认清这个世界的病因，更没有看出纳粹巨大的破坏力量，请求当时尚处在独立中的捷克斯洛伐克共和国驻柏林公使馆任随员的作家卡米尔·霍夫曼，为这些文字去德国有关当局交涉。霍夫曼的交涉非但没有获得成功，自己也成了被纳粹迫害的牺牲品。后来，菲莉斯也忍受了纳粹的巨大折磨，所幸的是与家人一道逃离魔窟，迁往美国。而我的三位妹妹、密伦娜还有其他许多亲人，却都悲惨地死在了纳粹集中营。

唉！这些可恨的文字，这些不幸的文字，我没有把自己赎出来，更没有给亲人带来荣耀。相反，我带给他们的只是灾难和痛苦。

"解脱是无法写的，只能经历。"这是我曾经谈托尔斯泰的《复活》时的一句话。我已经经历过了，而现在正经历着前所未有的"经历"——喉头的结核已使我无法进食，肺结核已使我难以呼吸，迟到的爱情已使我无法消受——多拉与我同居数日，却享受不到普通人应有的婚礼，更不能了却她所渴望的走上人生和知识的道路的夙愿。

因为，我是一个失落了身份的灵魂漂泊者、精神流浪者：国籍不明，宗教归宿不明，职业不明；说德语，但又不完全是奥地利人；是犹太人，却受到基督教的排斥，在犹太人中却没有把我当自己人；作为一个保险公司的职员，兴趣却在文学方面，别人把我当成公务员，而我却是地地道道的作家。我被莫名其妙地拖着、拽着，莫名其妙地流浪在一个莫名其妙的、肮脏的世界上。

我是唯一的裸体者，站在穿衣服的人群中间！

穿衣服的裸体者

1924 年 6 月 3 日，距我 41 岁生日刚好还差一个月。在我弥留之际的最后几个小时，我收到了小说集《饥饿艺术家》的初版。面对这本小书，几多感慨，几多唏嘘，不能尽言。可以肯定，这是我生前最后一本小说集，这是我生命中最后一个生日。本来我已经获得了新生，却要以更为悲剧性的形式结束。

回首往事，许多次爱情、艳遇或者创作高潮，几乎都在生日前后次第发生或展开。这一次生日，我却不能吃生日蛋糕和说话，只好以笔表达自己的愿望：我特别想要芍药，因为它们是那么脆弱，就像被迫成为作家的我。作家总要比普通人小得多，弱得多。因此，他对人世间生活的艰辛比其他人感受得更深切、更强烈。无论我的悲哀的人生，还是涂鸦出来的那些文学作品，都像是一片充满恐惧、罪感，污秽肮脏的流放地，都是一个自我折磨、自我谴责的旋涡。我作为一个在成年人中流浪的孩子，一个被肮脏的结核病毁坏了呼吸和发音系统的患者，只能成为一个灵魂声嘶力竭的独白：作家不是巨人，而只是生活这个牢笼里一只或多或少色彩斑斓的鸟。我其实就是这个牢笼里的一只色彩斑斓的鸟，一只很不像样的鸟，一只卡夫卡鸟，一只走投无路的寒鸦。既无天空又无大地，既无白天又无夜晚，而只有晨昏和墓地。

谁在哭泣？多拉、布罗德还是妹妹。干吗流泪呢，我正满心欢喜地看着你们为我布置病房。病房中摆满了我最喜欢的鲜花和水果。我正拼命地嗅着你们为我摆放的鲜花、水果的香味，我要抓紧时间尽情享受鲜花和水果的美丽与芳香。我喜欢你们在我面前吃水果，柠檬、香蕉还有樱桃，尽情地吃，尽情地咀嚼，让我也尽情地享受这咀嚼吞咽的快乐吧——因为我做不到了。

从生活的需求方面我压根儿什么都没有带来，和我与生俱来的仅仅是人类的普遍弱点。我用这些弱点将我所处时代消极的东西狠狠地吸收了进来。我的小说《变形记》，可以说是一个比较典型的例子。一夜之间变成甲虫的格里高尔在狠狠地吸收着这时代、这人类最消极的东西。我也是，我在斗争。没有人知道这一点。每个人都在斗争，可是大多数人像在睡眠状态中斗争，我却挺身而出，深思熟虑地使用我的一切力量来斗争。我并不希望胜利，我在斗争中感到快乐，并非因为它是斗争，使我快乐的唯一理由是有事可干。我不是毁灭于这种斗争，就是毁灭于这种快乐。

病房外进来一个人，一个女人，一个既熟悉又陌生的风姿绰约的女人。她是谁呢？菲莉斯——不，是密伦娜。她虽然蒙着面纱，我还是很快认出了她。她对着我还对着布罗德，念悼文还是念信？密伦娜像朗诵一样抑扬顿挫："弗兰克从来没有在哪一家庇护所里得到过庇护。他没有一点说谎的本领，就像他不会喝酒一样；他既没有立锥之地的庇护所，也没有一寸安身之地。在我们大家得到庇护的时候，他独自一人裸露在危险之中，他好像是唯一的裸体者，站在穿衣服的人群中间。他的言论，他的身份，他的存在都不是事实，他本身就是一个预先规定好的存在，这个存在失去了一切生活所必需的条件……他并不是在抵御生活，而是在抵御目前人类这种生活方式……"

错了，完全错了！混乱，一切都混乱了。我不能说话，不能进食，思维也混乱了。我是活着的死人，还是已经死去的活人——这怎么可能是密伦娜。我相信布罗德会信守诺言，不会告诉密伦娜关于我的半个字。幻觉，绝对的幻觉。这哪是密伦娜呀，分明是四年前在马特利阿里疗养院认识的犹太青年朋友克洛普施托克。四年前我们有个约定，在我需要时，为我注射吗啡。

克洛普施托克没有失约。我努力张开双臂，对为我注射吗啡的朋友克洛普施托克喊道：请杀死我，否则你就是凶手。

我没有得到任何回答。一定是我昏迷过去了。醒来后，我发现浑身插满了各种管子。我讨厌它们——那些白色的细管。我使出全身力气扯掉它们："别再折磨我了，干吗还要延长？"克洛普施托克想去捡起那些管子，我却努力从嗓子里挤出一点声音，请求道：请帮我插上，别走开！克洛普施托克声音有些哽咽说："好，我不走开！"

我惨淡一笑："可我却要走了。"

这是我最后的告别语：我要走了！在自我折磨、自我谴责中，我终于走完了一生。我没能够留下一份遗产，唯一的证明就是自己——卡夫卡的存在。

此生此世，也许我一直是睁着眼走在梦里，或者早已是逝去的亡灵。

多拉——这个在我迷路的时刻，最后一位把我拉上爱情列车的犹太姑娘，这个仰慕我、崇拜我、顺从我，一直陪伴我到生命终点的夏天最后一朵玫瑰，用她那纤细的双手为我拉上了白色帷幔，用她那一口流利的希伯来语喊出了对心爱的人的心声：

"卡夫卡，把我领上了人生和知识的道路！"

"卡夫卡是世间唯一的裸体者，走在穿衣服的人群中间！"

海明威：悲怆的文学硬汉

一个永不言败的文学硬汉，一个孜孜寻找精神家园的孤独漂泊者，一个开了一代文风的语言艺术大师——海明威以其简约、含蓄、清新的文风在世界文学史上独树一帜。

事实上，我们钟情于海明威的作品是从他自杀的那一枪开始的。时间应该是 1961 年 7 月 2 日清晨，他从地下室取回英国制造的博斯猎枪和一箱子弹，并把两发子弹推上膛，然后把枪管含在嘴里，用他那只写下了不朽巨作和扣动了无数扳机的大手，最后一次扣动了扳机。

海明威那一枪，把整个美国，甚至把世界给打蒙了。人们忽然感到自己的一生，在这一瞬间变得如此黯然失色：海明威把我们的生命也给毁了！

多年来他的死因一直是个谜，美国坊间也流传着各种猜测。当时乃至后来的传记家们，描述海明威的死因几乎惊人得一致：强烈需要尊严、光荣、强健有力活着的海明威，无数次意外的事故和疾病，摧毁了他坚强的体魄；多得惊人的疾病恶魔，摧垮了他生存的意志。海明威因心理崩溃而开枪自杀。

五十年后（大约 2011 年 7 月初），海明威生前好友、剧作家艾伦·爱德华·霍奇纳，披露了海明威自杀的另外一种原因：他不是因为人格障碍或抑郁症自杀，而是死于美国联邦调查局（FBI）之手。美国与古巴因为意识形态的原因闹翻以后，因怀疑海明威与卡斯特罗往来密切，联邦特工对他进行了二十四小时监视。他的车被盯梢，电话被监听，邮件遭拦截，银行账户遭查封。不久之后，海明威就住进了医院，期间几次都试图自杀。他的种种类似行为，使人们以为他得了妄想症。而事实是 FBI 特工对他的窃听和跟踪，让海明威焦虑不已，最终导致心理崩溃。

海明威被 FBI 跟踪的说法，一直到他离开人世时都没有得到证实。这或许跟当时美国的政治空气有关，或许跟民众的接受心理有关。人们更愿意相信那个一生沉湎酒色、多次结婚离婚、并留下许多婚外风流韵事、性格乖张、反复无常、自高自大、与所有亲友都闹翻了的文学硬汉海明威，最后因心理崩溃而开枪自杀。人们更愿意接受带有悲情色彩的作家传奇。

那么，我们也暂且避开海明威死因的历史纠缠，进入到作家感性的、鲜活的生命叙事之中，领略这个非凡男人、文坛怪杰的生活与战争，女人与创作的传奇故事。

他所经历的世界病了

研究海明威的一些权威人士提示我们，了解海明威的关键就隐藏在他的第一个短篇小说集的第一篇小说里。海明威在出版过的《在我们的时代里》《没有女人的男人》《胜者无所得》三个短篇小说集里，有十几篇描写了同一个叫尼克·亚当斯的主人公。从海明威对尼克·亚当斯的简洁叙述里，我们几乎可以看出他从小到大的成长过程。这就为本文的叙述省去了许多笔墨，而直接进入到他所经历的战争、女人与写作之中。

海明威崇尚战争，迷恋战争，最能反映他一生追求紧张、暴烈生活的好斗性格。他一生创作了二十六部以战争为题材的作品和许多以拳击、钓鱼、打猎、斗牛等充满暴力色彩为题材的作品。对战争与创作的关系，海明威说："是拿破仑教会了司汤达如何去写作。"显然，战争也教会了海明威如何写作。他对战争充满了狂热与迷恋，对拿破仑充满了崇敬与神往。但他想不到，拿破仑的财产继承人却夺走了他的初恋——那个叫阿格纽丝的战地医院女护士。

准确地说，这是海明威一生中真正投入自己全部热情的第一次恋爱，也是最后一次。他一生中有过多次的浪漫经历，先后娶过四个妻子，但没有哪一次有这么强烈，这么疯狂。阿格纽丝的背叛，使青年海明威陷入了深深的绝望，此后的恋爱娶妻差不多成了海明威的情感游戏。与海明威私交最好、写过《了不起的盖茨比》的著名作家斯科特·菲兹杰拉德曾为我们得出这么一个论断：海明威每写一部成名作，就需要一个新的女人——女人催化着作家作品的成熟。

但初恋绝不是这样。因为此时海明威还没有成为作家，还没有意识到女人会起到催化作品的作用。它是男人海明威爱情的开篇和终结。好吧，还是让我们回到海明威的初恋——因为它与一场战争有关，与一个坚强的美国青年的成长有关。

1914 年 7 月，第一次世界大战爆发后，整个欧洲立即陷入了烽火连天的战争硝烟之中。美国青年海明威像许多人一样，心如潮涌，热血沸腾。他甚至为此而放弃了保送上大学的机会，坚决要求参军入伍。但因为眼疾，几次申请都被拒绝。无奈，他只好参加了非战斗队伍密苏里国民自卫队，并接受了六个月的军事训练。但他对硝烟弥漫的欧洲战场仍然心驰神往。几年后，终于如愿以偿，他经人指点参加了对视力要求不高的红十字救护车队，终于投身到了意大利战场，亲历了一次残酷的战斗。1918 年 7 月 8 日午夜，在皮亚韦河畔的福萨尔塔，一颗巨大的迫击炮炮弹在他身边 8 英尺内爆炸，他身中 200 多块弹片，有 227 处伤口。共做了 13 次手术，并换上了一块白金做的膝盖骨。

战争结束后，海明威被意大利政府授予军功奖章、银质奖章和勇敢奖章，获得中尉军衔。同时也在美国公民心目中，第一次树立了硬汉形象。

海明威获得了荣誉，也获得了爱情。她叫阿格纽丝，是米兰战地医院的护士。海明威刚送进医院时，很多医生都说他活下来的可能性很小，即使能活下来也是个残疾人。但护士阿格纽丝坚信，这个多处负伤的青年，迟早有一天会醒过来。她日夜守护在他的病床前，精心地照顾和护理，居然使海明威创造了奇迹。随着时间的推移，海明威日渐康复，由病床转坐轮椅，然后用拐杖，最后拄着手杖也能行走了。阿格纽丝热泪盈眶，激动地拥抱她的病员。海明威对这位多日来精心照料他、身材修长、头发乌黑、性格开朗的美丽护士，心存深深的感激，同时对这位比自己大八岁的女人产生了深深的依恋。她那超凡的风度、成熟的魅力，深深吸引了正值青春萌动期的青年海明威。每次见到她，就产生一种抑制不住的兴奋。他意识到，自己爱上阿格纽丝了。尽管相距咫尺，海明威竟然一天内向阿格纽丝写了五封信，表达自己的爱慕之情。阿格纽丝何尝不是如此，口袋里经常放着海明威的好几张照片。她不仅喜欢这个青年的坚强和英俊，而且也被他文采飞扬的文笔深深吸引了。读他的信简直就是一种艺术享受和心灵的慰藉，她断定这个青年将来一定大有作为。因此，阿格纽丝眼前出现了神往，她兴奋地悄悄地设计着那美好的未来。

而此时，荣誉的潮水也正向康复中的海明威涌来。因为他是第一个在意大利战场上受伤的美国人，芝加哥各家报纸在显要位置刊登了有关他作战受伤的消息。在米兰战地医院的病床上，他每天就像国王接见臣民一样接见络绎不绝的来访者。

两个多月以后，阿格纽丝被调往佛罗伦萨的边界医院。分别前，二人自是缱绻依依，缠绵悱恻，海誓山盟。海明威伤愈回国后，他们仍频繁地通信。热烈的语言，炙热的感情，已经表明，爱情的果实即将成熟。同时，亲历大战归来的英雄海明威，在享受爱情的同时，也在享受着家乡人民的赞美和拥戴。演讲、作报告成了海明威一个时期的频繁任务，每日陶醉在掌声和鲜花里。但好景仅仅维持了一个时期，随着欧洲战场的硝烟慢慢散尽，美国人民对这位英雄的热情也逐渐消退了，继之而来的是"门庭冷落车马稀"。有一天，海明威忽然意识到，阿格纽丝的来信也逐渐减少，甚至很少收到她的来信了。即使来信也是象征性的问候，信越写越短，语言越来越干涩，感情的温度越来越低。世界病了——喜欢热闹、紧张的海明威感到世界病了。海明威很惶惑，开始变得烦躁不安。他致信询问阿格纽丝这一切都是为什么，可是过了好长时间，才收到阿格纽丝的来信。阿格纽丝在信中说，她已经开始准备结婚了，他是个门第显赫的世家子弟，即将继承爵位和财产。她向海明威表示歉意，说开始时他可能不理解她这一决定，但过些时候，相信会原谅她的，说不定还会感激她。她衷心希望他干出一番大事业来。

海明威怒火焚心，大病一场。

十年以后，这段在米兰战地医院发生的爱情，被海明威写进了他的第二部长篇小说《永别了，武器》。

选择性放弃

爱情的太阳刚刚升起就落山了。荣誉的光环瞬间荡然无存。海明威的生活从沸点迅速降到了冰点，冷寂的日子接踵而至。失业在家的海明威，除了借酒浇愁便是独自徘徊在家乡橡园镇寂寥的大街上。昔日战场上隆隆的枪炮声似乎还在耳畔响起，米兰战地医院欢快的笑声还在心中回荡，但是现在都成了往事，都化作了一股云烟。孤独和寂寞伴随他消磨着不可知的日月。

从欧洲回来以后，他已经依赖家里生活了半年了。既无意于跟父亲学医，经商也不感兴趣，可整天幽灵似的游荡，不但父母看着心烦，自己也觉着没劲。于是，熬过了一段寂寞的时光之后，他决定写作。写作可以使他心灵安宁和安定，可以转移失去阿格纽丝的心灵伤痛。海明威对自己的选择时而信心十足，时而犹豫踌躇。他拟了十几个标题，可是好多都没有完篇就写不下去了。但，强烈的自尊心又驱使他朝着拟定的目标挺进。他想起了一个启蒙老师说的话："写自己最熟悉、最有体会的题材。"于是他以自己在欧洲战争中的经历、见闻和感受为素材，创作了《渥安皮的道路》《在异邦》《你们决不会这样做》《现在我已倒下》《月夜炮轰》等小说。

小试牛刀，初见成果，海明威那颗骚动的文学之心开始跃跃欲试了。他要走出去，到更广阔的天地寻求发展之路。他想到了老朋友霍恩。霍恩曾跟海明威一起在红十字会服役，并一同参加了意大利战争。霍恩出身于名门望族，他家在纽约、芝加哥等地都有房产。听说他弟弟在东芝加哥大道 110 号有一套豪华的寓所，专为青年艺术家提供聚会的场所，是一处文学沙龙。

海明威带上他那台老掉了牙的打字机，通过老朋友霍恩顺利地住进了东芝加哥大道 110 号。在这个文人聚集的场所里，由于相互的交流和碰撞，海明威文思泉涌，灵感突发，很快写出了一篇关于拳击的小说，并被新奥尔良一家杂志《两面派》采用刊发了。

小说创作的第一次成功，大大激发了海明威的创作热情，坚定了一生选择文学道路的决心。他兴奋地接受文友们的祝贺的同时，也在为给自己带来好运的东芝加哥大道 110 号这所沙龙暗自祈祷。真是好运到来挡也挡不住，刚刚享受到文学成功的喜悦，又要收获爱情的果实了。

这个女孩叫哈德莉·理查逊，毕业于圣路易斯女子玛丽学院，钢琴弹得很出色。长期同住的母亲过世后，她心情抑郁，便应邀来芝加哥散心，并希望能在芝加哥这座有名的音乐之城谋个职位。

也许是巧合，她的年龄恰好与海明威的初恋情人阿格纽丝同岁，长海明威八岁。但实际看上去要年龄小得多，就像刚出校园的女孩，天真但不幼稚，自信而不自傲，美丽而娴雅，秀外而慧中。她已经与青年艺术家们朝夕相处三周了，期间，自然有许多的追求者。但她把他们只是当作志同道合的朋友，从未动过心。也许是有人说她的长相与海明威的母亲相似的缘故，见到刚来的这个年轻人差不多是一见钟情。特别是她听说海明威在意大利勇敢作战的故事，少女的芳心被进一步撩动了：他这么年轻，却已经有了丰富的阅历，而且言谈举止如此富有魅力，优秀的女人见到会很快爱上他的。哈德莉意识到自己恋爱了，但她还有一丝顾虑，自己比海明威大八岁，这个年轻人会接受吗？

年龄的顾虑是多余的。她还不知道，这个年轻人的初恋情人也比他大八岁。问题的关键是，此时的海明威还没有从失恋的阴影里走出来，感情还处在真空期。还有一个原因造成了海明威的审慎态度，他正在为工作、为前程、为实现文学之梦一天到晚忙得不可开交。尽管他很喜欢哈德莉，她的美丽、风度和教养，正是他心目中的佳偶。但是，他的感情之火已经为阿格纽丝燃尽了，现在他要积聚力量为文学喷发。

所以，当哈德莉离开芝加哥回到圣路易斯，邀他到她家去做客时，他却回信说他收入太低，没有钱坐车。哈德莉知道这个小伙子在借故推脱，于是干脆在信中挑明："我和你情投意合，心心相印，我非常地爱你，我越来越喜欢你，但愿有更好的方式来表达我对你的爱慕之情。"

这么热烈直接的爱情表达，海明威开始动心了，他在信中表达爱意的同时，也把与阿格纽丝的恋爱悲剧告诉了她。哈德莉非但没有介意，反而坚决表示要用自己的爱，弥合海明威心灵的创伤。海明威22岁生日那天，哈德莉还送他一台崭新锃亮的柯罗纳牌打字机，鼓励他在文学上有所成就。

海明威无法抵抗哈德莉的爱情烈火的燃烧，终于于 1921 年 9 月，与哈德莉在霍托湾的一座乡村教堂里举行了婚礼。到此为止，哈德莉揭开了海明威生活的新的一页。

但她还意识不到，前面的路并不都是鲜花，还有荆棘，甚至会走向极端。如果说他们是没有爱情的婚姻，是不可信的；如果说他们单纯为爱而结合，多少也有些牵强。海明威甚至连自己都不清楚，他的感情之水，自从初恋失败以后不再清澈，正无意识地一点点变浑变浊。还在蜜月里的海明威忽然有一天突发奇想，说要带着哈德莉去看望他以前在霍托湾一带结识的姑娘们。还津津乐道地告诉哈德莉说，那些姑娘们差不多人人都希望同他结婚。也许是一句玩笑，哈德莉却认真起来，她气冲冲地甩开海明威，跑到一旁饮泣去了。事后海明威解释说，他是想证明他只爱她，证明她比她们强，证明他自己也不赖。他原以为她会高兴，会赞扬他呢。

这种解释，仍然无法令哈德莉释怀。这个小青年无疑为她日后的婚姻生活增加了一些忧虑。

这只是开始，婚后他们拮据的生活，磕磕绊绊更是在所难免。他们在东芝加哥大道 110 号文学沙龙认识的小说家舍伍德·安德森是个古道热肠的人，刚从巴黎回国，就听说了海明威夫妇的生活窘况，于是建议他们去巴黎发展。安德森说，对于想在文学、艺术方面闯出一条路的青年人来说，巴黎是最合适不过的地方。而且欧洲正闹通货膨胀。在巴黎外国货币的兑换率很高，只要口袋里有几块美元，就能过上王族一样的生活。用不着花几个钱，一个作家所需要的条件和舒适就都有了。

对于在美国瘪三一样生活的一对夫妇，巴黎的诱惑力实在太大了。况且，安德森还主动帮他们写了好几封介绍信，介绍他们拜访旅居巴黎的一些美籍作家、艺术家，比如斯泰因、庞德等。

到了巴黎后，果然庞德念老乡亲情，很热心地把海明威的诗歌和文章介绍给文友办的刊物，并说他个人很喜欢海明威的诗歌。海明威很受鼓舞，以至有一段时间热衷于写诗，也确实写了一些构思新奇，字句凝练的诗歌。庞德教海明威作诗，海明威则教他打拳。庞德还像兄长一样调解海明威和哈德莉的矛盾。在巴黎的许多日子里，海明威既要为生计奔波，又要埋头文学创作，经常冷落哈德莉。内忧外困使这对一见钟情而又互相挚爱的年轻夫妇还来不及尽情品尝新婚的甜蜜与欢乐，就显出了破裂的危机。为此，热心的庞德积极帮助他们弥合感情裂痕。感情危机暂时度过了，但逐渐在文坛上崭露头角的小青年，能够安心过日子吗？

他一面与斯泰因、庞德等搞"纯文学"的文人雅士频繁交往，一面结识了许多报业同仁。《多伦多明星日报》经常委派给他采访任务，甚至派他到意大利采访。海明威故地重游，在意大利偶然遇到了墨索里尼，并采访了他。此时墨索里尼是二十五万"黑衫党"的领导人，尚未掌握国家政权。但海明威预感到这位野心勃勃的"黑衫党"领袖，迟早会步入政坛而控制整个国家。后来墨索里尼建立独裁政府，成为发动二次世界大战的盟国之一后，海明威作为最先报道墨索里尼的记者之一，而深感遗憾。海明威也有收获，那就是25岁就确立了优秀记者的声誉。重要的是，记者生涯不仅练就了他简洁明快的语言，而且在笔记本上记下了形形色色的人物和见闻，为日后文学创作积累了大量的素材，这是其他作家所不具备的。

1923 年的春天，海明威迎来了文学创作上的第一个丰收季节。《我的老人》被编入 1923 年度最佳短篇小说集，不久，他的第一个作品集《三个短篇，十首诗》也在巴黎出版了。

初出茅庐的海明威，此时就像西班牙斗牛士一样野心勃勃。关于战争与创作的关系，海明威说是拿破仑教会了司汤达如何去写作。而现在，海明威又发现了斗牛与创作的关系，认为作者应和斗牛士一样，按自己的风格去写作、去生活。他称之为压力下的优美风度。

1923 年夏天，海明威决定到西班牙旅行。原因很简单，他迷上了那里的斗牛。他发现了斗牛运动的悲剧性和美学意义："这里是你能了解到生与死的唯一场所，在战争已经过去的今天，暴死往往发生在斗牛场。我打算去学，去写，从非常简单的事情开始，所有事情中最简单和最基本的事是横死。"

他的生活不能缺少壮美，他需要从壮美中汲取勇气。在西班牙，他甚至领着正怀孕的妻子哈德莉一同看斗牛。他认为，看斗牛对胎儿发育有益。之后，海明威发表了论述西班牙斗牛的文章，并以此为基础，写成了小说《午后之死》。小说对斗牛做了极为详尽而有趣的介绍，指出斗牛是一种"绝无仅有的艺术家处于生命危险之中的艺术"，并从斗牛引申开去，论及了小说创作的一些理论和具体原则，以及他对死亡的深刻见解。随着《午后之死》等大量描写斗牛运动的小说问世，这项充满"甜蜜的"血腥味的残酷运动在全世界声名大振。海明威用文学的方式，为西班牙做了一次广告，极大促进了西班牙的旅游业，这是后话了。

海明威这个文坛上的初生牛犊横冲直撞的时候，他第二个作品集《我们的时代》被同一家出版社出版了。而且跟第一本作品集《三个短篇，十首诗》遭遇一样，只印了 300 册，销量 170 册。更主要的是，这两本书都是非正式出版社抛出来的，令海明威甚为苦恼。紧接着就是不计其数的退稿，更使海明威大为光火。许多退稿信甚至不把海明威的作品称为小说，而是不屑地称之为"速写""短文""轶事"。

接二连三的打击没有击败这个坚强的汉子，他像个笼中豹，困中雄狮，发誓要在文坛上重拳出击、震山一吼。这不是盲目的自大情绪，而是他已经构思好一部长篇小说。他决定把从参加第一次世界大战以来的经历、见闻和体验都写进这本小说。于是，他决心舍掉一切，全力以赴。为写作，他甚至推辞了报酬优厚的报社聘请。他清醒地意识到，记者生涯帮助了他的写作，再当记者会毁了他的写作。但他们生活很拮据，需要钱。为此，哈德莉与他大吵一顿。

这期间，海明威创作热情很高，越写越好。他连续不断地写了一系列精彩的小说:《印第安人营地》《医生与他的妻子》《归来的战士》《终结》《风刮了三天三夜》《在积雪的乡村旷野驰骋》《落汤鸡》《史密斯夫妇》《打不败的人》《滔滔的心河》《五万元》等。同时，还有两个贵人在美国正为他摇旗呐喊、大造舆论。一是以《人间天堂》一炮打响，又以《了不起的盖茨比》而红极一时的美国作家菲兹杰拉德，他是海明威真正钦佩的为数极少的同时代作家之一。他也属于斯泰因所说的"迷惘的一代"中的一分子。菲兹杰拉德向自己的出版商极力推荐海明威这位很有潜力的新作家。另一个就是安德森，他也向自己的出版商做了相似的推荐。安德森的出版商利夫莱特的出版公司捷足先登，与海明威正式签订了出版合同。其中有两项最关键的内容：第一，对于海明威的头三部作品的出版有优先权；第二，为海明威已经构思成熟并正在进行中的长篇小说——就是后来的《太阳照常升起》——预付200美元稿费，以解决这位眼下正受困的文坛新秀的燃眉之急。

海明威感动之情无以言表，很快就向利夫莱特交了第一部书稿《我们的时代》，并于1925年10月在纽约出版。这是海明威在美国出版的第一个作品集。而此前在巴黎非正式出版的这本书，只包括十八个短篇，这次海明威又增补了十二篇新作。

书出版后，评论界也有了反响。《纽约时报》率先评论说，《我们的时代》的故事情节使人愉快，文笔简洁，语言地道，用词很新颖，读来耐人寻味。评论家赫伯特·哥尔曼评论说："海明威大刀阔斧地砍掉了一切不必要的繁言冗语，不加修饰地说出了最本质的东西。"

由此可见，人才是夸出来的，而不是压制、批评或者冷漠。《我们的时代》点燃了海明威创作的篝火，也开启了文学的新篇章。就在同一年，即1925年9月21日，海明威完成了长篇小说《太阳照常升起》。但他没有急于交给出版社，而是经过了漫长而审慎的打磨和修改。海明威后来说："我是在26岁生日那天在巴伦西亚开始写这本书的，后来是在巴伦西亚、马德里、圣塞巴斯蒂安、昂代和巴黎等地花了三个月写完。"再后来他又花了一个冬天和半个春天的时间修改，当时，他带着书稿在欧洲大陆到处寻找安静的写作环境，过着离群索居的生活，终于如愿以偿。1926年斯克里布纳公司出版了海明威的成名作《太阳照样升起》，成为"迷惘的一代"的代表作。这一年，海明威27岁。

这部长篇小说的问世，像一颗照明弹瞬间照亮了美国文坛。但是，他也迎来了第一次婚姻的终结。

愧疚和眼泪难抵诱惑

小有名气的海明威频繁地出入社交场合后，与哈德莉的夫妻关系虽几次产生危机，但还能勉强维持下来，直至遇到波琳。

刚开始，海明威并没有看中个子矮小的波琳。他看中的是来自英格兰的达芙·特怀斯登夫人。达芙·特怀斯登夫人与海明威是 1927 年在巴黎开始认识的。这位身材苗条而性感的英国女郎，长着一双美丽的蓝色眼睛。喜欢把金色的鬈发剪得短短的，穿一件男式的花呢外套，后脑勺上戴一顶男式皮帽，漂亮又潇洒，且有气派。海明威认识她时，她已经有过两次婚姻，有数个情人，是个熟练在男性中间周旋的女人。令海明威措手不及的是，这样一个交际花却拒绝了海明威的求爱。一向自尊心很强的海明威，受到严重挫伤。一种巨大的空落感迅速弥漫了海明威，而波琳适时填补了他的感情空白。

波琳比海明威大四岁，是美国堪萨斯州一个富绅的女儿，毕业于密苏里大学。几年前她从美国回到巴黎，在一家名叫《风行》的杂志社当编辑。她经常蓄着刘海发式，个子矮小，皮肤黝黑，算不上漂亮。但体态秀气，服装考究，穿戴时髦，常着一件漂亮而昂贵的小金鼠皮外衣，颇有一种富家闺秀的气派。他们在一次友人聚会上相识，很快成了朋友。特别是与哈德莉一见如故，很快发展成了无话不谈的知心朋友。波琳看过海明威的小说

《太阳照样升起》，对海明威颇为崇敬，常当着海明威夫妇的面赞美这篇小说。哈德莉很高兴，海明威也觉得波琳志同道合，愉快地接受她的赞美。

之后，她与海明威夫妇开始了频繁的交往，并很快融入了这个三口之家。海明威埋头写作的时候，有波琳陪伴，哈德莉也不再感到寂寞了。儿子约翰也跟她非常亲热，一天未见就念叨不停，可以说这个三口之家已经离不开波琳了。他们经常在一起游玩，在一起生活，波琳俨然成了这个家庭的一员。

但是，严重情况终于在其乐融融中出现了——海明威摆脱不了感情的诱惑，与波琳共同迈出了实质性的第一步，同居了。

这一切，天真的哈德莉还蒙在鼓里。每当见到波琳还直埋怨她到家里来的次数少了，约翰想波琳阿姨了。面对天真而真诚的哈德莉，波琳时常陷入深深的自责和无限的内疚之中，但又无法摆脱诱惑，或者说对海明威的爱恋。海明威也是如此，感到快乐和刺激的同时，也对妻子深深的愧疚。既舍不下妻子，又割不断与波琳的关系，令他左右为难，痛苦不堪。他一个人独处时脑子里常常冒出死的想法，与人交谈，也常常是死的话题。

海明威忍受不住这种感情背叛的折磨，只好向哈德莉诚实地坦白。这个不幸的消息，对哈德莉无异于晴天霹雳。她做梦也想不到，与自己无话不谈的好朋友会干出这种事来；与自己相濡以沫整整五年的丈夫会另寻新欢，她无法接受这个现实，却是事实。此时的哈德莉还带着几分天真，或者说自信，痛定思痛之后，她向海明威提出，如果他与波琳分开一百天后，仍然彼此相爱的话，她就退出这场爱的角逐。

哈德莉无非是想利用这一百天时间，经过自己的努力和感化，迫使海明威回心转意。可怜的哈德莉啊，苦苦挽救着他们的婚姻。可是，五年的婚姻都无法拴住男人的心，一百天岂能改变现实。是侥幸还是对丈夫缺乏了解？波琳离开海明威回国后，他们用情书继续着两人的爱情。她虽然也给哈德莉写信表示内疚，但是疯狂恋爱中的女人，将会不顾一切地占领婚姻高地。哈德莉无望了，破镜难以重圆了，她只好接受了痛苦的现实。决定离婚的头一天晚上，她给海明威写了一封信，信中充满了母爱与温情，她希望他今后吃好，睡好，工作好，身体好，写出好小说；希望他幸福，健康，快乐！

读到哈德莉的信，海明威愧疚不已，忍不住失声痛哭。波琳却隔着大洋频频向他招手："你太可爱了，你美貌、潇洒，无与伦比。"

"只花两分钱，信纸一张，信封一个，我就来到你的身边。"

"圣人约瑟啊，请求你赐给我一个善良英俊的基督徒丈夫吧！"

愧疚和眼泪有时候难抵诱惑，海明威终于向来自大洋彼岸的诱惑投降了。

1927年1月，海明威与哈德莉正式办理了离婚手续。五个月后，他和波琳双双走进了婚姻的殿堂。

但海明威无法忘记哈德莉，依然忍受着感情的煎熬和良心的折磨。海明威清楚，他们共同走过的五年，是他一生中最艰难的五年，而海明威却在自己成功之际，给了她致命的伤害。

为了弥补给哈德莉造成的心灵创伤，海明威把自己的成名作《太阳照常升起》献给了哈德莉，小说的扉页上题写了献词。此后他的许多小说情节，都来自他与哈德莉共同生活的那段时光。

许多作品里的女性形象，都有哈德莉的影子；他常常写信给哈德莉，但面对哈德莉时又不知道说什么。随着海明威接触的女性逐步增多，对哈德莉愈加感到钦敬。他去世后才出版的长篇小说《海流中的岛屿》，就是以自己与哈德莉的悲欢离合为生活原型创作的。

这能说明什么呢，充其量说明哈德莉在海明威心中的位置，或者是海明威心中永远的妻子，但改变不了海明威喜新厌旧的天性。他的每一部优秀作品，都意味着他生活中一位新的女性的出现。

波琳与海明威结婚后，第一个重大行动就是要帮助如日中天却还捉襟见肘的年轻丈夫结束漂泊异乡的生活。

波琳具备这个优势，她不仅有一个富有的家庭，而且有一个富有的家族。波琳的伯父送给他们的新婚礼物是基韦斯特的一所住宅。基韦斯特位于美国的最南端，四季如春，气候温暖宜人，适合休养和写作。他在这里完成了构思已久的长篇小说《永别了，武器》。这部小说初稿写了六个月，修改了五个月，清样出来后最后一页改了三十九次，终于在海明威过完30岁生日后（1929年9月27日）出版了。小说很快引起了轰动，持续畅销，评论家认为海明威的创作已经成熟，达到了新的高度。这部小说为海明威博得了"25岁成名，30岁成为大师"的评语和荣耀。

但在《太阳照常升起》和《永别了，武器》之间，也就是海明威的婚变时期，即1927年10月，纽约斯克里布纳出版公司出版了他的第二个短篇小说集《没有女人的男人》，收集了《大西洋月刊》《斯克里布纳》《新共和》等全国性大杂志上发表过的十篇小说，其中包括《五万美元》《不可打败的人》《异国他乡》

《阿尔卑斯山牧歌》《白象似的群山》《十个印第安人》等，还有几篇尚未发表过的短篇作品。虽然这部选集内容参差不齐，评论家们却给予了很高的评价，认为这些小说中塑造了"具有比较复杂的气质和极为敏感相结合的高度文明的人物"，甚至比《太阳照样升起》更有价值、更动人。小说集以《没有女人的男人》书名，似乎是在影射作者在婚变前后的生活处境。这应该算是海明威第二次婚姻的最初成果。

除了笔和枪以外，海明威最喜欢拿在手上的东西，大概就是酒杯和钓竿了。

海明威从青年时代起就酗酒，酒吧间就是海明威最常光顾的地方，每到任何一个地方，他都要表演他的豪饮。酗酒最能体现他的粗犷、暴烈性格。

之后，他对钓鱼的迷恋达到了几近疯狂的地步。开始海明威是租船出海，后来，他定制了一艘长40英尺、带卧舱的快艇，取名"拜勒号"。这艘快艇装备齐全，有一个大柜专门储酒。他常常驾着这条船在墨西哥海上遨游，一边钓鱼，一边写作。他一出海便是十天半月，最长的一次是一连在斯特里姆海湾度过了一百天。

海明威迷恋垂钓，热爱他的"拜勒号"，常使波琳心中郁郁不快。但此时海明威沉浸其中，不能自拔，哪顾得妻子的情绪。在风浪里垂钓是海明威体验生活的又一种方式。在加勒比深蓝色的大海上，他写出了《一封古巴来信》《在湛蓝的大海上》等作品，《在湛蓝的大海上》成为他十六年后创作《老人与海》的雏形。

此后，他又迷恋上了猎狩。据说海明威童年时代就梦想着到非洲去打猎，现在他实现了这一梦想。1933 年 8 月，波琳的格斯舅舅为他提供了 25 万美元经费资助，促成了海明威夫妇非洲冒险的计划。海明威的非洲之行战果辉煌，他在非洲待了七十二天，一共打死三头狮子、一头野牛和二十七头其他动物。但是他非洲之行的真正收获是，出版了他在非洲打猎的专著《非洲的青山》。更重要的是创作出了最负盛誉的两个短篇小说《弗朗西斯·麦康勃短促的快乐生活》和《乞力马扎罗的雪》。

海明威的目标始终盯住下一部作品。他认为一个作家在生前的名气是看作品数量，死后的名气则看作品的质量。

紧接着《死于午后》，他又出了一部小说集《胜者无所得》。这个集子包括《一个清洁明亮的地方》《向瑞士致敬》《暴风雨之后及其他故事》《杀人者》《世界之光》《胜者无所得》等十四个短篇。

但这部小说集招致了很多批评，它成了作者进入思想危机的标志。此前我们说过，海明威每一部优秀作品，都意味着他生活中一位新的女性的出现。在下一部伟大作品——《丧钟为谁而鸣》到来之际，似乎意味着海明威身边的女性将要发生更替了。随着《死于午后》《胜者无所得》《非洲的青山》等作品的问世，海明威与波琳的婚姻也即将走向终结。

这位新的女性名叫玛莎·盖尔霍恩。1936 年 12 月，他们初次相识在基韦斯特岛上。此时，正在马沃学院念书的玛莎已出版了一部长篇小说《狂热追求什么》和一个短篇小说集《我意识到的问题》。这位金发碧眼、性感苗条的女学生陪母亲和弟弟来基韦斯特岛度假时，在一个酒吧间里碰到了海明威。见到大名鼎鼎的作家海明威，玛莎首先送给他自己刚刚出版的长篇小说《狂热追求什么》。当海明威看到这本书的卷首上印着自己作品中的名言时，立即心头一热。接下来，玛莎便成了海明威家的常客。

了解丈夫性格而又敏感多疑的波琳，很快意识到自己要重蹈哈德莉的覆辙了，她尝到了十年前哈德莉的滋味。海明威的家里又出现了两个女人爱上一个男人的局面。

海明威在基韦斯特度过了38岁生日。但由于玛莎的到来，这个生日过得很舒服。

正当海明威家庭悄悄发生内战的时候，西班牙内战也全面爆发了。西班牙的战火使海明威摆脱了家庭的尴尬与烦恼，却为他的第三次婚姻迈出了实质性的一步。

战地春梦犹未醒

1937年2月，由六十家报社组成的"北美报业联合会"聘请海明威到西班牙战地采访。

尽管波琳不同意，甚至还写信求助海明威的母亲规劝，但海明威还是迫不及待地踏上了西班牙的土地。同时，玛莎也以战地记者的身份来到西班牙。他们在西班牙战场上，上演了一出战争与爱情的大戏。他又重温了第一次世界大战时在意大利米兰经历过的"战地春梦"。

在西班牙，海明威勇敢无畏的精神，赢得了西班牙共产党和人民真诚的赞扬。海明威也很佩服这些为了人民浴血奋战的共产党员们，很快写出了电影剧本《西班牙的土地》，并和伊文思合作，拍成了纪录片。

在西班牙将近八个月的时间里，年轻貌美的女作家玛莎始终陪伴他。他们一同爬上红土山冈，观察共和军发起的进攻，一同到前线战壕里与士兵们交谈，一同参与实地拍摄《西班牙的土地》。开始时，其他记者都不清楚他们的关系，只觉得玛莎总喜欢捉弄海明威。直到有一天早晨，一颗炮弹把他们住宿的旅店里的锅炉炸坏，热水四处流淌，旅客们纷纷出屋，看到海明威陪着玛莎从卧室里出来，这才明白他们已经同床共枕了。

枪林弹雨中，他们的爱情也在一天天升温。拍完《西班牙大地》回到纽约以后，海明威带着玛莎参加了全美作家代表大会。应该说这是玛莎第一次在全美文学圈里亮相，也是他们爱情的一次暴露。当他们第二次重返西班牙战场不久，波琳也来到西班牙，死拉硬拽把海明威拖回了美国。她不甘心失败，她要为他们的婚姻做最后的努力。但是，就像十年前的哈德莉一样，破镜还能够重圆吗？海明威勉强在妻子身边待了一段时间，又回到西班牙。

不过，这次西班牙之行以后，海明威没有回美国，而是到了巴黎。波琳继续竭尽全力地维护他们的婚姻，于是她也赶到巴黎陪伴海明威。她有意留起了长发，梳成玛莎那样的发式，以取悦于海明威，但仍然无济于事。为此，与海明威大吵大闹了一顿，甚至威胁要从旅店的阳台上跳下去自杀。

波琳的威胁非但于事无补，反而坚定了海明威离婚的决心。海明威后来说，在波琳或者别人眼里，自己反正是个坏蛋，干脆破罐子破摔。

于是，海明威在 1938 年出版的《第五纵队》的自序中写下了这样一句话："作者怀着诚挚的爱，谨将此书献给玛蒂。""玛蒂"是玛莎的爱称。海明威用这种方式大胆地将自己新的爱情公之于众，无异于是对现实婚姻的一次挑衅，也是向世界的坦诚告白。从马德里到巴塞罗那，从巴黎到纽约，很快明白了大作家海明威又即将面临一次婚变。

海明威的强硬态度使波琳逐渐明白，他们的婚姻无法保住了，海明威已经被那个狐狸精迷住了，自己与海明威即将成为路人。回顾十多年来，自己当海明威的妻子也确实很辛苦。海明威反复无常的性格和他那种时刻处于行动之中的生活方式，要求她像走马灯一样不停地变换自己的角色：钓鱼的同伴，打猎时的陪猎，拳击手的看客，作品的鉴赏者和听读人，头脑清晰的秘书，技艺高超的厨师，迎接各方宾客的贤惠女主人，三个儿子的母亲……最后还必须是心胸宽广，容忍丈夫与其他女人调情的妻子。但她清楚，这一切只不过是海明威文学创作所进行的一次次生活体验。

在西班牙内战期间的两年里，海明威的文学创作也达到了一个高峰。他重写并出版了长篇小说《有的和没有的》，同伊文思合拍了纪录片《西班牙大地》，写了剧本《第五纵队》和十多个短篇。

《第五纵队》是海明威唯一的剧本，在不断遭受敌机空袭的马德里创作完成。这是一部有关战争与家庭与爱情的大戏，带有很强的自传性。可以想象得到，当他在西班牙内战的炮火中构思这部戏的时候，当他在马德里的旅馆里创作劳林斯这个主人公的时候，摆脱波琳的念头已经在内心深处时时闪现。

当他最后一次从硝烟未尽的西班牙战场上回国后，与波琳过了一段貌合神离的日子。但海明威很快以写作为名，又离开了波琳。他正构思一部以西班牙内战为背景的长篇小说。他觉得与波琳在一起无法完成这部杰作，需要离开基韦斯特这个安乐窝，走出去寻找灵感。他说："我现在必须做的事就是写作。过去我经常这样想，只要战争存在，你迟早总会被杀死，所以你根本不需要顾虑什么。可是现在，我并没被杀死，所以我就得工作。"

1939 年 2 月，他来到古巴开始动笔写作这部后来命名为《丧钟为谁而鸣》的长篇小说。这部作品使海明威度过了十七个月的离群索居的生活。跟以往作品一样，脱稿后天天都在修改，清样出来后，他又连续九十六个小时没有离开房间，改了又改，终于于 1940 年出版发行。《丧钟为谁而鸣》取得了巨大成功，为他赢得了巨大的荣誉，也为他带来了婚姻的裂变——与波琳维持了十四年之久的婚姻终于解体了。玛莎这位聪明美丽而工于心计的记者兼作家，经过精心而巧妙的策划，终于成功地取代了波琳，成为海明威的第三任妻子。

海明威习惯每换一个妻子，就要迁居一次地方。他和阿格纽丝的爱情游戏结束，与哈德莉结婚后，便迁居巴黎。后来与波琳迁居到了基韦斯特。这次，他和玛莎又一起迁居到了古巴哈瓦那附近的瞭望山庄。

新婚燕尔的海明威夫妇，在瞭望山庄过完温馨而浪漫的第一个圣诞节之后，他们商定了一个大胆的计划——到远东战区，到中国战场去度蜜月和采访。

两位记者兼作家的浪漫爱情始终是以战争为底色的。

1941 年 1 月，海明威夫妇从旧金山启程，取道洛杉矶、夏威夷，一个月以后抵达中国香港。在香港，海明威认识了一个富有传奇色彩的人物——英国人柯恩。柯恩在二十年代初担任过孙中山先生的贴身警卫，后来当上广东省的警察厅长，直到 1938 年广东沦陷，才被迫隐居香港。宋庆龄先生当时也在香港，经柯恩的介绍，海明威拜访了她。在香港的一个多月中，他还意外地遇到了老熟人，中国当时的财政部长孔祥熙。海明威夫妇吃完孔祥熙的宴席之后，便离开香港，踏上了中国大陆，几经辗转来到重庆，并受到了蒋介石夫妇的接见和宴请。海明威感到，蒋介石虽然竭力想成为一个政治家，但实质上只能算是一个军事领导人。他考虑问题，都是着眼军事，没有民主思想。对他来说，权力就是一切。他怕共产党，而不怕日本人。日本人总有一天要从中国消失，对他权力的真正威胁是共产党。为此，海明威夫妇不太喜欢蒋介石。

而海明威的中国之行并未像他的西班牙之行那样，导致大量作品的问世。除了给《太平洋邮报》的报道外，他几乎没有写什么东西。但中国之行使他得出两点大胆地预言：一是日本将向美国开战；二是战后共产党将在中国取得政权。这两点都被海明威言中了。就在他们返回瞭望山庄不久，日本偷袭了美国珍珠港，并将美国卷入了第二次世界大战。

第二次世界大战摧毁了无数美好的生命，摧毁了无数代表古老文明的建筑，也摧毁了海明威与玛莎的婚姻。

玛莎生性好强，不甘于当家庭主妇。她聪明、能干，不愿意受名人丈夫的支配，努力保持自己工作和生活的独立性，甚至在事业上与海明威竞争。她有着与海明威相似的追求，要做名记者和名作家。如此年轻，她就已出了几本小说。而作为记者，她拥有比海明威更多的政治敏感和热情。她不安于在瞭望山庄过安闲舒适的日子，经常到各个战区去采访，而且不让海明威同行。如同当年海明威与波琳，不过现在倒过来了。海明威是个彻头彻尾的大男子主义者，妻子必须依附于自己，顺从于自己。因此，两个个性很强的人的婚姻冲突不可避免地时常发生，久而久之，这场轰轰烈烈的婚姻就要褪色了。

从亚洲采访回来以后，她曾经试图扮演好以前波琳在基韦斯特担当的角色，当好瞭望山庄的女主人。但海明威那种既有家长作风又有顽童刁蛮习气的性格使她无法忍受，那种生硬的发号施令令她生厌。这时候，她想到了波琳能够与海明威维持十四年的婚姻，是何等不易，需要多大的牺牲和勇气！

玛莎毕竟不是波琳，她需要自己的事业和生活的独立。于是，她在海明威生日的前几天离开瞭望山庄，到荷属奎亚那、苏里南丝林、曼哈顿商业区采访去了。以致海明威在43岁生日的那天晚上心潮翻滚，久久不能入睡。他想起了第一任妻子哈德莉，他们在一起的日子是多么美好啊，可是由于波琳的出现，被打破了；现在波琳也被这个叫玛莎的漂亮女人给打破了。美好的回忆永远无法填补眼前的寂寞和空虚，玛莎时常离家去外地采访，给海明威带来了无尽的孤独。一个时期，他除了钓鱼、打猎、到酒吧间狂饮之外，就是到战争中寻求解脱。他先是改装了自己的游艇，在大西洋上搜寻德国潜艇，后是建立私人反间谍组织和情报网。当时，古巴有三十万西班牙人，大约有三万人是亲纳粹的"长枪党暴力分子"。为了监视他们，防止他们干有损于美国利益的事情，海明威组织了一个以当地渔夫、牧师、酒鬼、妓女和侍者组成的反间谍队伍。这支有点滑稽，甚至几近儿戏的队伍，非但没有给他带来成绩或荣誉，反而招致美国联邦调查局的猜忌。联邦调查局怀疑他有共产党倾向，于是，为他建立档案，着手调查。但顾及海明威在美国国内和古巴的巨大声誉，以及玛莎与罗斯福总统夫人的密切关系，联邦调查局暂时没有动海明威。日后却给他带来无尽烦恼，精神几近崩溃，才用那把自己挚爱的、向许多猎物扣动过无数次扳机的猎枪对准了自己。这是后话，眼下海明威正在欧洲战场上进行着出色的表演。

1944 年 5 月，海明威到达英国后，同玛莎一样为《矿工》杂志提供战争报道。在欧洲战场上，海明威不仅是个战地记者，而且是个真正的战士和指挥官。他与英国皇家空军一起飞往敌占区，执行战斗任务。和美军一起在诺曼底登陆，端着枪向前冲杀。之后随美军一起登上了欧洲大陆，亲自率领一支法国反法西斯的游击队，随美军一起参加了巴黎西南朗布依埃周围一带的战斗，并且赶在正规部队之前，率领着这支法国反法西斯游击队，进入并占领了朗布依埃。他俨然以指挥官自居，设指挥部，升美国国旗。在美军横扫欧洲的战斗中，海明威始终战斗在第一线，充分表现了他那种不怕死的硬汉性格。

大战结束后，他获得一枚铜质奖章，可他也因此受到了军事法庭的审判。原因是日内瓦公约规定，战地记者的任务只是观察和报道，一律不得携带武器。而海明威未经授权而参加战斗，并率领一支没有军人纪律和未经训练的游击队打仗。

后来艾森豪威尔将军下令说，对于似乎会运用自己的想象力求得战争胜利的人应该不予追究，军法部长最好去清算罪有应得的纳粹战犯的全部罪行。军事法庭的审讯就此作罢。

三年后，即 1947 年 6 月 13 日，美国陆军总部颁发给他一枚星字勋章，授奖荣誉状上表彰了他的功绩：

"海明威先生作为一名战地记者，从 1944 年 7 月到 12 月，在法国和德国为盟军做出了卓越的贡献。

海明威先生还把获得的资料进行整理加工，巧妙地写成文章表达出来，从而让读者对整个作战部队，对将士们面临的各种艰难和取得的辉煌胜利留下了完整的印象。"

官方无可奈何地表明，海明威在二战中的欧洲战场上是一名特殊的战地记者，收集了特殊的资料，完成了特殊的任务。但官方乃至朋友也许无法料到，这个特殊任务也包括了海明威又一次婚姻的终结和开始。

为了告别的爱情

从欧洲战场回到古巴哈瓦那市郊区的芬卡以后，海明威做的第一件事是将瞭望山庄装扮一新。因为它要迎接新的女主人了。

这位即将成为瞭望山庄新的女主人，名叫玛丽·威尔斯。比海明威小八岁，出身于一个家庭富裕而有教养的家庭，有过两次婚史。此时被《时代》周刊伦敦分部聘为记者，年轻阳光，身材匀称，体格健壮，看上去有点像个生机勃勃、充满活力的小伙子。海明威在伦敦初次遇到她就觉得眼前一亮，意识到上苍又赐给他一个别样的女郎。

的确，上苍太眷顾海明威了。玛丽的出现似乎恰逢其时。

海明威到达伦敦后，便迫不及待地要求跟随英国皇家空军一起去执行任务。他还没来得及上天就负了重伤——在临执行任务的头天晚上，一同到伦敦的记者们宴请海明威。他在大家的奉承和颂扬中一直喝到凌晨三点，当他醉醺醺开车回住地时，不幸撞到一个塔上，而被缝了五十七针，住进了医院。玛丽经常陪伴在他身边，百般体贴，万般温柔。海明威回国后，按捺不住激动的心情，连续写了好几封信表达爱意。年近五十的海明威，此时需要尽快结束与玛莎的婚姻，寻求一个新的爱情的归宿，让那颗动荡不安分的心停泊在平静的港湾。

此时，《纽约星期天明镜杂志》上刊出了一篇为海明威三位妻子鸣不平的文章，叙述了他婚姻破裂的历史，对海明威进行了抨击性描述。

但这并不影响瞭望山庄更换女主人的进程。1945 年 12 月，与玛莎离婚三个月以后，海明威与玛丽在瞭望山庄结婚。

婚后他们度过了一段幸福而难忘的时光。玛丽既是妻子又是情侣，既是崇拜者又是批评家，既是钓鱼打猎时的陪伴又是书房里的秘书和编辑，另兼护士、厨师和瞭望山庄产业管理人。

玛丽办事果断干练，对海明威体贴入微，从不试图占有他的灵魂。从与玛丽的共同生活中，海明威第一次感到，爱情超过了他自己那种强烈的以自我为中心的大男子主义。以前总想到某一个地方去寻找幸福，现在才知道，幸福不是在哪个地方，而是在一个人身上。他遗憾自己年近 50 岁时才找到玛丽，他又庆幸自己终于在这时候找到了玛丽。玛丽将成为海明威人生旅程最后十五年里风和日丽的避风港。

海明威曾在一篇文章里这样赞美玛丽："玛丽小姐是始终如一的。她勇敢、妩媚、机灵，看看她就叫人感奋，伴着她就觉得其乐无穷，实在是个好妻子。她还是个很出色的捕鱼能手，枪法相当准确的猎人，游泳健将，第一流的厨师，品酒的行家，优秀的园丁，业余天文学家，懂艺术，懂经济，又懂斯瓦希里语、法语和意大利语，还能用西班牙语管理船只和家务。她也很会唱歌，嗓音准确，真实。她认识的陆军将领，空军军官，政界要人，数目之多，超过我所认识的阵亡的连长，营长、酒友、恶棍、草莽歹徒、酒店老板、飞机驾驶员、赛马赌徒、形形色色的作家……"

可以看出，文章的前半部分，海明威是真诚的赞美，后面谈到玛丽所认识的军队将领、政界要人等，明显带有酸醋味和不自信。

这种矛盾复杂的心理，是不是进一步造成本来风流成性的海明威酗酒、无缘无故的发火，甚至包括与众多女人暧昧关系的原因呢？玛丽后来在自传里说，在他们婚后的日子里，海明威始终不断地与其他女人调情或保持两性关系。其中有他的前妻哈德莉、电影导演霍华德的妻子斯丽姆、小说家和电视剧作家彼得的妻子吉姬。当玛丽不在身边时，他甚至还叫了一名18岁的哈瓦那妓女与他一同进出，而非真想与她上床。他还向一个叫阿德里亚娜的19岁女孩表白，遭到了拒绝。这一切无非是向她证明，他堂堂的大作家并不缺少女人，而是缺少爱情！

面对这一切，玛丽表现出极强的忍耐力，一一容忍下来。但海明威向阿德里亚娜死乞白赖的求爱，使玛丽终于忍无可忍。她在自传中是这样写的：

"我的话不多，但是你要仔细听好，"我说，目光直视他忧郁的棕色眼睛，"我想我能理解你对这个姑娘的感情。"（我避免了使用"着魔"这个词。）"我早就告诉过你，我同情你。"（我把"幼稚"和"傻瓜"这类词咽了下去。）

"你对我的侮辱与无礼伤害了我，这一点你一定明白。"

"但是尽管如此，我仍爱你，而且我爱这个地方，爱'皮拉尔'号游艇和我们在这里正过着的正常生活。"

"所以，尽管你试图赶我离开这儿，离开你，可你是不会成功的。你听见了吗？因为我认为这对你我都会很糟，会令你我都无所适从。"

欧内斯特点了点头，他听到了我说的话。

"好了，就说这些。无论你说什么或做什么，除非杀了我，那样会弄得一团糟，否则我仍会待在这儿，掌管你的房子和你的观景庄，直到有一天你能在早晨清醒地到我这儿来，坦率而明白地告诉我说你想让我离开。"

海明威与阿德里亚娜的相识非常偶然。

1948 年 12 月的一个雨天，海明威应邀参加了意大利运动员巴罗内在狩猎屋举行的聚会。下午狩猎活动结束后，海明威无意撞见了正在小屋烘干头发的阿德里亚娜。当他得知她忘了带梳子，便把自己的梳子掰成两半，然后递给她一半，于是，他们就相识了。

后来他们在意大利和法国，有过几次他人在场的重逢。此后基本靠通信来往。海明威在信中说他思念阿德里亚娜那"利刃一般的智慧和可爱的心灵、身体及精神"。当他们在一起时，他会连续几分种地抚摸着她的手，还总忘不了赞美她那蹩脚的诗歌和糟糕的绘画。

阿德里亚娜准备以与海明威结婚作为回报，但她并不爱这个年老体衰的海明威，只不过是试图以此挽救日益衰落的家庭。她需要的是海明威的名气、地位和财富。如果不是玛丽及早察觉并狠狠责骂海明威，海明威的第五次婚姻很有可能实现。

1954年4月，海明威与阿德里亚娜见了最后一次面。此时，海明威已远非当年，无数次意外事故和疾病，摧毁了他坚强的体魄，体重下降、皮肤病、酒精中毒、视力衰退、糖尿病、阳痿、高血压、肝炎、肾炎等等，多得让人吃惊的疾病恶魔正一步步吞噬着他。对阿德里亚娜所象征的青春是如此地渴望又无可奈何，终于无法控制感情的决堤，对阿德里亚娜痛哭流涕地说，他想活下去，这样就能再见到她，离开她就像被截了肢一样痛苦。

以眼泪告别爱情，是海明威的情史上绝无仅有的。阿德里亚娜占尽了风光。而玛丽凭借着温顺、服从、容忍、大度，艰难地维持着婚姻，几次险些走到婚姻的悬崖。

最后一次，应该是1959年，玛丽全力组织海明威60岁生日宴庆期间，他制造了一生中最后一次婚姻危机。这个单纯的19岁爱尔兰少女没有对玛丽构成威胁，因为她太了解自己的丈夫喜新厌旧的性格和旋风式的爱情特征了。她知道，过不久他又会对另一个产生兴趣。因此，这次她没有过多的阻止，而且默认了他与黑发美人的情人关系。但是，她的丈夫海明威再也没有力量制造风流韵事了。

1960年11月30日，海明威在玛丽的故乡罗切斯特，住进了圣玛丽医院。此时的海明威，失去了高大强壮的身体、无与伦比的运动能力、文思泉涌的创作才华。海明威需要的是尊严、光荣、强健有力地活着，他不能丢掉"硬汉子"的形象，不能容忍自己的软弱无力，不能容忍别人的同情、怜悯和救护，他的结局也许就注定了。于是，他选择了那把击毙过无数猎物的猎枪，对准了自己！

丧钟为自己而鸣

拿破仑曾经说过，男人的尊严和骄傲是在马背上和女人的胸脯上。

海明威的一生恰似这种论断的最佳注释。在第一次世界大战期间，海明威与阿格纽丝的苦恋催生出《永别了，武器》；在西班牙内战的战场上，与玛莎的炽热爱情造就了《第五纵队》和《丧钟为谁而鸣》。但是，当第二次世界大战的飓风把一个温柔娴雅而又聪明能干的玛丽·威尔斯卷到他的生活中后，海明威似乎江郎才尽或者乐不思蜀了。尽管他到过亚欧许多战场，亲自参加过许多次战斗，但整整十年之久没有出版长篇小说。甚至可以说，《丧钟为谁而鸣》之后的整个四十年代，他都没有影响较大的作品，却真正享受到了名人生活：和百万富翁一起钓鱼、打猎、漫游欧洲大陆；参加重要的文化活动，接受各种报纸、杂志记者的拍照和采访；住在各式各样的豪华饭店里，享受年轻美貌的女人们的崇拜……

在此期间，他也创作了一部新的长篇小说《伊甸园》。《伊甸园》充满了海明威对哈德莉和波琳两任妻子的怀念，却将玛莎逐出了自己的"伊甸园"。在西班牙内战的炮火硝烟中催生的浪漫而短暂的婚史，很快被他逐出了记忆的屏幕。遗憾的是，一部长达二十万字的著作却以失败而告终。接下来创作的长篇小说《过河入林》，又一次遭到了空前失败。这部自传性极强的小说，只不过是《永别了，武器》的翻版，毫无新意。

美国著名评论家马克斯韦尔·盖斯马尔在《星期六文学评论》上撰文评论道："这是一部不幸的小说，不论哪一个尊敬海明威的才华和成就的人来评论它都是一件不愉快的事。这不但是海明威最糟的一部小说，也是集他所有以前著作中坏的一面之大成，从而对未来投下了阴影。这本书太可怕了，事实正是如此，它自有其病态的魅力……"

十年来，苦苦期待的读者失望了，评论界失望了，海明威也失望了。

遭受打击的海明威，在古巴度过了一段封闭而懒散的生活。在这里，他几乎远离了文学界的朋友。他所交往的不再是作家、编辑、记者，而是一些闲人和水手。与他们一起狩猎、钓鱼和坐在酒吧间里喝酒闲聊。没有激情，没有灵感，写不出作品的懊恼，时时在折磨着他。对作家来说，无疑是一个精神炼狱，但又何尝不是蓄积力量的蛰伏期呢！

实际上，海明威早就拟定了以海上生活为背景的系列小说《年轻时候的海》《远离家乡的海》和《与大海在一起》的创作计划，只是始终找不到最佳喷涌口。在他的脑海里活跃了十六年的关于老人、大海、马林鱼、鲨鱼的故事，以及追寻人的尊严、力量和勇气的哲学意念，终于有一天喷涌而出。海明威用了八星期时间创作完成了其中的一篇《与大海在一起》，后来发表时叫《老人与海》。

1952 年，是世界文学史上着墨最多的一年。

《老人与海》瞬间使海明威恢复了在文坛上的荣誉。500 万册《老人与海》带着一股清新的墨香撒向世界各地，荣誉、财富随之向海明威涌来。连续几个星期，海明威平均每天收到八九十封读者来信，有学生、士兵、教授、码头工人、老朋友以及许多不相识的人。还有人打电话或者找到他，感谢他写出这么好的作品。连教士和牧师们布道时也开始引用海明威在《老人与海》中的名言。

福克纳说："时间将证明，海明威这本小书的质量将胜过我们任何人的作品。"

当年5月，《老人与海》获得普利策奖。一个月之后，这位50多岁的男人，迅速恢复了对自己的体能、运动技巧和狩猎本领的自信，像年轻人那样意气风发，乘"弗兰德"号轮船，远渡重洋，进入非洲丛林猎狩。他渴望在狩猎中找回行将逝去的青春和文学硬汉形象，他把头发剃光，用长矛打猎，把衣服染成铁锈色，甚至向非洲黑女人求爱。

这次狩猎非但没有值得夸耀的东西，简直是自毁形象。尽管如此，依然没有撼动他的文学成就。从非洲返回哈瓦那不久的1954年10月28日，他被通知获得了诺贝尔文学奖。不过，他没有前去领奖，只送去了一份简短的发言稿：写作，充其量也只是个孤独的生涯，各类作家组织减轻了这种孤独感，但是我怀疑它们是否改进了作家的写作。他增加了知名度，摆脱了孤独，却往往降低了写作的质量。

海明威一生中获奖数次：1941年有限版本俱乐部授予他金质奖章，1952年获普利策奖，1954年4月获美国艺术学会勋章，10月获诺贝尔文学奖。这些授奖仪式海明威一律没有参加。而在古巴的几次授勋仪式他全部参加了：1947年6月在美国大使馆接受青铜星勋章，1952年接受古巴的荣誉勋章，1954年接受卡洛斯·曼努埃尔德·塞斯佩德斯勋章，1955 年 11 月 17 日接受圣克里斯托巴勋章。

这令我一直存有疑问，是海明威与古巴感情深厚，还是轻视文学荣誉。

海明威与古巴的感情的确很深。卡斯特罗曾向记者表明了自己对海明威的崇拜："我们把《丧钟为谁而鸣》带到山上去。它教会我们怎样进行游击战争。"

卡斯特罗掌权后，海明威不止一次地表示了对新政权的支持。1960 年 5 月，海明威还给在钓鱼比赛中获胜的卡斯特罗颁了奖。在他颂扬卡斯特罗，吻古巴国旗的时候，他的美国朋友们非常伤心，有的甚至同他断绝了关系。但美国和古巴的关系全面恶化之后，海明威还是离开古巴，迁回爱达荷州。在美国公民应尽的义务与古巴感情之间，他选择了爱国。

但令这位"爱国者"始料不及的是，回国不久就被联邦调查局给盯上了。联邦调查局想从这位赫赫有名的作家、一生漂泊异邦被赤化的硬汉身上搜集到里通外国、叛国投敌的罪证，为政府有效打击赤化国家古巴提供帮助。但最后他们听到的是一声打破黎明宁静的枪声。

一生永不言败的海明威被自己——疾病、愤怒和焦虑消灭了；一生创作出《丧钟为谁而鸣》等许多令文坛震惊的作家海明威，在黎明时刻为自己敲响了丧钟。

他曾在《永别了，武器》中说过一句话："世界毁灭了每一个人，但后来，在那毁灭的地方又有了许多健儿。"

但愿这些健儿能够像海明威那样有尊严地活着、顽强地写作——世界需要海明威！

劳伦斯：惊世骇俗的天才作家

劳伦斯是一个儿子加情人，一个性爱的畸形儿，一个疯癫般狂热的爱情牧师。然而他又是一个超越世俗、最富有创造力的天才艺术家，是英语文学中伟大的作家之一。

"人是必须思考的居家动物。因为思维，他稍低于天使，而喜欢居家又使他有时不如猴子。"

这段文字是一个英国矿工的儿子说的，他叫大卫·赫伯特·理查兹·劳伦斯。1885 年 9 月 12 日生于诺丁汉郡的一个矿工之家。1930 年 3 月 2 日晚 10 时在法国流浪时因病去世，终年45 岁。

劳伦斯短暂的一生始终生活在艺术中。从读大学开始文学创作，整个创作期不过二十四年，大部分时间还是在贫病交加和作品遭禁中度过的。他却留下了十二部长篇小说，五十多部中短篇小说，多部诗集、剧本、游记和大量的文学批评、哲学、心理学和历史学方面的著作和散文随笔。他还翻译出版了俄国作家托尔斯泰和陀思妥耶夫斯基及意大利作家乔万尼·维尔迦的长篇小说等。

然而，他总是用艺术替代生活，艺术与生活经常互为颠倒。现实生活中的处境可想而知：处处碰壁，甚至头破血流。他的生前好友理查德·奥尔丁顿这样评价劳伦斯："他是一个儿子加情人，一个精灵般超越世俗的天才艺术家，一个性爱的畸形儿，一个疯癫般狂热的爱情牧师。他性格软弱，温情脉脉，风流倜傥，可发起脾气来又似魔鬼一样可怕。朋友们爱他又恨他；女人们可怜他、疼爱他、追求他，各色女人粉墨登场，在他生活中频繁出现，扮演着迥然不同的角色，而他却把女人当做通向上帝的一座座门扉……"

因此，本文的叙述，自然离不开女人。在劳伦斯四十五年短暂的生涯中，女性构成了他生命世界的基本元素。他在与女性精神与肉体的交往中，找到了理解世界、安放灵魂的方式，也获得了创作的力量源泉。他的小说中的女主人公，几乎都是以所接触的女性作为原型而创作完成的。

接续劳伦斯的生前好友理查德·奥尔丁顿的评述，有关作家的故事就从女人开始了。

温暖的囚笼

那时候作家还在胎盘中，第一个女人出场了。她叫丽蒂娅，娘家姓比德塞尔。出身于古老的家族，血统高贵，博览群书，还会写诗，耽于遐想，非常聪颖；最喜欢跟有学问的人一起争论有关宗教、哲学或者政治方面的问题。她注定要为世界诞生一个优秀作家—— 一个与众不同、别具风采、单纯而复杂的作家。

劳伦斯的初恋情人杰茜·钱伯斯曾这样描述她："她的自信心、对人对事的见解使我感到惊奇……她是那样自信，总觉得自己是不会错的。与她的丈夫和别的矿工及其家属不同，她从来不说德比郡方言，跟邻居几乎没有什么来往。"由此我们看出，在这个小镇上，她是一个清高的、与众不同的知识女性。然而，却嫁了个矿工。

后来，劳伦斯告诉我们，他父亲属于最后一代避免国家义务"教育"的英国人，从来没有受过寄宿学校的驯化，刚满岁数就被送到矿井里做工，写自己的名字都感到吃力；但肌肉发达，喜欢劳动，仿佛他整个的生活完全是体力劳动。

出身不同，阶级不同，知识背景不同的一对夫妻不可避免地经常上演一些闹剧：发生争执，大吵大闹，甚至大打出手。尽管如此，这对不和谐的夫妻还是尽最大所能维系着生活。在婚后十二年里，他们共生了五个孩子，三男两女，其中自然也包括我们要重点叙述的作家劳伦斯。他排行第四，是三个儿子当中最小的一个。作家这样叙述他父母的婚姻："他们的婚姻是一种肉体的结合，流血的斗争。我生来就痛恨我的父亲，从我开始记事起，他一抚摸我，我就吓得直打哆嗦。在我出生以前，他就变坏了。"

显然，作家因为痛恨父亲，悔不该来到这个世界。但是，他做不了主。他还是来了——带着一副天生体弱多病的小身板来了。他来到这个世界两周的时候，就险些死于支气管炎。母亲对劳伦斯能否存活下去，显得十分悲观，甚至预感他顶多能活三个月。的确，婴儿时的劳伦斯颇有点与众不同：眉毛奇怪地紧锁着，双眼格外沉重，看上去像承受着某种痛苦。

劳伦斯保持童贞的时间比其他男孩要长，也许跟他肉体发育成熟十分缓慢有关。童年时期，因为身体虚弱，母亲不让他跟男孩玩耍，而是和女孩子一起去采草玩乐，十二三岁还坐在母亲的腿上。在随后的青春期的许多年里，他从来不和别的男孩们一起从事体育运动或游泳。相反，他总是与女孩们为伴。她们对待他就像对待女孩子一样，她们去买东西时带他一起去，让他来选择她们的帽子和衣服。当在林间散步的时候，如果有人踩在了花上，劳伦斯就会喊"野蛮人"。

劳伦斯天生一副惹人怜爱的模样。母亲势必会把过多的爱都倾注到这个最小的儿子身上，过多的溺爱也势必会影响到作家成长。孩子们一个接一个地出生后，劳伦斯的母亲丽蒂娅把全部的爱给了子女们。她不允许儿子们去做矿工，也不允许女儿去做佣人，而是节衣缩食地送他们上学。特别是对儿子，母亲可谓倾注了全部心血，一心希望他们成为绅士，以此实现她在丈夫身上未曾实现的愿望，填补知识女性精神生活的空白。先是控制大儿子，之后是劳伦斯。劳伦斯自幼体弱多病，在母亲的溺爱和呵护下成长，自然养成了唯母亲之命是从的性格。他喜欢和母亲一起睡觉。他感觉肉体挨着母亲能产生温馨、宁静和安全，肉体和灵魂上的创伤会得到愈合。

1913 年，劳伦斯在致函自己小说的出版人爱德华·嘉奈特时，曾这样谈到《儿子与情人》一书中的母子关系：

"当儿子长大后，她挑选他们作为情人，先是最大的儿子，随后是第二个儿子。这些儿子由于与母亲之间的爱的推动而来到人世，并一直被这种力量推动着。然而当他们长大成人时，他们却失去了恋爱的能力，因为母亲作为他们生活中最强大的力量，牢牢地控制了他们……"

《儿子与情人》发表于1913年，是劳伦斯的成名作。在此之前，他曾出版过两部影响不大的小说《白孔雀》（1911年）和《侵入者》（1912年）。小说是作家的自序状，对劳伦斯而言，更是如此。《儿子与情人》是一部成长史，它以煤矿工人瓦尔特·莫莱尔一家的生活为背景，细致地描述了保罗·莫莱尔从出生到成年的整个过程，其中交织着夫妻、父子、母子及情人间复杂的感情。在劳伦斯看来，崇尚文明的妻子对丈夫"野性"的拒绝，表明了这种婚姻关系的失败。得不到满足的妻子便把爱转向了儿子，她对儿子的教育绝不会以丈夫为蓝本，而是按照自己的理想模式来塑造他们的性格，结果便是粗犷、有力的阳刚之美在子辈身上的荡然无存，他们成了纤细、敏感、驯服、无力承担男性职责与义务的"半男人"。他们屈从于母亲，变得"节制、谨慎、循规蹈矩，温良恭俭让"。那种潜在的野性和未经驯化的精神，在新一代矿工身上消失了。

接下来的叙述中，我们会看到，作家是如何被母亲塑造和驯化的。

确定劳伦斯母子之间具有特殊关系的一个明显的例证，是劳伦斯的初恋。从15岁到28岁，对劳伦斯的生活和创作影响最大的人除了母亲，还有他的初恋情人杰茜·钱伯斯。

劳伦斯和杰茜·钱伯斯这对少年男女是通过劳伦斯母亲丽蒂娅结识而逐步发展成恋情的，同时又是由于丽蒂娅的强烈介入而宣告流产的。杰茜·钱伯斯成为劳伦斯早期作品女主人公的原型，而28岁创作的成名作《儿子与情人》，更是写尽了母亲与情人与儿子感情的纠葛与争斗。而母亲与情人的争斗，宣告了劳伦斯苦涩初恋的结束，也成就了作家激情创作的开始。母亲与情人是作家劳伦斯文学创作的助推器，更是青年劳伦斯的情感之殇。

爱的阴暗面

劳伦斯与杰茜·钱伯斯马拉松式的恋爱开场了。

杰茜·钱伯斯在当时是个端庄超俗的女孩。她不像当地其他女孩子那样热衷于时髦的衣服或飞短流长，而是向往一种情调浪漫的精神生活。劳伦斯不仅与她常常一块阅读小说、朗诵诗歌和剧本，而且还带她一块去图书馆。风和日丽的日子里，劳伦斯有时也在海格斯农庄周围写生，画水彩画，他的身旁总伴随着杰茜·钱伯斯的倩影。劳伦斯与杰茜·钱伯斯的爱情就是在这种对文学、艺术和大自然的共同热爱中逐渐萌发的。

劳伦斯进入青年后的四年时间里，还没有想到写小说，几乎是以画笔作为表达感情的工具。后来准备写诗，又怕被人耻笑，怕遭冷遇。他叹道："可人家会怎么说呢？说我是个傻瓜，煤黑子的儿子还想当诗人！"杰茜·钱伯斯极力劝慰和鼓励他，使作家劳伦斯在成名前，以自己的亲身经历为素材，创作出了独具一格、富有新意、非文学体的诗篇。

儿子沉浸在爱情的幸福之中，母亲却感到她对儿子的爱被人剥夺了。杰茜·钱伯斯开始不自觉地取代劳伦斯母亲的位置，她必须行动起来，与杰茜·钱伯斯争夺这份爱。为了争夺劳伦斯的爱，为了使自己在他的心目中占居首位，彼此展开了一场残酷持久的决斗。先是冷淡杰茜·钱伯斯，然后强烈要求终止他们的交往，但是，他们的爱情正燃烧到白热化的程度。没有她，劳伦斯就不能工作，因为他"只有受到激励的时候，才有自觉性"。只有杰茜·钱伯斯对他的作品的反应，才能激发他认识自己，在无意识中写出作品。因此，劳伦斯无法中断恋爱关系。但是在母亲和情人之间选其一个，或者舍其一个，都会使劳伦斯痛苦不堪。事实上，正像母亲无法从对儿子的爱中解脱出来一样，劳伦斯也无法摆脱对母亲的过分依恋。有一次，因为劳伦斯与杰茜·钱伯斯出去游玩回家晚了一些，一进家门，母亲便劈头盖脸地冲他发起火来。她讥讽杰茜·钱伯斯，说她多么地销魂荡魄，迷住她的儿子一路送她回家。尽管劳伦斯听到这些话很刺耳，好像喜欢那位姑娘，对他是一种罪过。但他不敢对抗母亲，也只是有气无力辩了几句。母亲却立即带着一副鄙夷不屑的神色讥讽道："一点点大的毛孩子，见小妞儿就搞恋爱，真叫人恶心。"劳伦斯依然没有跟母亲面对面地抗争，只是表白他们并没有谈恋爱，在一起只是说话，别的什么事情也没有。母亲挖苦地说，"天晓得会搞什么！"劳伦斯最后终于鼓起勇气抗议说，妹妹和她的男朋友一起出去玩，母亲可没有干涉。母亲强词夺理："他们可比你们两人有头脑！"这场母子辩论，尽管使劳伦斯深陷痛苦，但就寝前，还是像往常一样吻了母亲的前额。

母亲与情人之间的争斗就这样持续着，劳伦斯在两者中间态度暧昧。此时，尽管劳伦斯的母亲还没有对杰茜·钱伯斯公开宣战，但通过劳伦斯的母亲对她不尊重的态度，已经感到了危机。她决心不再到他家里来看劳伦斯，而是转入地下。劳伦斯非但不支持她，反而大发其火，坚决表示，除了在自己家以外决不和她在任何别的地方会面。过了一段时间，也许是在他的催促之下，杰茜·钱伯斯又不时到他家里来会面，或者散步、谈话，进一步激怒了母亲。大吵大闹，责骂杰茜·钱伯斯，简直要把她的儿子全部夺过去。这一次他也发火了，替杰茜·钱伯斯辩护。不过吵过之后，他还是妥协了，甚至矢口否认他爱过杰茜·钱伯斯。当他跟母亲道晚安，温顺地吻她时，她却狠狠地对他下身打了一下，呜咽道："我实在忍不下去，我可以容忍别的女人，她可不行。她简直从不留余地。你知道我从来没有，根本就没有过丈夫。"

显然，无论哪个姑娘要和她争夺爱的权利都是不会得逞的。母亲大闹过这一场后，两人再见面时，他对杰茜·钱伯斯态度开始有所转变，种种无理的责难不但刺伤了姑娘，同样也刺伤了他自己。他痛苦得难于自持，几乎到了神情恍惚的地步：母亲为什么这样痛苦，他对杰茜·钱伯斯为什么如此残酷，他为什么一想到母亲就会恨那姑娘？而回到家里，他则又要追问母亲，为什么不喜欢杰茜·钱伯斯！

杰茜·钱伯斯曾经试图帮助劳伦斯摆脱母亲的控制，她相信，这个23岁的男子汉终会挣脱母亲的束缚的。但是，她的努力遭到了劳伦斯的严厉地责备。他埋怨杰茜·钱伯斯，不该使他处于一种正常人所必须做出选择的位置：母亲或妻子。

劳伦斯一生中，总是要设法找一些借口来掩盖自己特别脆弱，容易受伤的感情。这种借口也并不完全是假托的，往往带着一种傲慢、残忍、讥讽或者侮辱的成分。他常用莫须有的恐惧来折磨自己。正如杰茜·钱伯斯所说，他受到别人的误解时，常常采取傲慢的态度来掩护自己。就在那时候她已经注意到，每当他和别人的交往中产生了什么矛盾，心情烦乱的时候，他就会把痛苦和愤怒转化成为"非人性的狂暴，造成无法估计的损害"。

劳伦斯也承认自己是一个皮囊里的两个人。他常常自相矛盾，说起话来随心所欲，信口开河，一阵情绪发作，他就极力地疏远杰茜·钱伯斯，过些时一阵心血来潮禁不住又要向她献殷勤，搞得她心烦意乱，不知所措。他曾在自我嘲弄的自画像中有一处提到，他是怎样粗暴地对待杰茜·钱伯斯："她想不通为什么他乖戾反常的时候，却偏偏总是说自己是正常的。"每当他对她蛮横无理时，他自己心中很清楚，那是因为"她爱他胜于他爱她"。

的确如此，这个矿工的儿子，由于自卑和懦弱，其早期作品都是杰茜·钱伯斯帮助寄出的。第一次，她帮他寄出了三首描写小学教师生活的诗和短篇小说《菊香》。主笔休弗只读了《菊香》第一段，就把劳伦斯的投稿全部接受下来，并向伦敦宣告，他又发现了一个天才，而且是个了不起的天才。1909 年 9 月休弗发表了劳伦斯的诗。1910 年 2 月发表了短篇小说《鹅市》，6 月在他手里已逾期一年的短篇小说《菊香》才得以发表。原因是，休弗对最后的修改稿不完全满意。

休弗对劳伦斯说："英国小说所有的缺点，这部小说全都有了！"但随即又补充说，"你有天才。"

劳伦斯后来自己说："杰茜·钱伯斯轻而易举地把我送上了文学之路，就像一位公主一剪彩，就把船送下了水。"

事实的确如此，正是在杰茜·钱伯斯的极力鼓励和支持下，劳伦斯才鼓起勇气，于 1909 年出版了自己的第一部诗集。同年，劳伦斯开始创作《保罗·莫莱尔》（后来改名为《儿子与情人》）。杰茜·钱伯斯对他从创作构思、人物设计到完成初稿，都提出了很好的建议。对小说中有关保罗和密里安相恋情节的描写，进行了润色和修改。

这样一位有才有貌的贤内助杰茜·钱伯斯，劳伦斯的母亲直到临终前也不肯接纳她。曾经对劳伦斯的生活产生过决定性影响的母亲去世了，按理说，劳伦斯与杰茜·钱伯斯的爱情没有障碍了，他们谈了那么多年恋爱，还只是限于精神联系，现在可以从容地恋爱或者结合了。而他已不再是从前的劳伦斯了，母亲的死使劳伦斯身心崩溃了，生活的动力消失了，就像为奴多年，有一天做了主人，却突然疯掉了。经过几年感情的磨难，劳伦斯决定与杰茜·钱伯斯分手。

杰茜·钱伯斯在回忆录中十分生动地记录了劳伦斯的矛盾心态。在劳伦斯的母亲下葬的前一天，这对昔日的情人最后一次漫步在家乡熟悉的田野小径上：

"你知道——我一直爱着母亲。"他用一种充满压抑的声音说。

"我知道你一直这样。"我回答。

"我不是那个意思。"他急忙补充说，"我爱她，像个情人一样爱她。那就是我为什么从来不能爱你的原因。"说着，他默默地递给我一叠刚写好不久的诗笺，是《结局》《新娘》和《圣母》三首诗。这一年里他还完成了《儿子与情人》的第一稿。事实上，是在他母亲病入膏肓的时候，是在他考虑自我的时候，写出了《儿子与情人》。

由此我们可以看出，《儿子与情人》创作的过程，其实是劳伦斯精神的自我解脱和压抑情感的自由宣泄的过程。特别是在写作这部小说的后期，劳伦斯与自己所崇拜的著名教授的妻子弗丽达的私奔，在国外漂泊的恶劣环境中得到了渴望已久的解放和满足，从此，劳伦斯的生活和创作进入了一个崭新的阶段。

威克利教授夫人的情人

威克利教授曾经是劳伦斯大学时代的法语教授，他写的英国哲学方面的文章曾经流行一时，劳伦斯在大学时就非常崇拜他。

1912年劳伦斯由于健康原因，终止了年薪95英镑的教书生涯。此时，他已经发表了《白孔雀》《侵入者》等小说，在文学圈里已小有名气。但把创作当作终身职业养活自己，仍缺乏自信。于是，他决定到德国谋一个大学教师的职位。他想到了威克利教授，希望通过教授在德国的关系谋到一个教师的职位。还有一个原因，这年（1912年）的2月4日，病中的劳伦斯刚刚与露易莎·勃饶斯解除了婚约，理由是自己健康欠佳。

关于劳伦斯与露易莎·勃饶斯的订婚，本文不想更多地浪费笔墨，因为露易莎在劳伦斯的情爱史上，只是匆匆过客，对劳伦斯的生活和创作影响不大。像露易莎等劳伦斯身边的女人还有很多，本文均省略了。之所以提起她来，是因为有关劳伦斯的一个重要决定——赴德国谋职。因此他致信露易莎·勃饶斯，表明自己的态度：我不应该结婚，起码要隔很久才能再提此事，或许还会终身不娶。劳伦斯还特意强调说，他觉得疾病已经改变了自己，使以往许多约束自己的事物得以破除。然而，恐怕连劳伦斯自己也不会想到，这次拜访的真正目的尚未达到，却和教授的妻子弗丽达开始了近乎疯狂的爱情传奇。从此，他和弗丽达进入了一个异样的、全新的生活。

除了母亲和杰茜·钱伯斯，在劳伦斯创作和生活中又一位重要女性出场了。

时年32岁的弗丽达，出身于德国普鲁士贵族家庭，比威克利教授小十五岁，比作家劳伦斯年长六岁，已是三个孩子的母亲。但看上去要年轻得多，有活力得多：高高的个子，漂亮的金发，微微凸起的颧骨，一双长长的睫毛和绿色的眼睛，丰满健壮的身体，无处不透露出熟女特有的魅力与朝气。弗丽达热情开朗，神态自若，一见面就博得了劳伦斯的好感。而起初引起弗丽达注意的是这个年轻人瘦长的身躯，快捷的步履和举止轻松而充满自信的神态。真正吸引她的却是这个年轻人的谈吐。

威克利教授对自己过去的这位学生，也很快产生了好感，特意留下他共进午餐。教授根本想不到这个毛头小子，六个星期之后会给他戴上绿帽子——不，是夺妻之痛。因此，午饭前，当弗丽达把这个年轻人领进卧室谈话时，他一点戒心也没有，只是满心欢喜地望着在草坪上愉快玩耍的孩子们。他们在卧室里交谈了大约半个小时。劳伦斯告诉弗丽达，他已经完成了探索女人的抱负——其实此时他还没有真正了解女人，却与弗丽达大谈女人的可怕。他曾经和她们纠缠在一起，现在跟她们断绝了来往，还在试图了解她们。他说起了母子亲情和初恋情人杰茜·钱伯斯的纠缠与争斗，甚至谈到了俄狄浦斯情结。望着眼前这个经历特殊的年轻人，弗丽达一方面感到新鲜而有趣，一方面同情之心油然而生。劳伦斯的话语仿佛拨动了弗丽达爱的心弦，触动了弗丽达心灵深处的爱的温情。劳伦斯何尝不如此，交谈中他发现这个年轻的师母并不爱她的丈夫，更重要的是他找到了一个特殊而神秘的女性，她有别于母亲、杰茜·钱伯斯等所有女性。她的神秘、好奇甚至幼稚，她的泰然、大方和温情，冥冥之中像有一股巨大的力量激荡着作家敏感、脆弱的心灵。回到家里，刚一坐稳，劳伦斯就兴奋地给弗丽达写信："你是全英格兰最出色的女性！"

随后又欣喜若狂地致信他的挚友、《儿子与情人》一书的出版人爱德华·嘉奈特：弗丽达是一朵绽开的鲜花，是自己所遇到过的最好的女人，是一个可以终生为伴的女人。

实际上，在此之前劳伦斯身边并不缺乏女人。不管劳伦斯在其他方面有多少毛病，但他对许多女人来说却有着巨大的吸引力。他越疏远女人，女人们越是爱他。这有点不可思议，却是毫无疑问的。比如爱丽斯·达克斯就曾经非常喜欢劳伦斯。爱丽斯·达克斯年长劳伦斯几岁，思想前卫，领先潮流，参加过诺丁汉举行的女权主义会议，和一些主张社会主义的人士有过接触。劳伦斯与她的首次亲密接触，发生在她的家里。有一次，劳伦斯在她家里写诗，苦思冥想，一直没有灵感。于是，她把他带到楼上，与他发生了性关系。事后，他到楼下很快就作出诗来了。这个荒诞故事的真伪，很难考证。但爱丽斯喜欢劳伦斯是真的，与劳伦斯发生性关系也是真的。

劳伦斯回忆说："正是从那一刻起，我看到了生活之光。"

劳伦斯看到生活之光后，就鼓动爱丽斯离开她的药剂师丈夫，与他一起私奔。尽管爱丽斯很爱劳伦斯，但她做不到丢下自己4岁的儿子。同时她清醒地意识到，这个小有名气的诗人才华过人，将来必定有远大的前程，而自己不过是他苦闷、彷徨，或者处在青春过渡期中的一个女性而已，能否长久拥有他，尚缺乏自信。后来，当他们的关系被传得沸沸扬扬之后，两人很快中止亲密关系而分手了。

令人惊讶的是，爱丽斯一生为情人守身如玉。

俩人分手以后，爱丽斯再也没有让别的男人，甚至包括丈夫碰过身子。而情人劳伦斯，时隔不久却遭遇了弗丽达。

弗丽达这个非凡的女人即将激发起作家劳伦斯巨大的想象与热情，激发起他对生活、人生、性等等全新的理解与诠释。弗丽达即将成就一个艺术天才，使他能够在短暂的生命旅程中完成《儿子与情人》《虹》《恋爱中的女人》《查泰莱夫人的情人》等一系列惊世骇俗的作品。

彼此互通几封信之后，很快开始秘密幽会了。

按照信中相约，他们的见面地点不是在弗丽达家里，而是德比郡火车站，而且她还带着两个女儿。他们穿过森林、田野，而后来到一条横跨着一座小石桥的小溪边。劳伦斯喜欢孩子，他认为与孩子们在一起使人纯洁。他与孩子们尽情地玩耍着，先是给孩子做了几只纸船，然后将纸船置入水中，任其慢悠悠地顺流而下。孩子们高兴得手舞足蹈，劳伦斯也兴趣盎然，几乎把弗丽达给忘了。弗丽达望着劳伦斯与孩子们的欢乐，不禁怦然心动。这一刻她似乎意识到自己爱上了劳伦斯。

后来，弗丽达在《不是我，而是风——作家劳伦斯的一生》里记录了这一幕，揭开了自己隐秘的内心。她满怀深情地写道："后来，事情发展得很快。"

的确，爱情发展得比劳伦斯料想的要快。

劳伦斯第二次去拜访教授，恰巧教授不在家。弗丽达坦率地要求劳伦斯留下来陪她过夜。这女人太过直接，连一点过渡也没有，几乎把生性懦弱的劳伦斯吓着了。他默默地望了弗丽达一会儿，然后肯定地说："不，我不会在你丈夫不在家时在他的家里过夜。但你必须把真情告诉他，我们俩一块走，因为我爱你。"

在遇到劳伦斯之前，弗丽达与比她大十五岁的丈夫生活得很平静——至少表面上看是很幸福的。她有三个孩子，有自己的汽车，有漂亮的房子。丈夫对她很好，几乎从来不怀疑她的所作所为。尽管她不满意丈夫，时常感到生活沉闷，创造新生活的热情与勇气在消磨中逐渐减退。按她的话说，每天就像梦游似的过日子。但是，抛夫别子与劳伦斯私奔，弗丽达还是想也不曾想过。她只是想把劳伦斯当做可以信任的情人，不过是从他身上重新找回自己曾经的生活热情而已。现在这个年轻人居然提出了这么大胆的设想，她也吓着了。弗丽达望着劳伦斯因激动而生动的面颊，陷入了长久的深思。

说实在话，弗丽达在犹豫、纠结的同时也有一丝兴奋。她感觉到这个年轻人的确不同寻常，先是爱的邀请，进入实质又严肃地拒绝，继而又提出一个更大胆的私奔计划——劳伦斯比弗丽达要大胆得多，她沉思很久依然茫然不知所措。她不能不考虑这一时的冲动，将会给她带来什么样的后果，她必须面对现实。后来劳伦斯告诉我们，他们俩当时像是得了一场病，他尝到了那种病痛的滋味。他说："没有别的办法，只有咬着牙关对着墙等待。"

等待是幸福而痛苦的，但劳伦斯有一股不达目的誓不罢休的气概。在等待中，不停地呼唤弗丽达的名字，嘴里喃喃自语——实际是表达心声："我不要情人，我只要妻子！我爱你！我爱你！"说出这句话对劳伦斯来说是需要极大的勇气的，他从来不肯对别人谦卑地表达自己的爱慕之情。弗丽达热泪盈眶，不能自已："他仿佛使我的身躯和灵魂摆脱了我过去全部的生活。这个

26岁的年轻人把握了我的全部命运，全部前途。而我们相识还不到六个星期。我无能为力，只得听任命运的安排。"

爱的力量是神奇的，一股远远比痛苦更大的力量推动着弗丽达迈向新的生活。她把儿子留给丈夫，把两个女儿送到在伦敦的外祖父母家，然后怀着忧伤的、惶恐的、兴奋的心情向孩子们一一告别。

弗丽达将追随劳伦斯浪迹天涯。

艰难的婚姻旅程

浪漫之旅注定要付出代价的。

虽然弗丽达决定屈从于命运的安排，追随劳伦斯行走天涯。但是，直到即将踏上旅程的那一刻，她在感情上仍然进退两难，无法做到与丈夫彻底决裂。对于已经是三个孩子母亲的弗丽达来说，迈出这关键的一步是何等艰难。难于割舍又有新生活的召唤，犹豫中她向父亲诉说了与劳伦斯的偶遇以及擦出的情爱火花。

曾为军人、继承了男爵封号的父亲，听女儿说她想离开她那位倍受尊敬的丈夫和三个孩子，嫁给一个一文不名的英国作家，一个失业的中学教员，一个矿工的儿子时，立即气愤地指责她是"返祖性动物"。

父亲的指责反而坚定了弗丽达的决心，她毫不犹豫地把劳伦斯领到父母家相见——她要让全家人看看，教授和作家谁更适合做她的丈夫。但弗丽达忽略了时代背景，且不说他们有悖人伦的爱情，就是在那个等级森严的时代，一个男爵、贵族，跟一个出身矿工之家，几乎身无分文的劳伦斯坐在一起会是什么情形。后来弗丽达描写道，那天夜里，我做了一个梦，梦见他们打了起来，但最终结果是劳伦斯打败了男爵。

这是劳伦斯第一次也是最后一次与弗丽达的父亲见面。

郁闷的劳伦斯回到小旅馆，急得火烧火燎的，简直要急疯了。但他明白，其他阻力都不是关键，只要弗丽达坚定信心，就可成功在望。于是他致信弗丽达，恳求她与他一起早日离开，共赴欧洲。

劳伦斯充分发挥文学的优势，文笔优美，动人心弦："我爱你，可我每次要说这句话时又总是难以启口。"

"我爱你，太爱了……我开始感到我是世界上的一个男子汉。我想，我是应该的，带着这种邪念等待着我心中的别人的妻子。"

"记住，你就要做我妻子了！"

在信的结尾劳伦斯煽情地写道："我们将永远与生活进行搏斗，所以，我们之间永远不会有斗争，我们永远会互相帮助的。"

他满怀深情地呼唤弗丽达，无论如何要放弃她以往的一切，尽快赶到慕尼黑与他会合。

然而还是一直没有消息，弗丽达也正在痛苦中煎熬。家里闹翻了天，所有力量都在阻止和冲击着她。甚至她在诺丁汉的邻居莉莉·基平也致信恳求和警告她："不要毁了你自己的生活和大家的生活——孩子们失去了母亲，没有了母爱，蒙蒂（弗丽达的儿子）一定要有母亲来保护……"而她的小姑子莫德·威克利则从伦敦写信来，坚决反对：就这么把她的了不起的哥哥、家庭的骄傲撇在一边，与一个失业教师私奔，太可笑了！

然而，爱情的力量如此巨大，是任何力量也无法将他们分开的。劳伦斯与弗丽达在度过一段期盼、焦虑和迷茫的徘徊之后，于 1912 年 5 月 24 日，终于在慕尼黑会面了。

等待许久而又突然的彼此相见，那份感动与欣喜，笔者无法用语言表述这对鸳鸯。那就闲言少叙，话说劳伦斯与弗丽达在慕尼黑做短暂停留之后，于次日南行，来到一个叫做伯尔堡的地方，开始了为期一周的蜜月旅行。他们以夫妻的身份在一家邮政旅馆住下，暂且摆脱了外在关系的纠缠，一对情人终于可以尽情吮吸爱的琼浆玉液了。蜜月的日子，春宵一刻值千金，弗丽达以成熟女性的妩媚，唤醒了劳伦斯作为真正男人性意识的觉醒。

共浴爱河，缠绵悱恻。正如弗丽达后来在传记里自豪地宣称的那样："我认为一个男人可以生两次，首先是母亲生了他，而后则是他所钟爱的女人使他再生。"

弗丽达彻底改变了劳伦斯，也影响了他对女性的深刻认识。他在写给友人的信中，毫无保留地表达了这种影响的深刻性：

"弗丽达与我已突破了艰苦的时光，进入了美好的赤裸裸的亲密阶段。……我给予爱，我也取得爱——这便是永恒的爱。……因为整个生命与知识的源泉就在男人和女人的身上，而整个生活的源泉就是男性与女性的交会与融合……"

但是，他们的蜜月旅行毕竟是不合法的。于是，他们二人积极为婚姻的合法化努力。首要的自然是弗丽达与丈夫即刻达成离婚协议。欧内斯特·威克利教授收到妻子的离婚协议书之后，立即复信表示坚决不同意离婚。

如果说，在此之前劳伦斯还对自己崇拜的法语老师感到内疚的话，那么此时只觉得气恼和鄙夷了：真是老学究，妻子早已投入了别人的怀抱，不再爱你了，还拖着不离婚有啥意思！于是，大作家又发挥了文学优势，向威克利教授进攻。他仍然亲切地称威克利为亲爱的老师：

"我爱你的妻子，她也爱我。我不是轻浮的，也不是无礼的。……不管你怎样看待我，情况是不会改变的。为了想出最好的办法，我的心几乎都要爆炸了。不管怎样，我们应该对自己公正。威克利夫人需要丰富多彩的生活，这是由她的天性决定的。对我来说，这意味着未来。我觉得我仿佛是为了她而生存，难道我们不能够相互原谅吗？"

这封信后来被媒体曝光，一时舆论哗然。1913 年 10 月 19 日，在《伦敦晚新闻报》的第二版上刊载了一条诺丁汉大学教授威克利先生离婚的新闻，标题是《作家的悲叹》。《伦敦旗帜晚报》则以《对女人天性的奇怪分析》抨击弗丽达。英国新闻出版界巨头诺思克利夫勋爵在芝加哥的一次讲话中声称，"没有自尊的男人将被女人所统治"。当时已享有盛名的诗人艾略特，撰文指责劳伦斯没有修养，厚颜无耻，败坏作家声誉。

他们的爱情正经历着四面楚歌的悲壮场景。

而此时，威克利教授也一直在通过各种渠道争取弗丽达回到自己身边。不仅给弗丽达寄去一封又一封言辞恳切的信，请求她回到自己和孩子们中间，还动员孩子们向母亲发出凄楚哀婉的呼唤。

来自外界的压力，弗丽达是完全能够承受的，关键是对亲情的牵挂。自从她离家出走以来，无时无刻不在牵挂着孩子们。作为母亲无法相见亲生骨肉的折磨，常常使弗丽达暗自垂泪。她开始意识到，自己的冒险竟付出了如此沉重的代价。爱情并不都是柔情蜜意，纯净透明，他们不得不面对严峻的现实。他们私奔后的第一个圣诞节，弗丽达想要给她的每个孩子寄点钱，表达作为母亲的心意。但是，劳伦斯寄钱时在汇单签上了自己的姓名。很快威克利把钱退了回来，并附信威胁说，要来宰了他们俩，因为"那个道德败坏的名字"侮辱了他的孩子。威克利现在答应离婚，条件是弗丽达要像死了一样停止和孩子们的联系。他还寄来了孩子们的照片，以把插在弗丽达心头的这把刀子搅动一番。他说，将来他只通过律师和她联系。按照当时的离婚法，涉及对抗双方直接联系即构成同谋犯，因而使离婚无法实现。

这段时间，弗丽达的情绪糟透了，时常冲着劳伦斯发一些无名火。蜜月期之后，他们很快不可避免地陷入了夫妻战争之中。

一向清高孤傲的劳伦斯，有时候也怒火中烧。但他清醒地知道，弗丽达如果一时犹豫，后悔起来，对自己意味着什么。发泄的愤怒话，到了嘴边却又变了味道："你自己决定最想要什么。和我待在一起，分担我的倒霉的运气；或者回到你昔日的安宁，回到你的孩子们的身边去。你自己决定，自己选择。"

弗丽达到底还是深深爱着劳伦斯，望着这个楚楚可怜的年轻人，听了他那温婉的话语，焦躁的心渐渐平复了。

1914 年初，英格兰传来消息，如果弗丽达坚持的话，她可以离婚。但是离婚法也规定，离婚后不允许她再去看望她的孩子们。弗丽达一想到可爱的孩子们，从此失去了母亲，心情又变得痛苦不堪。她与劳伦斯的争执，又一次不可避免地出现了。

在孩子与恋人之间，弗丽达始终是苦苦挣扎，进退两难，甚至险些达到丧失理智的地步。但对于彼此爱得发疯的一对鸳鸯来说，争执有时并不都是负面，有时也是升华自我认识的方式。他们意识到，在很多方面，两性并不都是统一的，有时往往是相互矛盾的。争吵就是爱的生命力的表现。劳伦斯在给朋友的信中说，生活中真正的悲剧，不是爱的夭折或爱上被禁止爱的人，而是在那些彼此相爱的人们之间进行的这种内部战争。

尽管劳伦斯与弗丽达之间，因来自威克利方面的干扰，不时有些小小的不愉快，但暴风雨过后即是美丽的彩虹。他们很快会恢复到蜜月状态，尽情地沐浴着爱的光辉，沉浸在温馨的幸福之中。他们浪迹欧洲两年，爱的履痕遍布过德国、意大利和法国。可以说，弗丽达改变了劳伦斯的生活，创造了劳伦斯的世界。弗丽达不仅使劳伦斯走出了母亲离世留下的巨大阴影，而且帮助他摆脱了母亲精神力量的无形控制。《儿子与情人》的最后一稿，就是在弗丽达的陪伴下写完的。当劳伦斯写到母亲之死一节时，哀伤不已，竟至病倒。弗丽达知道，他母亲那种过于强烈的爱，使这个天生柔弱的孩子无法承受，乃至受到了伤害。于是弗丽达开启了女性所有的温情、母爱和所独具的精神力量，抚慰、激励着他那颗受伤的心灵，使天性忧郁的劳伦斯，从失重之爱的世界里重新找回了平衡。

而劳伦斯在创造属于他自己的世界的同时，也回报给弗丽达一个世界，就像亚当和夏娃一样，重返伊甸园。他们在欧洲孤独的流浪中，劳伦斯进入了一个创作的旺盛期。不但完成了成名作《儿子与情人》的最后一稿，而且在短短半年的时间里，出版了《侵入者》，完成了《虹》和《迷途的姑娘》初稿的大部分，创作了诗集《瞧，我们熬过来了！》，还写了《为巴巴拉而战》《养女》两个剧本和一本游记《意大利暮色》等。

1914 年 5 月 28 日，两年来一直为他们的同居关系合法化而努力的劳伦斯与弗丽达，如愿以偿。欧内斯特·威克利教授终于在离婚判决书上签了字。7 月 13 日，劳伦斯与弗丽达在婚姻登记事务所举行了简朴的婚礼。至此，他们的传奇爱情，具备了社会的"资质"和法律的保护。

按说他们可以在英格兰或德国定居下来，愉快地享受家庭生活，愉快地写作，但一个月以后，第一次世界大战爆发了。整个欧洲陷入了浓浓的炮火之中，他们被迫继续浪迹天涯。这对多灾多难的情人，在浪迹天涯中，继续面临着爱的考验。因为，他们即将走进爱的迷宫，经历爱的历险。

爱的迷宫

劳伦斯曾有一个关于婚姻的悖论，一方面鼓吹上流社会的淑女应当弃夫而去与下层社会的情人私奔，另一方面却强调婚姻必须终身相守，不容破坏。这种自相矛盾，连他自己也无法解释。曾与劳伦斯有过深入交谈的英国博物学家、生物学家、《天演论》作者托马斯·亨利·赫胥黎说，劳伦斯的性格上存在着奇特的两面性，既是神秘主义的又是物质主义的。在反对他那个时代的传统宗教观点时，他又殚精竭虑，力图找到一种接近于事实的宗教。

结婚以后，似乎再也没有别的女性能够占据劳伦斯的精神世界了，但这并不意味着劳伦斯的身边没有激发他创作激情的女性。与其他女性的交往，已经成为劳伦斯艺术灵感源泉的一部分，女性始终是他理解世界、安放灵魂的方式："只有女性的某些影响，可以使男人的灵魂变得丰富。"

英国议员的妻子莫雷尔夫人就是这样一位女性。她曾经多次资助和支持过一些文学艺术家，与当时英国文学界、艺术界人士保持着良好的关系。莫雷尔夫人落落大方、举止优雅的风度，曾经令许多文学家、艺术家迷恋。莫雷尔也是在诺丁汉长大的，比劳伦斯大十三岁。老乡见老乡，两眼泪汪汪。家乡童年的记忆，很快把二人交往的距离拉近了。劳伦斯自然成了莫雷尔家的常客，并通过莫雷尔夫人，劳伦斯认识了许多思想界、文学艺术界的名流。这位有着深厚的文化造诣及其享有较高的社会声望的女性，深深打动了劳伦斯，激发了劳伦斯的想象与热情，影响了劳伦斯的创作走向。《恋爱中的女人》中"布雷多利府邸"就是以莫雷尔夫人宅邸为原型描绘的，而女主角赫米奥正是以莫雷尔夫人为原型创作的。莫雷尔夫人知情后，生气地与劳伦斯断绝了往来。直到二十年代后期，俩人才恢复了友谊。

劳伦斯对莫雷尔夫人产生的不是情爱，而是艺术灵魂的慰帖。而那个富有的美国女人梅布尔，则让他体验到了女人强烈的控制欲望。

梅布尔当时是新墨西哥陶斯"感化院"的赞助人，负责招徕一些艺术家和作家来描写陶斯。她固执地认为，劳伦斯是唯一能够真正理解陶斯乡村和印第安人，并能够把他们写进书中的作家。于是她来信力邀劳伦斯离开欧洲，去描写新墨西哥的陶斯。1922年8月10日，劳伦斯夫妇辗转来到旧金山会见了梅布尔。初次见面，这个美国女人就反感弗丽达，而对劳伦斯则太过热情。劳伦斯慷慨地接受了她的这份浓度较高的热情，无条件地听从她的各种指使，在经济上劳伦斯对梅布尔过于依赖，这令弗丽达感到难受和苦恼。为此，劳伦斯夫妇经常发生争吵。迫不得已，劳伦斯与弗丽达离开了梅布尔继续南行，在离意大利热那亚不远的海岸边租下了博纳达别墅。正是在这座别墅里，劳伦斯与弗丽达开始了彼此的爱情历险，险些毁掉了他们来之不易的婚姻。

在博纳达别墅居住期间，劳伦斯开始了《查泰莱夫人的情人》这部惊世骇俗的小说的写作。值得一提的是他还创作了一些短篇小说，比如《太阳》，用象征的手法戏剧性地表达了劳伦斯创作的基本观念：女主人公在性爱方面还没有觉醒，只有在太阳的亲吻之下才醒过来，而迅速进入一个充满激情与活力的世界。"太阳"实际象征着强大的爱情生殖力量，为日后劳伦斯创作《查泰莱夫人的情人》突出表现的生殖崇拜，奠定了基础。

没有考据表明《查泰莱夫人的情人》的创作灵感，来自劳伦斯的妻子弗丽达的艳遇。但劳伦斯夫人的情人，的确出现了。他是这座别墅的主人，名叫安哲鲁·拉瓦格利，是一名意大利军官，死心塌地地追随墨索里尼。巧合的是，劳伦斯此前创作的小说《羽蛇》中也有个叫安杰洛·拉瓦格利的中尉（后来成了上尉）军官。虚构与现实出现了惊人的相似，令作家劳伦斯长时间唏嘘慨叹。

那么现实中的拉瓦格利是个什么样的人呢？还是请弗丽达告诉大家吧："那就是我们的房东。他身材短小，是位很正派的阻击部队军官。一看到他携带的弓箭上的箭羽，我就感到兴奋。他本人几乎跟那些羽毛一样令人感到愉快。"

一条羽蛇已经走进他们的生活，代替劳伦斯位置的人已经来到。拉瓦格利的妻子和孩子住在萨沃纳沿岸的较远处，每逢周末，他都要来看望劳伦斯夫妇。此人不但擅长和女人打交道，而且能够灵巧地处理房屋设备出现的问题，这给劳伦斯夫妇留下了深刻印象。比如，有一次炉中冒烟，劳伦斯干着急没办法，而拉瓦格利很利索地拆开火炉上的管道，清除里面的杂物，然后爬上屋顶去检查烟囱。劳伦斯自愧不如，便教拉瓦格利英语作为回报。但拉瓦格利意不在此，他已从这个丰满的德国女人的眼睛里，获得了有可能进一步深入的情报。果然如此，他开始了与弗丽达的偷情。

这位代替劳伦斯位置的人，二十五年以后，与弗丽达结为夫妻——按这个时间推算，劳伦斯已经去世七八年了。他们因何要等这么多年，肯定会有许多故事。不过，那是另一篇文章里的事情了。现在我们还得接着往下说劳伦斯与弗丽达之间的"玫瑰之战"。劳伦斯干这活出身，自然很快就发觉弗丽达与拉瓦格利的暧昧关系。如果不是弗丽达的女儿芭芭拉的到来，兴许不会爆发，至少没有这么快。

芭芭拉来后不久，就看出了母亲与拉瓦格利的关系。她非但不暗中提醒母亲注意点，反而自己也同拉瓦格利调情。作为继父的劳伦斯终于忍无可忍，把对她妈的火气发泄到女儿身上。一天夜里，劳伦斯把一杯葡萄酒泼在弗丽达身上，并粗暴对芭芭拉喊道："别以为你母亲爱你，她谁都不爱，瞧她那张虚伪的面孔。"芭芭拉不甘示弱，针锋相对，愤怒地说，她母亲对劳伦斯太好了，她想知道劳伦斯是否真的爱她。

娘俩联手，劳伦斯势单力薄，却又来了另一位继女埃尔莎·威克利助阵。劳伦斯一气之下也叫来了他的妹妹艾达和艾达的朋友。在这个小小的别墅里，玫瑰战争一触即发。郁闷不已的劳伦斯，只好选择逃避。他没跟任何人打招呼，只身跑到意大利的卡普里岛去了。同时，致信布雷特，说他现在已经脱离了令人心烦的家庭，只身来到卡普里岛去了，希望她能来会面。

布雷特是劳伦斯的朋友，曾是他的小说《羽蛇》的封面设计师。布雷特一直希望劳伦斯摆脱弗丽达跟她在一起，但劳伦斯坚决不同意。现在机会来了，布雷特很快从墨西哥来到卡普里岛赴约。备感身心疲惫的劳伦斯见到布雷特，不无伤感地说："我对这一切感到厌倦了，布雷特，唉，我十分厌倦了。"

对劳伦斯充满崇拜和仰慕之情的布雷特，没有更好的办法把劳伦斯从绝望的深渊里拽回来，只好以身相许。但是，年过四十，且病魔缠身的劳伦斯，两次都失败了。布雷特回忆说：我极力去做到爱抚、温存，做成女人。我想劳伦斯也是在努力去成功地做成一个男人，但依然是毫无希望，一个绝望可怕的失败。

一直苦苦追求两性和谐的劳伦斯，似乎也没有料想到在他自身却首先遭到了重创。这个曾具有非凡创造力的男人，却因性功能衰弱而打破了二人所希望的两性关系。

一个性功能失败者，此时非常渴望回到弗丽达的身边。其实，弗丽达也如劳伦斯的心情一样，渴望重归于好。这对鸳鸯，就像鱼儿离不开水，瓜儿离不开秧一样，无法分开。无论相距多远，彼此经历怎样的情爱历险，都不会分开，一直到生命的终点。

劳伦斯像许多恋人一样，为了表示对弗丽达的歉意送给她一幅画。这幅画以《圣经》故事为背景，一条鲸鱼正要吞下乔纳，

劳伦斯：惊世骇俗的天才作家

241

上面还题了一句话:"是谁要吞下谁?"弗丽达似乎并未被这幅画所打动,她仍然表现出余怒未消的样子。而此时的两个女儿却转变了态度,劝说弗丽达:"劳伦斯太太(她们这么称呼)理智一些,你既然已经嫁给了他,就必须跟他跟到底。"弗丽达在女儿的劝说下,半推半就,劳伦斯又回到弗丽达身边。

虚惊一场,全家皆大欢喜。但劳伦斯又伤害了另一个爱他的女人——布雷特。布雷特黯然神伤地离开了卡普里岛,没有重返新墨西哥,而是赶往那不勒斯的英国领事馆,领取移民美国证件。

布雷特站在驶往那不勒斯的小船上,隐隐看到了那个瘦小的身影。前来送行的劳伦斯使劲挥动着布雷特送给他的青绿色丝质围巾。他们二人大概都没想到,最后那匆匆一瞥,竟成了永别。

向污辱了他的祖国告别

劳伦斯一生几乎都是在旅行或流浪中度过的。在此期间,他经历了欧洲的工业化进程以及第一次世界大战,成为他文学创作的历史背景。在短短的二十四年写作生涯中,劳伦斯共创作了十部长篇小说,许多作品出版后遭到查禁和攻击。

首次遭禁的作品是 1915 年 11 月出版发行的长篇小说《虹》。伦敦警察厅认为该书"有伤风化"而禁止出版发行,其真实原因是书中表现出的强烈反战思想及对英国社会的猛烈批判。这本书被禁使劳伦斯坚定了离开英国的决心——他期待着能够找到一个温暖的地方,一个新的适合创作出版、有社会秩序的地方。然而，没过几年，他又失望了。无论他怎样努力逃亡，英格兰都不会放过他的著作。

1916 年秋，劳伦斯和弗丽达隐居在荒凉的康瓦尔海岸上，创作长篇小说《恋爱中的女人》。尽管他们深居简出，不和当地任何人往来，但由于弗丽达是个德国人，又时常收到从德国寄来的信件，还是被误认为德军间谍而被限令离开。迫于生计，他们又返回了英国。小说《恋爱中的女人》完成后，整整三年英国和美国的出版商都不敢问津，直到 1920 年才在伦敦出版发行。不料继查禁小说《虹》之后，《恋爱中的女人》再度遭到围攻。后来出版商色尔佐诉诸法庭获胜，才渐渐平息。

但对劳伦斯又一次造成了极大的心理伤害。他是一个地道的英国人，但这个乏味的、死气沉沉、充满敌意的英国再也不能令他感到留恋了，那个熟悉的英国渐渐变得模糊、冷酷，没有一丝温情了。一个强烈的意识占据了劳伦斯的心灵：继续离开英格兰！因此，英格兰逐渐淡出了劳伦斯视线，在第一次世界大战后的许多年里，他基本上成了一个美国作家。但他没有料到，在自己最后的岁月里，倾尽全部智慧和激情创作的小说《查泰莱夫人的情人》，在美国也遭到了查禁的厄运。

《查泰莱夫人的情人》这部小说，远比《虹》等其他小说遭受的磨难要多得多。故此，笔者想叙述的详尽一些。

1926 年仲秋，劳伦斯蜗居在意大利佛罗伦萨森林区的米兰达别墅里，开始了旷世名作《查泰莱夫人的情人》的写作。眼下他们经济状况良好，《迷途的姑娘》刚获得爱丁堡的詹姆斯·泰特·布莱克奖（这是劳伦斯唯一获过奖的作品），收入颇丰。而妻子弗丽达除了与拉瓦格利红杏出墙之外，此后再也没有与其他男人亲密接触。她每天陪着劳伦斯，全身心地支持他的写作。上午劳伦斯在林区的松树下写作，她则忙碌地处理家务；下午认真聆听劳伦斯给她朗读上午写出的内容，并提出修改意见；晚上她给儿子蒙蒂写信，报告他继父的写作进展情况。她试图在信中向儿子说明这本新书的主题：不同阶级之间、灵与肉之间的冲突。但对人的动物性，她生怕解释不清，就十分虔诚地向劳伦斯请教。

这段时间，夫妻二人又找回了从前的感觉，其乐融融，恩恩爱爱，但很少有床第之欢。一个原因是劳伦斯身体每况愈下，另一个原因他把这种夫妻交欢移植到了作品中：那个叫梅勒斯的男主角与那个叫康妮的女主角，已经占据了劳伦斯的灵魂，或者说劳伦斯与他们融为了一体，没有能力割裂开来给妻子或其他女人。

从1926年10月到1927年6月，八个月的时间里，劳伦斯对《查泰莱夫人的情人》三易其稿。完成《查泰莱夫人的情人》第三稿后，他对弗丽达说："它只会再一次给我带来辱骂和仇恨。"他深知英国的文学检查制度，自从《虹》以有伤风化的罪名被查禁后，劳伦斯对出版发行极为小心。几经犹豫和踌躇，劳伦斯最后决定出版《查泰莱夫人的情人》。

这次劳伦斯决定自办发行，并采取了些谨慎的措施：先将书稿交给佛罗伦萨的出版商朋友奥里亚利出版，然后由佛罗伦萨小印刷厂承印；为避开英国官方的检查，劳伦斯通过邮局寄给他在英国国内的友人们，十几册到几十册不等，然后再让向奥里亚利预订该书的国内书商们就近去他们那儿取书。他用这种方法向英国销售的小说约有八百册。

正当劳伦斯向国内悄悄发行时，美国海关已明确颁布了该书的禁令。用秘密方式流入国内的《查泰莱夫人的情人》，也没能瞒过英国检察机关。他们很快通过邮局掌握了替劳伦斯暂存书籍的朋友们的地址，并按照地址在各家搜到了一些来不及取走的小说。与此同时，劳伦斯的出版商和经纪人也被传讯。不过，查禁劳伦斯作品《查泰莱夫人的情人》的质询案，同当年英国国会对《虹》展开的激烈辩论一样，经过一段时间的拖延、推诿而不了了之。不幸的是，没有出版商再敢问津了。直到作家去世两年后，《查泰莱夫人的情人》一书的删节本才在英国出现。1960年全本在英国正式出版。然而，推出此书全本的企鹅出版公司却被拉上了法庭的被告席。所幸的是，这场官司以被告一方的大获全胜而告结束。劳伦斯终于在祖国赢得了作为严肃文学作品的地位。

当年在佛罗伦萨秘密出版的这本《查泰莱夫人的情人》，也受到了一些同行和媒体的责难。有些评论家不仅极力抨击作品，而且对劳伦斯本人也进行了恶毒的人身攻击。如英国评论家约翰·布尔在题为《邪恶的里程碑——〈查泰莱夫人的情人〉》一文中，对劳伦斯几乎到了破口大骂的程度，他称劳伦斯是"尽其可能倾泻邪恶，是糟蹋我国文学名誉的人，就连法国那些制造春宫照片之流也无以望其项背"。布尔甚至还在文章中附上了一张插图，竟把劳伦斯画成了一个长着满脸络腮胡子、半人半兽的怪物。二十一年后，这本小说在日本掀起了一场更大的风暴。

1950年4月到5月，小山书店出版发行了由伊藤整以巴黎奥德萨全本为底本重译的《查泰莱夫人的情人》，分上下两卷推出后引起轰动，两个月内就售出十五万册，成为战后日本出版界一件盛事。但到了这年的 9 月 13 日，日本最高监察厅以传播、贩卖淫秽书刊罪，对译者伊藤整和出版人小山久二郎提起公诉。此案历时七年之久，原被告双方在法庭上进行了反复的、旷日持久的激烈争论，影响巨大。

1952 年，伊藤整以此案的一审情况为素材，创作了新闻体小说《审判》，详尽记录了整个过程。伊藤整在该书序言中说："本案的审理引起世人极大的瞩目，其原因不仅在于文学作品成为受审的对象，而且在于它关系到战后日本新宪法维护基本人权、表现思想自由等根本原则能否坚持、贯彻的重大问题。"

劳伦斯也以《色情与淫秽》和《查泰莱夫人的情人·导言》为题，写了两篇长文，以驳斥当时舆论界对自己的种种攻击和对"色情""淫秽"的认识与解读。令人始料不及的是，《色情与淫秽》这本薄薄的小册子出版后，在英国每星期的总销数竟达一万两千册;《查泰莱夫人的情人·导言》原是劳伦斯为 1929 年 5 月在巴黎出版的普及版《查泰莱夫人的情人》所写的序言，改写后则由曼锥克出版公司于 1930 年以单行本的形式推出。

时隔不久，这位受尽精神折磨和病痛折磨的文学大师，完全被死亡的阴影笼罩了。1929 年 9 月 11 日，劳伦斯匆忙过完 44 岁生日后，就住进了疗养院。这一住进去就再也出不来了。

在疗养院里，弗丽达终日陪伴他——直到劳伦斯最后一息。弗丽达坚信，只要有她在身边，劳伦斯就不会感到孤独，就不会感到自己是个可怜的病人。但是，劳伦斯在病痛的折磨下，性格开始变得偏执而急躁，曾有的睿智与机敏不见了，时而思维紊乱地胡言乱语，时而不可理喻地咒骂着弗丽达以及这个令他伤心的世界。弗丽达有时不堪忍受，悄悄到户外躲一会儿，劳伦斯就会歇斯底里地喊叫和哀求。弗丽达知道，劳伦斯离不开她，今生今世离不开她，哪怕一分钟：唉，这个令她梦绕魂牵的小弟弟，小情人，小丈夫啊；这个令她深爱和崇拜的大作家啊，你不能丢下爱妻弗丽达，你不能放弃未竟的事业悄然离去！

夜幕降临了。每个夜晚对劳伦斯，对弗丽达都是一个考验。因此，每当睡觉时，弗丽达总把窗帘高高卷起，以便于在他失眠的时候可以眺望夜空及满天的星辰，每一个黎明的到来对劳伦斯都是一个胜利，每一缕阳光都会让他感到生命的存在。

1930年2月25日，托马斯·亨利·赫胥黎夫妇来看望劳伦斯，一直陪伴到劳伦斯与亲人们最后告别。赫胥黎一直认为劳伦斯像一把火，尽管缺少燃料的供给，却能令人惊奇地一直燃烧着。此次见到劳伦斯，赫胥黎感到那把火"正在变弱，走向熄灭"！

医生给劳伦斯注射了一支吗啡以后，他的情况稳定了一些。他似乎冲着身边每个亲人和朋友微微一笑——那淡然的一抹笑意，纯洁、淡定、从容——这是劳伦斯一生少有的，这微笑深深留在了人们心里，平添了一些唏嘘慨叹。

劳伦斯一点一点走向死亡之际，弗丽达一直用手握着劳伦斯的脚踝。弗丽达固执地认为，劳伦斯的其他部位已经失去了生命，只有脚踝还有活力——因为劳伦斯一生居无定所，一直都在用脚踝进行逃离或者寻找适合自己存在的地方。她只要用力拽住脚踝，就能把他从死神的身边拉回来。

然而，这位当年艺术天才的唤醒者，这位非凡的年过半百的女人，已经无力再创造生命奇迹了。1930年3月2日晚10时，劳伦斯终于走完了他的一生。

葬礼很简单。没有悼词和仪式，只有妻子弗丽达平静地一声告别："再见了，亲爱的劳伦斯！"